中國學術思想 研究輯刊

三二編

林慶彰 主編

第10冊

歷史解釋：《左傳》敘事研究

張懿奕 著

花木蘭文化事業有限公司

國家圖書館出版品預行編目資料

歷史解釋:《左傳》敘事研究／張懿奕 著 -- 初版 -- 新北市：
花木蘭文化事業有限公司，2020〔民 109〕
目 2+198 面；19×26 公分
（中國學術思想研究輯刊 三二編；第 10 冊）
ISBN 978-986-518-282-3（精裝）
1. 左傳 2. 注釋 3. 研究考訂
030.8   109011242

中國學術思想研究輯刊
三二編　第十冊　　　　　　ISBN：978-986-518-282-3

歷史解釋:《左傳》敘事研究

作　　者　張懿奕
主　　編　林慶彰
總 編 輯　杜潔祥
副總編輯　楊嘉樂
編　　輯　許郁翎、張雅淋　美術編輯　陳逸婷
出　　版　花木蘭文化事業有限公司
發 行 人　高小娟
聯絡地址　235 新北市中和區中安街七二號十三樓
　　　　　電話：02-2923-1455／傳真：02-2923-1452
網　　址　http://www.huamulan.tw 信箱 hml810518@gmail.com
印　　刷　普羅文化出版廣告事業
封面設計　劉開工作室
初　　版　2020 年 9 月
全書字數　172860 字
定　　價　三二編 24 冊（精裝）新台幣 60,000 元　　版權所有・請勿翻印

歷史解釋:《左傳》敘事研究

張懿奕　著

作者簡介

張懿奕，女，文藝學博士，任教於北京某高校，發表論文多篇，參與並完成 3 項教改立項，參編 2 部教材，出版國學通識類讀物包括《日常生活中國的國學》、《風土人情中的國學》、《〈資治通鑑〉選粹》等；參加北京市社科基金項目 1 項，依託課題，參與撰寫弘揚中華優秀傳統文化的《京名片》叢書（5 冊），該叢書於 2019 年 1 月出版後參加英國國際書展，現被英國大英圖書館收藏。

提　要

　　本書吸收中西史論、敘事學原理和西方歷史哲學的相關論說，結合清華竹簡的整理文獻，闡述《左傳》敘事特徵和敘事功能。論述以肯定《左傳》為解釋《春秋》之作為出發點，敘事特徵是屬詞比事，通過聯屬文辭和比類事蹟，呈現褒貶的史鑒意義，具體又劃分為局部敘事和全局敘事。所謂局部敘事是依經敘述，按一定時序展示事件的本末始終，表現春秋本事的時序與原理，全局敘事是指《左傳》在成書過程採錄多國史官的筆記和當時的傳說，又在敘述中通過預言、評論、卜筮等方式切換敘述視角，以懸念、徵兆引起連續敘述，展現不同事件之間脈絡連接而貫穿始終。這種內現而外隱的套層敘述結構使得《左傳》敘事兼具解釋經旨和推究歷史發展規律的雙重功能。《左傳》敘事以解釋《春秋》經文、以褒貶人物行跡而實現貞定人倫的敘述宗旨，通過又考察春秋貴族在王道不顯的歷史環境下實踐禮義道德，他們謀求霸主之位的實際行動與表面尊周的言辭之間，呈現出複雜的張力狀態，這種實時變化的矛盾，又與貴族家庭中的嫡長子繼承等特殊的政治倫理問題裏挾起來，成為推動春秋歷史進程的主導因素。

目
次

引　言

　　歷史是過去的反映，解讀歷史就是解讀過去，認識現在，啟發未來。理解歷史、書寫歷史是解釋歷史。

　　研究從西方分析歷史哲學的視域進入《左傳》，以「歷史解釋」為鑰匙，打開封閉的文本空間，形成中西「歷史解釋」理論的「對話」。

　　歷史解釋觀念出自西方分析哲學，以沃爾什為首的歷史哲學家們認為，作為一門獨立學科的歷史，對它的研究應該與其他自然科學的研究方法相區別。其原因是歷史科學研究對象是關於歷史發生、發展規律的探索，離不開也不可能將歷史人物從歷史發展長河中剝離。而歷史人物尤其是那些對重大歷史事件有選擇權、決定權在關鍵歷史人物，他們做出的決定，確實決定著歷史的走向，這是第一個原因。其次，歷史規律發展中的地區獨特性。黑格爾的巨著《歷史哲學》中專門開闢一章「地理環境對世界歷史的發展具有重大影響」，講解地理環境與文明進程的關係，認為亞洲和歐洲是世界歷史的真正舞臺。（潘高峰譯，2011）

　　第三個特殊性來自歷史學家的書寫。歷史由歷史學家寫就。不同宗教信仰的歷史學家，記錄同一件歷史事件，很可能產生兩種結論不一乃至相悖的結果，因為立論的觀點是完全不同的。後人也不能因立場的不一致而判斷到底哪家說的真，哪家又在信口雌黃。如果順著這個思路辯論下去，就成為對不同宗教派別孰高孰低的比較，反而遠離了歷史。觀點的產生總與當時的政治、經濟、社會、文化等領域關聯緊密。在中國傳統社會中，尤其涉及到宗室繼承者人選時，擁立嫡長子的人總會被稱為太子黨，他們所持立論前提是凡歷朝歷代由嫡長子繼承，王室生命旺盛而持久，否則就短命而動盪。因此這些學者在敘述過去時，總會重新將歷史打扮一番，使其證明所持立論的政

治正確。於是這就造成了所謂事實真相與解釋真相中歷史的兩種不同面孔。再仔細考察什麼樣的敘述能稱得上歷史真相呢?在蘭克追求絕對的客觀歷史敘述失敗之後,直到海登懷特,西方分析哲學家慢慢形成某種共識,歷史存在於敘述中,敘述歷史的過程就是解釋歷史、詮釋歷史、闡釋歷史。歷史真相以歷史敘述的形式存在著。在敘述中,不變的是事件中的關鍵人物和他們所做出的決策決定,一直變動的是人物與結果之間的因素、以及各種因素之間的相互關係。

從孔子述作《春秋》開始,並將評論寓於這一過程中,以周公之德為衡量標準,關鍵歷史人物的道德、性格成為起決定性作用的標準。圍繞人物選擇的其他影響因素,比如政治利弊權衡等似乎被遮蔽了。《左傳》在中國傳統的學術研究中,自西晉杜預注《左傳》,使《左傳》學成為春秋學的顯學之後,《左傳》以詳瞻記事的敘述詮釋《春秋》經義,對歷史人物的評價依然以《春秋》為宗旨。但恰恰就在這些頗具特色的歷史敘述中,西周以降的各諸侯國與周王室的真實情況顯露出來,為現代人挖掘歷史提供著史料,這也正是運用歷史敘述、歷史解釋等觀念進行研究的前提。

這樣做的目的有三:一是將封閉的文獻材料視為開放的解釋文本,從而容納構成歷史的敘述因素進入歷史解釋過程,尤其是《清華簡·繫年》等新出土文獻目前已取得的一系列階段性研究成果,它有助於研究者重新準確認識先秦古籍的原貌、重建中國早期的歷史。借此契機,讓新史料與傳世文獻聯繫在一起,重建中國早期歷史並啟發新意;二是為歷史史料、《左傳》解釋者、《左傳》敘述過程、敘述特徵提供了本體論的依據。三是西方分析哲學中的「歷史解釋」觀念有了與傳統「經學解釋」、「史學解釋」對話的空間,而傳統經學、史學對《左傳》的研究,也具有了新的理論生長點。

以下簡要回顧《左傳》敘事在國內外研究現狀和趨勢:

經學領域:《左傳》解釋《春秋》大義,從字詞訓詁過渡到「以事解經」。

傳統經學的研究注重對字、詞的「解釋」,對《左傳》的「解釋研究」其本質是對「《春秋》經」做注解,如清儒顧炎武於《日知錄》中說:先儒釋經之書,或曰傳,或曰箋,或曰解,或曰學,今通謂之「注」。「注」之解釋實為《春秋》經文、經義做注腳。

《左傳》「解釋獨立性」的研討,是近二十年臺灣研究者的關注焦點,從兩個途徑闡發:一是借助「人對語言是發自內心的理解」的詮釋性闡發(成

中英，2016）研究《春秋》之注變為研究《春秋》之「注家之注」（林義正，2010）。二是從《春秋》與春秋三傳的經傳關係入手，《左傳》解釋開闢出「相對獨立」的研究空間（張高評，2004）。《左傳》解釋《春秋》也從「文、事、義」三者入手，但因其「敘事」比重大，遠超過「釋義」比重，而被今文經學家長期視為「不傳《春秋》」的著作，成為僵化的傳統觀念，疏遠《左傳》與《春秋》的距離，並為《左傳》「敘事而解經」的言說思路，構建出空間（張素卿，2005）。《左傳》的解釋研究在大陸也分為兩個研究方向，或被納入「中國闡釋學」的建構系統，或上升為對建立中國歷史哲學的思考，成為一個值得關注的重要課題。（王傑，2000）。解釋、敘事是《左傳》文本性質研究的兩個新關鍵詞。但研究者對「敘事」闡發更多。

　　文學領域：借助敘事學理論細分構成《左傳》歷史解釋的諸多因素。

　　20 世紀 80～90 年代開始，西方經典敘事理論、後經典敘事學的理論被譯介進入國內學界，與中國古典敘事文學尋求對接，建立「中國敘事學。」（申丹，2005）。中國敘事傳統形成於先秦時期（傅修延，2006），《左傳》是中國歷史敘述的典範（楊義，1996），是中國敘事文學的源頭（童慶炳，2006），是中國小說的起源。（劉繼寶，2004）。《左傳》作為敘事文本，其特徵主要表現在：敘事視角是史家式全知敘述視角（丁勤海，2002），敘事者是來自史官系統（過常寶），又是「隱藏」的，存在於本文的故事層中（劉寧，2006），敘事時間隱藏在編年順序之中，遵從「天道」這一普遍道德邏輯的順序（高小康，2006）。敘事結構有明暗與斷續、曲徑通幽與一以貫之、前後伏筆與後文應對、單線發展與雙管齊下等方面（張新科，2005）。《左傳》敘事包括杜撰情節、修飾人物語言、描寫細節和場面，也包括史官對不同來源的材料的自由組合，這些載錄都包括了史官的想像和自主選擇等因素。史官虛飾的原因是為了追尋事件中的道德意義，符合當時的「實錄」觀念，是敘事理性化的一個必然階段（過常寶，2006）。就史而言，預言是先民認識世界、掌握世界方式的手段，在軸心時代有著不同文化特性，《左傳》預言是反映歷史的重要手段（趙鳳蓉，2012 年）。

　　史學領域：歷史解釋以挖掘《左傳》文本的「求真」與「致用」雙重功能。

　　國內史學界對先秦史的研究，一直依賴於考古學的發達和對出土文獻的辨認整理，《左傳》作為東周史料的一種，可靠性已經得到肯定。整理和研究

「清華簡」新出土的史料，可以重新評估《左傳》的史學成就：其內容有無可比擬的豐富性和完整性；其敘述方式受到作者身份、傳書性質、成書過程和當時社會環境的共同影響，其敘述內容有道德訓誡的評價和歷史理性的預測（陳鴻超，2018）。新史料還豐富了春秋歷史事件的社會背景，如清華簡（六冊首編）中《鄭武夫人規孺子》提到鄭武公「居衛三年，客死異地」提示人們關注周平王、周攜王並立的兩周之極甚為複雜的列國外交關係對鄭國國內政治局勢的影響（晁福林，2017）。《清華簡·繫年》對國君死亡均記錄為「殺」，明顯區別於《春秋》之「弒」，可能《繫年》的敘述者為楚國人，對本國國君的遇害採取了「內諱」的方式，並從側面佐證孔子對《春秋》確實進行了修訂及《春秋》筆法的存在（肖鋒，2014）。《清華簡·繫年》編纂，可以看出紀事本末已成為戰國時期基本歷史敘事方法之一（楊博，2017）。《左傳》的敘述結構與春秋時代的社會文化背景密切相關。

　　《左傳》是《春秋》為綱的編年史書（徐中舒，1962）。這一認識肯定了《左傳》與《春秋》在敘述體例上的繼承關係。形成《左傳》文本性質整體性研究的前提是將《左傳》具有獨立的史學思想蘊含。《左傳》是我國第一部初具規模，體例頗為精研的史書，是古代史學發展的階段性標誌（陳其泰，1995）。《左傳》蘊含的史學思想是緊隨著歷史著述的產生而產生（汪受寬，1996）。在沒有新史料出現之前，運用「經典敘事學」理論提煉出「矯飾」、「虛飾」等特徵（尚永亮，2011）；目的是進行「強化史書道德批判」（史常力，2017）。而北美一些歷史學家跳出經典敘事學的研究視域，視《左傳》為一部成熟的、完整的史書來考察，嘗試解答《左傳》敘述中使用的修辭與敘述史實之間的關係，其解決的辦法是將夢境、預言與占卜作為一個徵兆符號系統，嵌入到事件的因果關係中（李惠儀，2016）。解釋歷史的敘述，就演變為解釋這套徵兆符號。《左傳》在歷史敘述的同時提供歷史解釋。

　　綜上所述，《左傳》「解釋」研究開啟了學界對《左傳》敘述的探索。《左傳》敘述是一種獨特的「敘事」，可以分為為傳統史學敘事和文學敘事兩類。傳統史學對這種敘事的要求更多地停留在原則層面，要求「實錄」勸善懲惡、「簡要」等，沒有深入考察上述原則落實在敘述中的實際變化（譚帆，2018）。而運用西方經典敘事學理論研究《左傳》敘述，有 2 個問題被忽視：一是將「narrative」直譯為「敘事」，它實際遮蔽了傳統「敘事」一詞的豐富內涵，其豐富性來自多樣性的「事」，包括事物、事件、事由、事類、故事等

多種內涵，更忽視了它還有作為對敘述行為的理解，有記錄、敘述、解釋等義（林義正，2016）。二是當運用西方理論尋求以中國特殊研究對象的適應性研究時，必然需要從理論上對「適應性」和「轉化」有闡釋，既要考察理論方法本身的精妙程度及其普適性，還要解釋理論與研究對象的契合程度及其本土化（譚帆，2018）。

　　《左傳》未來的研究，將從對解釋理論的建構與解釋實踐的驗證融合中開展。在理論建構中，西方歷史哲學中的核心元素「歷史解釋」雖然沒有被明確提出可應用於《左傳》文本。就研究實踐看，「歷史解釋」就是歷史敘述活動，這一敘述活動將敘述者對歷史的所有理解貫穿起來，從理論上支持《左傳》成為獨立歷史解釋的完整個體。但也更需注意的是，《左傳》文本內容的豐富性，包含著敘事、虛構、評價等多種揭示歷史真相的因素，要在其歷史解釋中的作用逐一說明。在解釋實踐的驗證中，一方面是對已建構的理論模型，提供矯正實踐，另一方面，在解釋中，又能找到新的解釋對象、新的解釋角度，新的敘述方式，為理論建構提供經驗材料。

第一章　歷代《左傳》敘事研究綜述

　　《左傳》是中國最早且又最詳備完整的編年史著作。《左傳》於戰國時期
一經寫定，即在三晉一帶流傳。漢唐學者對《左傳》的訓詁與疏解、宋代學
者強調《左傳》懷疑批判與解釋方法的創新、元明時期《左傳》研究的遲則
滯與徘徊不前、清代前期學術界時《左傳》集大成的整理研究、晚清時期《左
傳》研究中義理之學重新崛起，呈現出經學傳統下《左傳》學鮮明的時代特
點。不同歷史時期，《左傳》研究都或多或少地受到政治因素的影響或干擾，
其學術價值在不斷的學術探討中被重新發現並日漸受到重視。

第一節　兩漢時期：今古文之爭

　　漢代之前，因為史料的缺失，對《左傳》的研究情況，不好判定。《左傳》
在漢代的研究，一直與今古文經之爭關聯緊密。今、古文爭論的焦點：

> 　　劉邦建漢以後，儒生叔孫通規劃的朝廷的禮儀，使劉邦懂得
> 「為皇帝之貴」，將叔孫通封為太常，但國內局勢尚未徹底安定，
> 漢前三世多以武功之臣作為公卿的主要力量，重黃老之術，少任儒
> 者。等到武帝即位，才詔「方正賢良文學之士。」到竇太后崩，「廢
> 黃老、刑名百家之言，延文學儒者數百人，而公孫弘以白衣為天子
> 三公，封以平津侯，天下之學士靡然鄉風矣」。（《史記‧儒林列
> 傳》）

　　由於政治統治的需要，即便是儒家思想，也需按照帝王要求而賦予其不
同的內涵。漢武帝選擇儒家學說，經董仲舒改造，吸取戰國諸子百家學說和
漢初儒生經解中「為我所用」的想法，將陰陽五行融入儒家學說體系，在修

《公羊春秋》中將哲學上的「天人合一」闡釋為政治上的「大一統」，為漢家王朝的存在找到合理性依據，深為武帝賞識，從此，儒家經籍成為經，研究儒家經籍之經學也成為統治階層所承認的不可或缺的學術。漢朝經學分今經文和古文經兩大派，一般認為劃分依據是文字形式上的區別。古文指秦代小篆或更早的六國字體，今文則是漢代已經通用的隸書。經籍用古文書寫的稱為古文經，用今文書寫的則稱為今文經。秦火之後留存的被認為是古文經，如《漢書‧景王十三傳》云：

> 河間獻王德以孝景前二年立，修學好古，實事求是。……獻王所得書皆古文先秦舊書，《周官》、《尚書》、《禮》、《禮記》、《孟子》、《老子》之屬，皆經傳說記，七十子之徒所論。

除此之外，在《楚元王交傳劉歆傳》中，記載了景王時魯恭王拆毀孔子舊宅以擴大自己的宮室，於內壁得到三種古文經書，其中就有《左傳》。這也是《左傳》被認為是古文經學的重要依據。

儒家經籍有古今文之分，儒者釋經也有家數之別。學術分見從學派演變為宗派，是武帝獨尊儒術並將學術納入功名利祿這兩個方面相互作用的結果。《漢書‧儒林傳贊》指出：「自武帝立五經博士，開弟子員，設科射策，勸以官祿，迄於元始，百有餘年，傳業者寖盛，枝葉藩滋，一經說至百餘萬言，大師眾至千餘人，蓋利祿之路然也。」

方苞據此批評公孫弘以利誘人，振興儒術，「由是儒之道污，禮義亡，而所號為文學者亦與古亦矣。」漢代今文經學大興，一位經師或若干見解相近的經師，擁有眾多弟子，所傳述的都是一種見解，由此形式一家之言，倘若弟子要想受到重用，需謹守師法、家法。這種家法、師法，隨著時間的累積，逐漸成為一種學術解釋模式，而被其後世弟子繼承。門戶之別，也成為宗派之別。

由於政治力量的支持，董仲舒開創的今文經學，借《公羊春秋》宣揚大一統的理論，得到武帝支持。但他借助陰陽五行說來論證「天人合一」，君權神授，發展到後來，流於讖緯之學，加之弟子們墨守陳規，其學說發展愈發僵化，顯出窮途末路之勢。西漢雖以今文經學為官學，但古文經學為「私學」在民間也有所發展。河間獻王立《毛詩》博士毛公、《左氏春秋》博士貫公，他們死後，學說為弟子繼承。

西漢後期劉向、劉歆父子學識淵博，雖屬今文經學者，但並非專守一經

的陋儒，在治《春秋穀梁》傳時，亦十分欣賞《左傳》。劉歆與哀帝時，呼籲立《左氏春秋》等四種古文經博士，但由於今文經學博士竭力反對，並沒有成為事實。直到平帝，王莽實際掌權，四經博士才得以正式設立。漢光武帝擊敗王莽，建東漢政權，他同樣也認識到經學作為時代統治思想對鞏固政權的重要性，今古文經之爭再起，今文經學家利用政治上的優勢攻擊古文經學，主張立《左傳》博士的陳元與范升與之反覆辯難十餘次，關於《春秋》學的論爭，集中表現在議立《左氏春秋》博士的問題上。今文經學家范升反對立《左氏春秋》博士，理由是「《左氏》不祖孔子而出於丘明，師徒相傳，又無其人，且非先帝所存，無因得立」。(《後漢書·范升傳》)看似是出於學術的淵源不清導致不能立《左傳》，但門戶之見才是不立古文經學博士的真正目的：

> 陛下愍學徵缺，勞心經藝，情存博聞，故異端競進。近有司請置《京氏易》博士，群下執事，莫能據正。《京氏》既立，《費氏》怨望，《左氏春秋》復以類比，亦希置立。《京》、《費》已行，復次《高氏》；《春秋》之家，又有《騶》、《夾》。如今《左氏》、《費氏》得置博士，《高氏》、《騶》、《夾》，五經奇異。並復求立，各有所執，乖戾紛爭。從之則失道，不從則失人，將恐陛下必有所厭倦之聽。……今陛下草創天下，紀綱未定，雖設學官，無有弟子，《詩》《書》不講，禮樂不修，奏立《費》，非政急務。

范氏此言，意有三：一是《左》《費》等為古文，是異端，立於學官，引起思想混亂，不利於天下統一思想；二是立《左》非政之要務，可以從緩；三是以今文《京氏易》為例，容易引進各家攀比，從而「撇清」自己並非出於今文經學門戶角度予以反對。光武帝仔細考慮，並未採納范氏建議。陳元則力陳《左傳》既親授孔子又合於圖讖，為光武帝找到其政治合理性的依據，最終李封被立為《左氏》博士，但李封死後，《左氏》博士因今文經學家的一再反對，終被廢置，是為第二次論爭。《左傳》雖未立於學官，但影響卻日益明顯，「諸儒傳《左氏》者甚眾」。明帝年間，通《左傳》者照樣可以「擢高第，為講郎」(《隋書·經籍志》)通過此次論爭，越來越多的人相信古文經，帝王也漸漸傾向古文經，論證的對象也從古文《尚書》、逸《禮》、《左氏春秋》逐漸過渡到《左傳》。

七十多年之後，漢章帝建初四年，白虎觀會議為第三次之爭，今文經學

家李育與古文經學家賈逵雙方「考詳異同，連月乃罷」（《後漢書‧儒林傳》），會議由章帝親自主持進行裁決，因章帝傾向今文經學，以《左傳》為代表的古文經學未能添列官學。

值得注意的是，劉歆開創的《左傳》學傳賈逵，得到發揚光大，從現存佚文看，賈逵解《左傳》，雖注意名物訓詁和史事說明，如解釋桓公二年「十一戰」、六年「大閱」等從中都可以瞭解古制古義，對《左傳》中的人名、地名，亦有簡明注釋，為後世之學提供參考依據。但賈氏治學重點仍在義例闡發，如隱公六年經「宋人取長葛」，長葛屬鄭地，賈逵認為前面不書「鄭」字，「刺其不能撫有其邑」，杜預認為隱公五年經書「宋人圍鄭，伐長葛」二事前後相接，所以承上年書，無需再寫明「鄭長葛」，杜說近於情理，可從，而賈逵所釋，並無依據。賈氏希望爭取到《左傳》合法地位甚至正統地位，再度立於學官，所以努力要在《左傳》中搜尋出「微言大義，」從他釋「春秋」之名，多少可看出這一點，曰：取法陰陽之中。春為陽中，萬物以生；秋為陰中，萬物以成。欲使人君動作不失中也。這一說法，與劉歆治《左傳》學一脈相承，《漢書‧律曆志上》記劉歆《三統曆》：

> 夫歷《春秋》者，天時也，列人事而因以天時。傳曰：「民受天地之中以生，所謂命也。是故有禮儀動作之則以定命也。能者養以之福，不能者敗以取禍。」故列十二公二百四十二年之事，以陰陽之中制其禮。故春為陽中，萬物以生；秋為陰中，萬物以成。是以事舉其中，禮取其和，曆數以閏正天地之中，以作事厚生，皆所以定命也。

《律曆志》師古注明此說為班固所述劉歆之說，「傳曰」來自《左傳》成公十三年：

> 公及諸侯朝王，遂從劉康公、成肅公會晉侯伐秦。成子受脤於社，不敬。劉子曰：「吾聞之，民受天地之中以生，所謂命也。是以有動作禮義威儀之則，以定命也。能者養以之福，不能者敗以取禍。是故君子勤禮，小人盡力，勤禮莫如致敬，盡力莫如敦篤。敬在養神，篤在守業。國之大事，在祀與戎，祀有執膰，戎有受脤，神之大節也。今成子惰，棄其命矣，其不反乎？」

劉康公此言本意是說明祭祀必須誠敬。劉歆將其改造為天人陰陽之說。劉歆本為今文經師，提倡或改治古文，所治《左傳》之學自然會流露出今文

經學的治學特色。賈逵繼續沿用，一方面反應其學術淵源，另一方面表現了在政治語境中的學術傾向。可見《左氏》學從劉歆到賈逵，無論是從政治考量或是學說傳統，有意無意地帶有今文經學家重視義例闡發的特點，對史事解釋經文還未重視，同時在天人觀念、美刺思維的影響中，義例闡發有時還有逞臆說經的成分。

今文經學因政治力量的支持，始終被尊為官學。但其讖緯學術的弊端日益明顯，心勞日拙，難以服眾。有學者，如陳元，賈逵、鄭眾等人在劉歆之後，開始高舉古文經學。稍後的古文經學者許慎、馬融皆通五經，許慎的《說文解字》就是為宣揚古文經學而作的訓詁之書；馬融注釋《易》、《書》、《毛詩》的經籍，從正面展現出古文經學比今文經學的優越之處。鄭玄早年治今文經學，後投馬融門下，改治古文經學。今、古文經學門戶分界明顯，而鄭玄能兼取兩派優勢，遍注群經，超越門戶之見，成為漢代經學的集大成者。同時東漢末年，社會劇烈動盪，統治階層希望在意識形態中調和統一，鄭玄的治學方向無疑符合這種政治需求。今文經學家何休與鄭玄就《左氏春秋》展開了第四次今古文經之爭，以失敗告終，自此《左傳》為代表的古文經學終於開始登上官學舞臺。

《後漢書》本傳論曰：「漢興，諸儒頗修藝文；及東京，學者亦各名家。守文之徒，滯固所稟，異端紛紜，互相詭激，遂令經有數家，家有數說，章句多者或乃百餘萬言。學徒勞而少功，後生疑而莫正。鄭玄囊括大典，網羅眾家，刪裁繁蕪，刊改漏失，自是學者略知所歸。」所說的就是今古文經之爭帶來的弊端「異端紛紜，互相詭激」，導致後學「徒勞少功，生疑未正」，也是鄭玄能夠打破今古文經之藩籬，以古文經為主，吸收今文經學優點，成為漢學的集大成者的主要原因。其中的《毛詩》箋和「三禮」注被完整地保存下來，列入《十三經注疏》中，得到宋以後官方認可。

鄭玄雖遍注群經，而缺《左傳》疏解。東漢《左傳》注疏以服虔之注（隋志錄有他的《春秋》、《左傳》著作《春秋左氏傳解誼》三十一卷，服虔與鄭玄同時代，同文古文經學家，學術觀念大體相近，有時可互為發明。服注特點有二：一，注重禮制說明。鄭玄通貫群經，最精「禮」學，服注這一特點受到鄭玄影響。如隱公七年

初，戎朝於周，發幣於公卿，凡伯弗賓。冬，王使凡伯來聘。

還，戎伐之於楚丘以歸。

此傳文，未見「禮也」或「非禮也」的書法義例文字，然而服注根據《儀禮》中《聘禮》和《覲禮》說明戎人給周王朝公卿送財物合於禮制，而凡伯身為卿士未作回應「弗賓」，則不合於禮，所以聘魯時遭到戎人攔截。杜注對此沒有解釋凡伯未何被閡。相比較而言，服注與此使上下文貫通而又合於傳義。二、文字訓詁重在文義疏通：莊公十一年，傳文「覆而敗之曰取某師」，服注「覆，隱也，設伏而敗之」。因為事前設有伏兵，做好準備，作戰時才有可能取勝。隱公九年「三覆」，杜注：「覆而伏兵」，大概是參考了服注而得。同時，服注還注意到依傳解傳：如閔公元年「上為曰：分之都城」，服注：邑有先君之主曰都。其實就是莊公二十八年的傳文「凡邑有宗廟先君之主曰都」。服注的依傳解傳，重文義疏通，為後來以事解經的經解研究打下伏筆。而這服注發展到南北朝時期，與杜注成為南北《左傳》學的代表。

綜上所述，兩漢《左傳》學研究伴隨著今、古文到底誰為正統的爭論發展起來，《左傳》能逐步取代《公》、《穀》，除經師的自身努力外，《左傳》以事說經文的特長也發揮作用。其次，今古文經之爭，主要在於功名利祿的獲得和學術整體的觀點上，具體的研究方法還受到當時的政治要求和思想觀念的支配，各家為爭正統地位而相互攻擊，客觀上也造成三傳研究相互滲透，相互融通的研究態勢，最終形成了兼綜古今的鄭玄之學。第三，古文經學的《左傳》雖重視名物古訓，但還是以探求孔子之褒貶大義為根本目的，所以也不免有穿鑿附會和主觀臆斷的成分。《左傳》以事解經的特殊性還未被重視。

第二節　兩漢至魏晉：杜注《左傳》的興起

東漢之後，社會發生劇烈動盪，農民起義，軍閥之戰破壞的不僅是正常的社會秩序，社會的價值觀念、意識形態也發生了深刻的變革。鄭玄以後，經學明顯走向衰落，曹魏代漢，儘管表面上尊孔，立太學，但實際統治階層成員中已很少有通經向學之士。《魏略序》中描述當時經學衰落的狀況：

> 從初平之元至建安之末，天下分崩，人懷苟且，綱紀既衰，儒道尤甚。至黃初元年之後，新主乃復始掃除太學之灰炭，補石碑之缺壞，備博士之員錄，依漢甲乙以考課。申告州郡，有欲學者，皆遣詣太學。太學始開，有弟子數百人。至太和、青龍中，中外多事，人懷避就。雖性非解學，多求詣太學。太學諸生有千數，而諸博士

　　率皆粗疏，無以教弟子。弟子本亦避役，竟無能習學，冬來春去，
　　歲歲如是。又雖有精者，而臺閣舉格太高，加不念統其大義，而問
　　字指墨法點注之間，百人同試，度者未十。是以治學之士，遂復陵
　　遲，而未求浮虛者各競逐也。正始中，有詔議圜丘，普延學士。是
　　時郎官及司徒領吏二萬餘人，雖復分布，見在京師者尚且萬人，而
　　應書與議者略無幾人。又是時朝堂公卿以下四百餘人，能操筆者未
　　有十人，多皆相從飽食而退。嗟夫！學業沉隕，乃至於此！

此段話清楚地反應出魏時經學衰落的景象。而自何晏、王弼倡導談玄
學，大興發展，更使經學研究日趨不振。即使到了東晉、宋、齊，此局面未
曾有多少改觀。《南史·儒林傳》描述到：自魏正始以後，更尚玄虛，公卿士
庶，罕通經業，時有摯虞之徒，雖議有創制，未有能易俗移風者也。……大
道之鬱也久矣乎！」儒學衰落，玄學大興，《晉書》更將此視為西晉滅亡的主
要原因：禮法為流俗，目縱誕以清高，遂使憲章弛廢，五胡乘間而競遂，二
京繼踵而淪胥。魏晉時期的經學地位，與漢代相比，幾乎無法同日而語，經
學雖走入低谷，不等於經學研究滅絕。就其自身來講，其不同學派的勢力消
長，有著明顯變化：今文經學喪失官學地位，取而代之的是古文經學。《左傳》
作為古文經學的代表之一，雖有王肅作注，但王肅身處司馬氏和曹氏的鬥爭
的漩渦，王注《左傳》反鄭玄注，並非出於學術目的，而是政治上的考量。
此外還有一些晉士對《春秋》大義的利用，秉承東漢學風治癒，以《左傳》
為主，匯通三傳。

　　就三傳來說，《左傳》的地位明顯提高，逐漸成為《春秋》學之主流，西
晉杜預把《左傳》研究推到了一個新高度，並對後世產生巨大影響。「晉時杜
預又為經傳集解」，且「《左氏》服虔、杜預注俱立國學」(《隋唐》卷三十二
《經籍志》)。杜預有關《春秋》經傳的著作頗為豐富，文獻中稱其「備成一
家之學」(《晉書》卷三十四《杜預傳》)。清人說：「《春秋》以《左傳》為根
本，《左傳》以杜解為門徑。它敘述《左傳》文本的產生：

　　左丘明受經於仲尼，以為經者不刊之書也。故傳或先經以始
　　事，或後經以終義，或依經以辯理，或錯經以合異，隨義而發。其
　　例之所重，舊史遺文，略不盡舉，非聖人所修之要故也。身為國
　　史，躬覽載籍，必廣記而備言之。其文緩，其旨遠，將令學者原始
　　要終，尋其枝葉，究其所窮。憂而柔之，使自求之；厭而飫之，使

自趨之。若江海之浸，膏澤之潤，渙然冰釋，怡然理順，然後為得也。

《左傳》敘事圍繞闡釋《春秋》經文意義而展開。在敘事中，有「先經以始事」，「後經以終義」，「依經以辯理」，「錯經以合異」的獨創，產生了敘事完整，源流清晰的效果。「身為國史，躬覽載籍，必廣記而備言之。」這指出《左傳》的敘事詳盡，包攬眾記。以「先經」、「後經」、「依經」、「錯經」及「廣記而備言」論之，《左傳》敘事在客觀上具有獨立的品格，而「文緩旨遠」，「怡然理順」等語正肯定了這種品格。

又云：

> 故發傳之體有三，而為例之情有五：一曰微而顯。文見於此，而起義在彼。稱族尊君命，捨族尊夫人；梁亡城緣陵之類是也。二曰志而晦。約言示制，推以知例，參會不地，與謀曰及之類是也。三曰婉而成章。曲從義訓，以示大順，諸所諱闢。璧假許田之類是也。四曰盡而不污。直書其事，具文見意。丹楹刻桷，天王求車，齊侯獻捷之類是也。五曰懲惡而勸善。求名而亡，欲蓋而章。書齊豹盜三叛人名之類是也。推此五體，以尋經傳，觸類而長之，附於二百四十二年行動。王道之正，人倫之紀備矣。

所謂「五例」，前四者為《左傳》敘事的具體手法，最後為敘事目的。杜預以為，《左傳》以五種文本建構的方法備載王道人倫。《左傳》文本的價值，不僅僅是敘事詳盡，更在於其文本將敘事與義理結合在一起。由此便言明《左傳》以敘事解經的特徵。

西漢開始，人們對《左傳》的研究主要集中在經學領域，東漢後期，經學衰落，史學漸起，魏晉時期，史學由經學的附庸變為獨立的學科。戰國以前，史學不曾單獨自立成學。秦漢時期，《史記》的出現標誌著中國史學的初步成立，但《漢書·藝文志》仍然將史學著作附於《六藝略》的「春秋家」之後。魏晉時期由於經學的衰微，史學地位提高，成為學術領域中的一門獨立學科。「史學」一詞，最早見於石勒初稱王時。東晉元帝大興二年（319年），石勒以任播、崔濬為「史學祭酒」，傳授歷史知識。劉宋文帝於元嘉十五年（438年）建儒、玄、文、史四館，宋末齊初，置總明觀，內設玄、儒、文、史四科，每科設學士 10 人，從事專門研究。從當時的目錄學看，西晉秘書監荀勗所編《中經新簿》以甲乙丙丁四部總括全書，史書單立一部，位居

內部。東晉李充校訂群書，分作四部，史部被提至第二位，僅次於經部。史學雖為獨立學科，然而未能擺脫經學思想的桎梏，經世致用依然是史學之第一要務。

在此背景之下，杜氏對《左傳》的闡發，把《春秋》與《左傳》作為古代史策來解釋，「經承舊史，史承赴告」的觀點，讓他的注釋顯得最為合理，也易被接受；其次，杜注簡約，即便是解「例」也無泛濫無邊之跡。自漢代以來，經師說解多以煩瑣相尚，如鄭玄、服虔等大儒亦不能免，但魏晉以後，風氣大變，學者崇尚清談，喜言玄理，影響及經解，簡明說經自然受到人們喜愛。於是在南朝，人多從杜注，而少從服注。而北朝多習服注。

第三節　唐時研究：以史解經

唐初統治者高度重視儒學鞏固統治秩序的功能，而「經籍去聖久遠，文字多訛謬，且儒學多門，章句繁雜」，需統一儒學經典文本及經義，匡正思想。於是「詔國子祭酒孔穎達與諸儒定五經義疏，凡一百七十卷，名曰《五經正義》，令天下傳習。」《五經正義》就《春秋左傳》而言，定杜注為一尊。也正因如此，經義的統一，使得儒士對經文的闡釋餘地大大減小，加之九經取士帶來的弊病，《左氏》學在唐呈頹勢。與此同時，唐人還有將《左傳》視為「史」的傾向，以劉知幾《史通》為代表。

首先，劉知幾充分肯定《左傳》作為歷史敘事文的成就與意義。劉氏以為：「國史之美者，以敘事為工；而敘事之工者，以簡要為主。」〔註1〕這就是強調歷史纂作追求簡要的敘事書寫理想。而在論及《左氏》的敘事品格時，劉知幾指出「其言簡而要，其事詳而博」〔註2〕。顯然，就語言簡要而意義詳博而言，《左傳》正符合劉知幾的著述理想，是經典的敘事文本。

其次，劉知幾明確提出《左傳》敘事模式為歷史纂述體例之一。《史通·六家》云：「古往今來，質文遞變，諸史之作，不恒厥體。權而為論，其流有六：一曰《尚書》家，二曰《春秋》家，三曰《左傳》家，四曰《國語》家，五曰《史記》家，六曰《漢書》家。」在具體論說時稱：

〔註1〕〔唐〕劉知幾撰，〔清〕浦起龍釋：《史通通釋·敘事》〔M〕，上海：上海古籍出版社，1978年，頁168。

〔註2〕〔唐〕劉知幾撰，〔清〕浦起龍釋：《史通通釋·六家》〔M〕，上海：上海古籍出版社，1978年，頁11。

《左傳》家者，其先出於左丘明。孔子既著《春秋》，而丘明受經作傳。蓋傳者，轉也，轉受經旨，以授後人。或曰傳者，傳也，所以傳示來世。案孔安國注《尚書》，亦謂之傳，斯則傳者，亦訓釋之義乎。觀《左傳》之釋經也，言見經文而事詳傳內，或傳無而經有，或經闕而傳存。其言簡而要，其事詳而博，信聖人之羽翮，而述者之冠冕也〔註3〕。

這裡強調《左氏》開創典範的傳體。「言見經文而事詳傳內，或傳無而經有，或經闕而傳存」，這是表明《左氏》敘事以《春秋》為題綱，加以詳細敘述，但並非《春秋》亦步亦趨，而是有獨到的取捨原則。「其言簡而要，其事詳而博」是對《左氏》敘事為文簡約卻能充分展現事義的肯定。為了凸顯《左氏》作為傳體的典範意義，劉知幾還特意以《左氏》與《公》、《穀》二傳作比照。在劉氏看來，《公》、《穀》雖然也是傳體，但難以與《左氏》比論，「觀《左氏》之書，為傳之最，而時經漢、魏，竟不列於學官，儒者皆折此一家，而盛推二傳。夫以丘明躬為魯史，受經仲尼，語世則並生，論才則同恥。彼二家者，師孔氏之弟子，預達者之門人，才識本殊，年代又隔，安得持彼傳說，比茲親受者乎！加以二《傳》理有乖僻，言多鄙野，方諸《左氏》，不可同年。」〔註4〕

劉知幾以為《左傳》文本產生較早，最能接近孔子的本意。而《公》、《穀》二傳師法於仲尼弟子門人，年代隔絕。並且二傳論理乖僻，語言粗鄙，實在不能與《左氏》同日而語。劉知幾對《公》、《穀》的評價當否暫且不論，其對《左傳》傳體典範性的推重可見一斑。

其三，劉知幾對《左傳》獨立敘事的推崇：他把《左傳》放在史學敘事的視角下，就其敘事特徵進行評論，評論文字雜見於書中的各篇。如《載言》曰：「逮《左氏》為書，不遵古法，言之與事，同在傳中，然而言事相兼，省煩合理，故使讀者尋繹不倦，覽諷忘疲。」說的是《左傳》具備記言與記事兼顧，且剪裁恰當，並能從閱讀接受的角度說明《左傳》的敘事效果。劉氏的《模擬》曰：「蓋《左氏》為書，敘事之最。自晉以降，景慕者多，有類效顰，彌益其醜」，對《左傳》的敘事技巧予以極高的評價，就《左傳》的敘事

〔註3〕〔唐〕劉知幾撰，〔清〕浦起龍釋：《史通通釋·六家》〔M〕，上海：上海古籍出版社，1978年。

〔註4〕〔唐〕劉知幾撰，〔清〕浦起龍釋：《史通通釋·鑒識》〔M〕，上海：上海古籍出版社，1978年，頁204。

有較完整的評論在《外篇・雜說上第七》中說：

> 《左氏》之敘事也，述行師則薄領盈視，哤聒沸騰；論備火，
> 則區分在目，修飾峻整；言勝捷，則收穫都盡；記奔敗，則披靡橫
> 前；申盟誓則慷慨有餘；稱譎詐則欺誣可見；談恩惠則煦如春日；
> 紀嚴切則凜若秋霜；敘興邦則滋味無量；陳亡國則淒涼可憫。或腴
> 辭潤簡牘，或美句入詠歌，跌宕而不群，縱橫而自得。若斯才者，
> 殆將工侔造化，思涉鬼神，著述罕聞，古今卓絕。如二《傳》之敘
> 事也，榛蕪溢句，疣贅滿行，華多而少實，言拙而寡味。若必方於
> 《左氏》也，非唯不可為魯、衛之政，差肩雁行，亦有雲泥路阻，
> 君臣禮隔者矣。

劉氏從敘事運思水平、內容、風格將《左傳》與《春秋公羊傳》和《春
秋穀梁傳》相比，說明《左傳》的敘事成就，也是古代史學家對史事記錄的
概括性綱領。

及至《五經正義》獨收《左傳注疏》，標明《左傳》學在唐代處於官學地
位，但《左傳》自身具有史書性質，長於敘事，短與解經，對經義發揮不多，
因此對實際政治行為的指導意義常常顯得暗而不彰，而《左傳》中所表達「義
理」與正統儒家觀念多有不合。中唐以後，以啖助、趙匡和陸淳三家為代表，
開「捨傳求經」之新風，逐漸成為晚唐《左傳》研究的主要研究策略。

唐末、五代的分裂、戰亂，令經學已顯露的頹勢更加明顯，動盪的時
局也不允許士人寢饋與經典的研習，故唐末到五代，學者在經學上未有多少
建樹。

第四節　宋元明時期研究：捨傳說經

宋建後，時局雖定，但面臨內憂外患之尷尬局面：於內，趙宋承唐末
五代混戰割據之弊，權威失墜，維繫前代王朝的綱常體制等遭到摧毀；於外，
宋代始終受到北方少數民族的威脅，國土一直不完整的，與唐朝相比，其面
積大為縮減。及至南宋更只剩下半壁江山，而其統治者在建國之初更是被異
族軍隊追趕的東奔西竄。對宋代統治的合理性與合法性的論證及維護現存的
統治秩序便成為兩宋初學者至為關心的問題。宋初儒者說經，特別重視聯繫
社會實際，刑昺在東宮及內廷，講《孝經》、《禮記》、《論語》、《書》、《易》、
《詩》、《左傳》「據傳疏敷引之外，多引時事為喻，深被嘉獎」，此種學風，

宋學者多繼承,成為宋代經學一大特色〔註5〕。

於是在宋初便出現了極力宣揚「尊王」的孫復的《春秋尊王發微》及南北宋學者都熱心參與的關於正統的討論。孫復的《春秋尊王發微》是宋代春秋學重要著作。之所以選擇五經中的《春秋》作為立論的依據,乃是因為《春秋》所記載的時代與五代皆為割據爭霸亂世,孔子載述史事同時融入褒貶,胡氏說經就可以史為鑒而尋治國救世之良方。故孫氏說經從唐代啖、趙、陸三家說經之法,在三傳之外尋找新意,又其闡釋重點在「尊王」,《左傳》被改造成為維護天子權威、嚴厲譴責犯上行為的經典著作。

宋真宗、仁宗時,儒家講學之風逐漸興旺,劉敞成為當時修《春秋》的卓越經師,劉氏於《左傳》貢獻有二:一對《左傳》「五十凡例」的批駁,五十凡是左氏學以例說經的主幹,劉氏認為,起例發凡,皆隨事定,左氏許多「凡例」皆有例外,便標明《左傳》中自相牴牾之處,啟迪後學;二論《春秋》褒貶與魯史舊文,從《左傳》「從赴告」、「用舊史」、「經闕文」處闡述他對經與史關係的看法:經出於史,而史非經也。史可以為經,而經非史也。

宋時學術,重在理學,因此宋代《春秋》學的研究並不是很受到重視。程頤認為《春秋》採取記事方式,而非說理方式,較之其他經典,其闡發義理功能弱:

> 《詩》、《書》、《易》言聖人之道備矣,何以復作《春秋》?蓋《春秋》聖人之用也。《詩》、《書》、《易》如律,《春秋》如斷案;《詩》、《書》、《易》如藥方,《春秋》如治法。(《二程集》,頁401)

依程氏言,《春秋》更適用於政治實踐層面,為「聖人之用」,與儒者修、齊、治、平的序列中,屬治、平一層,與他們最關注的修、齊有一定距離,在修學次序上,放在《語》、《孟》之後。

程氏反對以「史」看代《春秋》,強調《春秋》中除褒貶善惡外,存經世大法,以史觀之,只察善惡,「至於經師大法則不知也」。此外,三傳之中,程氏更重《左傳》,「以傳考經之事件,以經別傳之真偽」,描述經傳關係,二者相互依存,主次分明。

朱熹主張以「史」看待《春秋》,尤重《左傳》,認為《左傳》所記史事對理解《春秋》最有幫助,他說:

> 看《春秋》,且須看得一部《左傳》首尾意思通貫,方能略見

〔註 5〕趙伯雄:《春秋學史》〔M〕,濟南:山東教育出版社,2004 年,頁 423。

聖人筆削與當時事之大意。……《春秋》之書，且據《左氏》。當時
天下大亂，聖人且據實而書之，其是非得失，付諸後世公論，蓋有
言外之意。

可見朱子已察左氏敘事有首尾貫通之特色，能彰顯聖人筆削與當事之大
意。然而對於《左傳》之病，在於「以成敗論是非，而不本於義理之正。」

至於胡安國的《春秋傳》，主張以「天理」、「人慾」的矛盾闡發經義，旨
在以經傳文之史事闡釋當時時政。

除上述三家外，還有孫覺、蘇轍、崔子方、蕭楚、葉夢得、陳博良、呂
祖謙、趙鵬飛、呂大奎等諸家對《春秋》、《左傳》有新論，具體內容，正文
有詳細闡釋。

宋儒解《春秋》、《左傳》著作，大多以探討、闡發經義為主，且緊密貼
合時政，指導具體的政治行為。

元代經學，因「元諸帝多不識漢文」（趙翼語），雖心嚮往之，對儒家經
典的理解存著一定障礙，也未提倡對儒家經典做深入鑽研，所以經學在元
朝，較前代大大衰落，據皮錫瑞《經學歷史》所論：「元朝儒者但知株守宋儒
之書，而於經典的注疏，所得甚淺。」黃澤的《春秋》學說，於三傳中，強
調左傳：

酌而論之，則事實而理詭，後之人猶有所依據，以求經旨，是
經本無所損也。事詭而義理間有可觀，則雖說得大公至正，於經實
少所益，是經雖存而實亡也。況未必大公至正乎？使非《左氏》事
實尚存，則《春秋》益不可曉矣。（《春秋師說》卷下）

可見，《左氏》有史事而被黃澤推崇，《春秋》之義得以彰顯皆因《左傳》
述事而明。黃澤高徒趙汸，繼而申述曰：

《左氏》於二百四十二年事變略俱始終，而赴告之情、策書之
體，亦一二有見焉，則其事與文，庶幾乎有考矣，其失在不知以筆
削見義。《公羊》《穀梁》以書不書發義，不可謂無所受者，然不知
其文則史也。故三傳得失雖殊，而學《春秋》者必自《左氏》始。

黃、趙二人對唐宋以來所有《春秋》經說都不太滿意，主張回到《左
傳》中，據《左傳》事實，尋其脈絡，求聖人之意，被當時人冠以「復古」
看法。

明初統治者從一開始就很重視儒學，但這並沒有帶來經學的繁盛。當時

程朱理學在社會大興，取代了傳統經學，明朝前期，學者知周、程、張、朱所讀之書，其他經傳疏注很少問津。中期以後，心學又蓋過理學，經學則更少人講起。明科舉雖發達，但文體已趨僵化，八股之外，鑽研經典已無必要。所以經學在明朝，最為衰敗。《明史》稱「經訓授受源流，此二百七十餘年間，未聞以此名家者」。明代關於《左傳》研究出現在文學評點的視野中，為科考提供輔導功能，多為文法批註，少義理闡發。

第五節　清代研究：評點中闡發義理

　　清代學術趨向徵實，學者多在《左傳》的訓詁、校勘、考證上下工夫，在經義闡發新義不多，《左傳》研究也有脫離政治的趨向。清初至乾隆年間，《左傳》評點承明代《左傳》評點之緒而漸趨繁盛，用語簡潔，多感悟式的品評，少細緻的分析。為此期《左傳》評點的主流，其目的多為指導初學習作，為科舉服務。當然，此期的《左傳》評點對於經、史也都有涉及，只不過數量較少，如魏禧《左傳經世鈔》即主於論史，而姜炳璋《讀左補義》則主於發揮經義。從光緒至民國年間，隨著新式學堂的紛紛建立，八股取士制度逐漸淡出歷史舞臺，西學之影響日漸深廣，學者們對《左傳》的評點已不再以科舉為導向，多是為了發揚傳統文化，與西學抗衡。故林纾、吳闓生等人的評點，更多注意《左傳》本身文法的揭示。至此，隨著清王朝的垮臺，《左傳》之於經學研究，徹底與政治脫離干係，而西學漸興，《左傳》研究從零散的文學評點過渡到純粹的文學層面予以研究。

　　縱觀整個春秋學的詮釋歷程，從孔子筆削到《春秋》成經的過程，關係到今古文學家對孔子「真義」的探求，從《春秋》三傳所持的不同立場之爭，到通學派的詮釋，各家的詮釋其實都隱含著各自的目的與方法。從敘述春秋歷史的起源來說，孔子修或述作《春秋》是為了記錄求真，而採取直書其事、存真闕疑的方法？還是為了治世理想而採取借事明義、筆削魯史的方法？孔子的真意到底是什麼，實際是各家解釋《春秋》文字的研究目的，而各注家的詮釋受制於詮釋者的目標，而採取各自不同的方法，目的與方法實際是各家解釋活動的運思原則。

　　《左傳》敘事的研究是在其成為經學或者史學經典以後開始的，這種經學身份的盛衰變化，始終貫穿在中國古代學術研究的進程中。

　　漢代之後的幾百年對《左傳》研究遊走在經學、史學、文學之間，唐代

以後，隨著文學的進一步發展，《左傳》以文學評點新的面貌進入文學研究中，至明清時期，出現了系統品評《左傳》的專門著作，雖然經學的繁榮不在，但仍屬學術影響中，發揮著文化主導力量，文學作為新興藝術門類，影響式微。換言之，中國古代就《左傳》的研究，幾乎都穩定在經學的解釋系統中，即便有後起之史學、文學評點予以觀照，但都不會打破《左傳》為歷史解釋的前提。

此外，學者重雖能注意《左傳》敘事解經的特長，卻不能深入論述。本文以他們的論說為基礎，逐步展述闡釋，雖重經解領域中《左傳》義理解說，但不依經、史、文分野而畫地自牢，破除門戶爭議的藩籬，脫離比較三傳優劣的窠臼，從純學術角度出發，以《左傳》為中心，但又兼顧其他二傳同樣兼以敘事與義例詮經的現象，求同存異，旨在揭示出「敘事」與《春秋》的內在聯繫，說明這是一種寓理解在敘述中的文體，從而進一步把握《左傳》中蘊含的史學思想。

第二章 《左傳》的解釋功能

　　《左傳》一書的性質一直為研究諸家所爭論：是解《春秋》的經書，是記述完備的編年體史書，又或是敘述優美的文學作品。歷代論者無論從何角度對《左傳》定性，《左傳》敘事是他們言及《左傳》必有所稱道的一點。《左傳》的性質與《左傳》敘事密不可分。

　　經學視域中西晉杜預的《春秋左氏經傳集解》是這方面比較重要的作品。它敘述《左傳》文本的產生：

> 左丘明受經於仲尼，以為經者不刊之書也。故傳或先經以始事，或後經以終義，或依經以辯理，或錯經以合異，隨義而發。其例之所重，舊史遺文，略不盡舉，非聖人所修之要故也。身為國史，躬覽載籍，必廣記而備言之。其文緩，其旨遠，將令學者原始要終，尋其枝葉，究其所窮。優而柔之，使自求之；厭而飫之，使自趨之。若江海之浸，膏澤之潤，渙然冰釋，怡然理順，然後為得也。

　　在杜預看來，《左傳》的敘事圍繞闡釋《春秋》經文意義而展開。

　　史學視閾中《左傳》敘述史實，被視作信史，又因其敘述績效卓著被視為良史，唐代劉知幾的《史通》著重論述。

　　《史通‧六家》云：「古往今來，質文遞變，諸史之作，不恒厥體。權而為論，其流有六：一曰《尚書》家，二曰《春秋》家，三曰《左傳》家，四曰《國語》家，五曰《史記》家，六曰《漢書》家。」在具體論說時稱：

> 《左傳》家者，其先出於左丘明。孔子既著《春秋》，而丘明受經作傳。蓋傳者，轉也，轉受經旨，以授後人。或曰傳者，傳也，所以傳示來世。案孔安國注《尚書》，亦謂之傳，斯則傳者，亦訓釋

之義乎。觀《左傳》之釋經也，言見經文而事詳傳內，或傳無而經有，或經闕而傳存。其言簡而要，其事詳而博，信聖人之羽翮，而述者之冠冕也〔註1〕。

劉知幾指陳《左傳》是「釋經」之作，「其言簡而要，其事詳而博」是對《左氏》敘事為文簡約卻能充分展現事義的肯定〔註2〕。

在後世研究中的《左傳》是史，但不用於《春秋》所記錄的史〔註3〕。傳統史學記載的重心，一步步從對事轉移到對人的記載。甲骨文的占卜涉獵、卜征伐，這些都是記事。今文的鍾鼎、做敦盤，也是記事，甚至到了《春秋》隱公十一年的記載：秋七月壬午，公及齊侯鄭伯入許。冬十有一曰壬辰，公薨。也依然是記事：公及齊侯、鄭伯都是人物，不過在這樣簡略的記述中還看不出人物內心世界，或者說「人性的輪廓」。但是《左傳》的記載，就發生了變化，能看到：潁考叔取鄭伯之旗蝥弧以先登；子都自下射之顛；看到了鄭莊公使許大夫奉許叔居許東偏，使公孫獲處許西偏；也看到了他詛子都；還看到了羽父請殺桓公；看到了隱公的遲回，以後又看到了桓公羽父的凶悖。這時敘述的中心轉移到了人物心態、性格的展現。但《左傳》依然是史，而不是「傳敘」。因為它寫人，是寫歷史事件、歷史事態發展中的人性。以人寫事，而非以事敘人。

傳統文學視閾中，《文心雕龍》是此領域內較早的著作。其《史傳》篇云：

昔者夫子閔王道之缺，傷斯文之墜，靜居以歎鳳，臨衢而泣麟，於是就太師以正《雅》、《頌》，因魯史以修《春秋》，舉得失以表黜陟，徵存亡以標勸誡：褒見一字，貴逾軒冕；貶在片言，誅深斧鉞。然睿旨幽隱，經文婉約，丘明同時，實得微言，乃原始要終，

〔註1〕〔唐〕劉知幾撰，〔清〕浦起龍釋：《史通通釋·六家》〔M〕，上海：上海古籍出版社，1978年。

〔註2〕就《左傳》的敘事有較完整的評論在《外篇·雜說上第七》中說：《左氏》之敘事也，述行師則薄領盈視，哤聒沸騰；論備火，則區分在目，修飾峻整；言勝捷，則收穫都盡；記奔敗，則披靡橫前；申盟誓則慷慨有餘；稱譎詐則欺誣可見；談恩惠則煦如春日；紀嚴切則凜若秋霜；敘興邦則滋味無量；陳亡國則淒涼可憫。或腴辭潤簡牘，或美句入詠歌，跌宕而不群，縱橫而自得。若斯才者，殆將工侔造化，思涉鬼神，著述罕聞，古今卓絕。如二《傳》之敘事也，榛蕪溢句，疣贅滿行，華多而少實，言拙而寡味。若必方於《左氏》也，非唯不可為魯、衛之政，差肩雁行，亦有雲泥路阻，君臣禮隔者矣。

〔註3〕朱東潤：《八代傳敘文學述論》。

創為傳體。傳者，轉也；轉受經旨，以授於後，實聖文之羽翮，記籍之冠冕也。……觀夫《左氏》綴事，附經間出，於文為約，而氏族難明〔註4〕。

劉勰以為《左氏》創立了傳體，用於解釋《春秋》。其敘事以經意為旨歸，學文簡約。

清人劉熙載作《藝概・文概》，指出左氏記事繼承春秋書法，以釋《春秋》義為宗旨，在關鍵環節，故事有明晰主線，體現了明暗相續的特徵：春秋文見於此，起義在彼，左氏窺此秘，故其文虛實互藏，兩在不藏。強調《左傳》善於運用原始史料，以適合自己敘事的需要：左氏敘事，紛者整之，孤者輔之，板者活之，直者婉之，俗者雅之，枯者腴之。剪裁運化之方，斯為大備。

由此可見，經、史、文的三個領域中，都將《左傳》作為傳《春秋》之經，並以此為基礎，展開關於《左傳》敘事的研究。況且中國傳統文章目錄學，注重「辯章學術，考鏡源流」（章學誠語），也就是說，考察一部著作的性質，需參照學術的發展源流，然後分目、歸類。從《漢書・藝文志》、《漢書・經籍志》，直至《四庫全書總目》一向將《左傳》劃分於「六藝略春秋家」或「經部春秋家」，這意味著傳統學者視《左傳》為「解經」之「傳」的認知是非常穩定的。

因此理解《左傳》敘事，須以理解「經」與「經解」為前提，進而才可能理清《左傳》與《春秋》之關係，《左傳》敘事的功效以及如何解讀敘事中深意等問題。

第一節　經學解釋：對「中國詮釋學」的理解

漢代以降，「六藝」或專指六經，或兼含經與傳記之類的書籍。

以「六藝」兼指經與傳書論者，有司馬談《論六家要旨》：夫儒者以六藝為法，六藝經傳以千萬數。《漢書・藝文志》中有「六藝略」，收錄範圍也包括經與解經之類的傳書。六藝之學的「經」，戰國時已有「六經」的稱謂，如《莊子・天運》中說：「《詩》、《書》、《禮》、《樂》、《易》、《春秋》六經」；（到了漢代，《樂》失其傳說或者本無「樂」本無經，「經」只剩五，成為「五經」；據《史記・儒林列傳》與《漢書・儒林傳》記載，漢武帝時立「五經博士」，

〔註4〕范文瀾：《文心雕龍注》〔M〕，北京：人民文學出版社，1958年，頁283。

沒有「樂博士」。《新語‧道基》曰：「於是後聖乃定五經、明六藝」，王利器在此處注曰：「後聖，指孔子」，還說：「孔子而後，稱說五經者，當以陸氏此文為最先」。這也就是說漢初陸賈時已有「五經」的說法。

唐朝時，《春秋》分為「三傳」，即《左傳》、《公羊傳》、《穀梁傳》；《禮經》分為「三禮」，即《周禮》、《儀禮》、《禮記》，這六部書再加上《易》、《書》、《詩》，並稱為「九經」，皆立於學官，用於開科取士。唐文宗開成年間，在國子學刻石，內容除了「九經」之外，還加上了《論語》、《爾雅》、《孝經》，成十二經。南宋時，《孟子》受到朱熹的重視，升格為「經」，和《論語》、《爾雅》、《孝經》一起，加上原來的「九經」，構成「十三經」。

關於儒家經數的問題，除了十三經，還有如段玉裁所考察的二十一經。但本源為六經，其他為對六經的闡發。清龔自珍對六經正名〔註5〕：

> 善乎，漢劉向之為《七略》也！班固仍之，造《藝文志》，序六藝為九種，有經、有傳、有記、有群書。傳則附於經；記則附於經，群書頗關經，則附於經。何謂傳？《書》之有大、小夏侯、歐陽傳也；《詩》之有齊、普、并、毛傳也；《春秋》之有公羊、穀梁、左氏、鄒、夾氏，亦傳也。何謂記？大、小戴氏所錄，凡百三十有一篇是也。何謂群書？《易》之有《淮南道訓》【二篇】、《古五子》十八篇，群書之關《易》者也；《書》之有《周書》七十一篇，群書之關《書》者也渾春秋》之有《楚漢券秋》、《太史公書》，群書之關《春秋》者也。然《禮》之有《周官》、《司馬法》，群書之頗關《禮》經者也。漢二〔三〕百祀，自六藝而傳記，而群書，而諸於畢出，既大備。微夫劉子政氏之目錄，吾其如長夜乎？何居乎世有七經、九經、十二經、十三經、十四經之喋喋也？

按照當代哲學家馮友蘭先生在《中國哲學史》中的考察，中國哲學史分為兩個時代〔註6〕：

〔註5〕孔子提出了「正名說」，通過他回答子路的問題，回答齊景公的問題，表明：正名是從一國的尊者和上位者開始的。只有上位者的行動有名有實、名副其實，跟隨的人仿照而行，自上而下，維持社會的人倫秩序，最終治亂世，顯王道。而在《左傳》依《春秋》的敘事實踐中，尤其是結合衛國父子爭國事件，討論更多的是「正名」是正的誰的名分，應該從哪個角度來「正名」。這既是在解釋《春秋》正名說的細節問題，也有助於讀者詳細瞭解「正名說」是如何揮發懲惡揚善的歷史懲戒功能。

〔註6〕馮友蘭：《中國哲學史》，香港：太平圖書公司，1968年第5期，頁491～496。

一是子學時代——從孔子到淮南子，不過四百年；二是經學時
代——從董仲舒到康有為，則有兩千多年。經學時代的哲學家，無
論有無新見，都須依傍子學時代的哲學家之名，以發布其所見。

當然如果不拘泥於董仲舒一下為經學時代的劃分，或許可參照徐復觀先
生的說法〔註7〕：

發端於周公，中經孔子奠基，至荀子組成一段經學形成期。如
此，整個中國經學史幾乎可與中國哲學史相終始。

兩位先生的高見歸結起來，可以理解為六經實際是中國文化的基礎之基
礎，或者中國文化的母體，諸子百家的「述作「，似乎在各抒己見，但都由
母體誕生而來。如孔子自述：述而不作，信而好古。其餘諸子皆如此，是「述」
其諸說。

顧炎武於《日知錄》）中說：「先儒釋經之書，或曰傳，或曰箋，或曰解，
或曰學，今通謂之「注」。可見，歷代經解，雖名稱不同，但其本質是對「經」
做注解。「在儒家學說體系中，同尊孔子為宗師，六藝之學為中心，諸家在注
解過程中，或對前說加以補充、疏通，或對彼此駁難異議、考辯同義，形成
脈絡分明的學術源流，經學注疏傳統由此形成。」六經或者子學中其他經典
學說，是諸子與經學家們闡述的重要依據。而中國傳統研究者們又曾以經學
著作為中心，從事傳、詁、記、疏、解、釋等解釋活動，從而形成層累性的
解釋傳統。中國對經學的傳承，自古有一套小學，包括文字學、音韻學、訓
詁學，其中訓詁就是對經文古書中語義的解釋。而這樣的訓詁學並非是西方
的詮釋學。

按照成中英先生對當代西方哲學詮釋學（philosophical hermeneutics）的
研究，他認為此學的建立，經歷了重要階段想；十九世紀施萊德馬赫對意義
（undersranding）的說明，超脫出了注釋經文的傳統，其揭示詮釋循環
（henmeneutical circle）即是理解的過程，又是意義的結構，到了狄爾泰階段，
則進一步把理解與解釋（expalain）對立起來，藉以說明精神科學與自然科學
的根本差異；自此之後，又經歷了胡塞爾現象學的意向性分析和海德格爾的
基本本體論的存在分析，分別建立了理解的對象性與主體性，分解性與整體
性，於是面臨的是如何表現及實現為具體的表象與語言不至於玄虛不定的問

〔註 7〕徐復觀：《中國經學史基礎》，臺北：臺灣學術書局，1982 年 6 月，頁 50～
51。

題，這就預設了人對語言是發自內心的理解〔註8〕。這實際已經與中國的注經解釋傳統不一樣，如果用西方詮釋學的理念，體察傳統注經研究，更傾向於將注解看成的獨立而個性化的解讀。視解釋經文的書籍為含有注解者獨立意志的書籍。

傳統經學的學問實際是對儒家經典文本嘗試進行各種詮釋或者解釋。在西方哲學中也有「詮釋」一詞。詮釋學曾是學界一度熱議的話題，而中國詮釋學的提出又是由西方詮釋學激發出來的。我們可以借用西方詮釋學的進行詮釋活動的演進思路，但是否照與西方詮釋學一一對應，構建中國詮釋學體例，又是另一回事。臺灣學者的林義正的說法有一定代表性。他認為，中國詮釋學似乎不是一門系統的學科，原因在於中西方對「學」字的認識不同〔註9〕：西方之「學」要求一種普遍的、客觀的、系統的知識。從語言學來看，「學」是名詞，但在中國文化中「學」既是名詞也是動詞，雖有做名詞詞義的客觀化和具體化的知識面，但它側重「化客體」為「主體」。化知識為實踐的動詞磁性。中國歷史上的傳統學者對六經的注釋、詮釋、闡釋、通解、匯通的著作，「所表現出來的從事詮釋活動的結果，但從來沒有對此詮釋活動本身作為客體、對象的系統研究而成立的一種客觀化探討之學」。但這並不代表中國傳統學術系統中不會誕生出「中國詮釋學」，這是基於現代學術客觀化的要求，應該做出一種嘗試性的努力，本書著重以《左傳》歷史敘事解釋《春秋》文本為例，孔子述作《春秋》的根本目的是什麼，希冀回答解釋或者詮釋活動是如何進行的，是否有規律可尋。

第二節　《左傳》「解釋」的獨特性

一、經學傳統中《左傳》的解釋之「體」

據臺灣學者林正義的考察，按《四庫全書》所收《左傳》被收錄於十三經系統，作為解說《春秋》的「傳」體而存在。《左傳》被《左傳》是否傳附經，是否「依循章句」注解經文，首要需對先秦及漢的經解方式略做考察。

〔註 8〕潘德榮：《詮釋學導論》，頁 1，成中英序文《哲學詮釋學的發展與本體詮釋學》。
〔註 9〕林義正：《《周易》《春秋》的詮釋原理與應用》〔M〕，臺灣：國立臺灣出版中心，2010 年，自序。

　　經學注疏傳統中，解「經」方式十分多樣，僅就漢儒解經詞彙來看，就有諸如詁、訓、傳、說、記、微、章句等等不同的稱謂。魏晉以後陸續衍生的注解名稱，更為豐富。古人用語不同，對注釋各體的解釋及用法也有所不同。

　　《四庫全書總目》中《經目總序》開宗明義講到「經解」含義：

　　　　經稟聖裁，垂型萬世，刪定之旨，如日中天，無所容其贊述，所輪次者，詁經之說也。

　　《四庫全書》依據中國傳統的學術分目，搜錄典籍，將它們區分為「經」、「史」、「子」、「集」四部。其中，經部著錄經與經解之書。就《四庫全書》搜錄的著作來看，經解方式十分多樣，而《經目總序》一言以蔽之，曰「詁經之說而已」，認為所有的經解之作，不過是對經的注解或解釋經文而已。《左傳》也在此經目中，屬於「傳」體。

　　詁，作為通稱，與「訓詁」或「詁訓」相通。「詁」做「故」講，做注解名稱由來已久，如《漢書‧藝文志》中有《魯故》、《毛詩故訓傳》等。先秦及漢的解經著作僅有少數保存至今，《毛詩故訓傳》就是其中一部。圍繞著這部經解書籍，討論「傳」體的學者有很多，有助瞭解「傳」體的特點。

　　所謂「故（詁）訓傳」，孔穎達的說法是：

　　　　訓詁者，注解之別名。毛以《爾雅》之作多為釋《詩》，而篇有〈釋詁〉、〈釋訓〉，故依《爾雅》訓而為《詩》立傳。傳者，傳通其意也。〔註10〕

　　毛詩為《詩》立《傳》，而「傳者，傳通其意也」，其特點是依據《爾雅》來注解。「詁」、「訓」之稱則依用《爾雅》之〈釋詁〉、〈釋訓〉的名義而來。

　　孔氏又云：

　　　　《爾雅》所釋，十有九篇，獨云「詁訓」者，詁者，古也，古今異言，通之使人知也；訓者，道也，道物之貌以告人者。〈釋言〉則〈釋詁〉之別，故《爾雅‧序篇》云：「〈釋詁〉、〈釋言〉，通古今之字；古與今異言也。〈釋訓〉，言形貌也。」然則，詁訓者，通古今之異詞，辯物之形貌。則解釋之意盡歸於此。〈釋親〉已下，皆指體而釋其別，亦是詁訓之意。故唯言「詁訓」，則總眾篇之目。

　　《爾雅》十九篇的同異，認為各篇所解釋的都是「詁訓之意」，因此「唯

〔註10〕《毛詩注釋》卷1。

言詁訓，足總眾篇之目」。這樣的「詁訓」之意，足以概括毛氏「傳」的注解特點。同時，他為了概括「詁訓」之意，提出了另一個詞「解釋」。「解釋」是比「詁訓」涵蓋範圍更廣的措辭，這便是本書選用「解釋」一詞的參考依據，但不意味著解釋只限於經學研究範疇。

孔穎達認為《毛詩故訓傳》是「依《爾雅》訓詁而為《詩》立傳」，說明毛氏「傳通其義」解經方式，並用「詁訓」的方式概括。「解釋」既是比「詁訓」涵蓋更廣泛的措辭，它比「詁訓」可能更能涵蓋各種解釋方式。「傳」以「傳通其意」為宗旨，為實現這一宗旨，任何的解經方式都可並行使用，那麼「解釋」一詞，是否可與「傳」體對應，概括其訓解方法。

馬瑞辰在《毛詩故訓傳》中認為「詁」、「訓」、「傳」三者各自指涉不同，更加凸顯出「傳」的獨特性，他在《毛詩詁訓傳名義考》一文，述云：

> 《漢藝文志》載《詩》凡六家，有以「故」名者，《魯故》、《韓故》、《齊后氏故》、《孫氏故》是也；有以「傳」名者，《齊后氏傳》、《孫氏傳》、《韓內傳》、《外傳》是也。惟《毛詩》兼名「詁訓傳」。……《史》、《漢》〈儒林傳〉、《漢·藝文志》皆言魯申公為《詩》訓故，而《漢書·楚元王傳》及魯國先賢傳皆言申公始為《詩傳》：則知《漢志》蓋散言則故、訓、傳俱可通，對言則故、訓與傳異，連言故、訓與分言故、訓者又異。……所載《魯故》、《魯說》者，即《魯傳》也。何休《公羊傳注》亦言：「傳，為詁訓。」似故訓與傳初無甚異。而《漢志》既載《齊后氏故》、《孫氏故》、《韓故》，又載《齊后氏傳》、《孫氏傳》、《韓內外傳》，則訓故與傳又自不同。蓋散言則故訓，傳俱可通稱，對言則故訓傳異；連言故訓與分言故、訓者又異。……蓋詁訓第就經文所言者而闡釋之，傳則並經文所未言者而引申之。此詁、訓與傳之別也。……蓋故訓本為故言。由今通古皆曰詁訓，亦曰訓詁；而單詞則為詁，重語則為訓；詁就其字義旨而證明之，訓則兼其言之比興而訓導之，此詁與訓之辨也。毛公詩多古文，其釋詩實兼詁、訓、傳之體，故名其書為詁訓傳。當即關雎一詩言之：如「窈窕，幽閒也」，「淑，善；逑，匹也」之類，詁之體也。「關關，和聲也」之類，訓之體也。若「夫婦有別則父子親，父子親則君臣敬，君臣敬則朝廷正，朝廷正則王化成」，則傳之體也，而於可類推矣。訓詁不可以該傳，而傳可以統訓故，故標其總目為「詁訓傳」，

而分篇則但言「傳」而已。〔註11〕

馬瑞辰仔細考察《漢書·藝文志》，推敲「解經」之體的用語，他說：「散言則故訓，傳俱可通稱，對言則故訓傳異；連言故訓與分言故、訓者又異，用語的異同，需根據實際語境來辨析。馬氏舉例以仔細考察「故、訓、傳」三體的不同：「毛公傳《詩》多古文，其釋《詩》實兼詁、訓、傳三體，故名其書為『詁訓傳』」，就「對言」而言，「傳」與「詁」、「訓」分別為三體，若分篇來看，只有「傳」體而已，因此《毛詩故訓傳》一書就是「傳」體。此外，馬氏還強調：「傳」與「詁訓」的區別──「詁訓第就經文所言者而闡釋之，傳則並經文所未言者而引述之」。

根據上述總結「傳」體的基本特徵是：詮釋性文體，講解經文所說，並延伸說明經文中未曾說明的部分〔註12〕。

其次，《左傳》的「傳」體在解經方式，與漢儒解經方式類似，並沒有比照經傳文字句進行精確對接性解釋。清焦循對漢代的釋經方式有如下理解：

> 漢世說經諸家各有體例，如董仲舒之《春秋繁露》，韓嬰之《詩外傳》，京房之《易傳》，自抒所見，不依章句。伏生《書傳》，雖分篇附著矣，而不必順文理解；然其書殘缺，不堵其全。《毛詩傳》全在矣，訓釋簡嚴。言不盡意；鄭氏箋之，則後世疏義之濫觴矣。鄭於三《禮》，詳說之矣，乃《周禮》本杜子春、鄭司農而討論，則又後人集解之先聲也。何休《公羊》學專以明例，故文辭廣博，不必為本句而發。蓋經各有義，注各有體。趙氏於《孟子》，既分其章，又依句敷衍而發明之，所謂章句也。（《孟子》正義）

焦循指出漢世諸經傳、注「各有體例」，解釋文字或詳細，或簡潔，各有不同。他說「經各有義，注各有體」，因此傳注體式依解經需要，隨經義而變，或「依句敷衍而發明之」，也可「自抒所見，不依章句」。焦氏在此就解經體式來研究，將諸經之「傳」與趙岐《孟子章句》做比較。漢代諸經的「章句」

〔註11〕此篇文獻轉引張素卿：《敘事與解釋──《左傳》經解研究》，臺灣：書林出版社，1998年。

〔註12〕啖助（724～770）描述《春秋》之傳。他說：「《左氏傳》其大略皆是左氏舊意，故比於傳，其功最高，博彩諸家，敘事尤備，能令百代之下，頗見本末，因以求意，經文可知。……公羊、穀梁初亦口授，後人據其大意，散配經文，故多乖謬，失其綱統。然其大指亦是子夏所傳，故二傳傳經，密於左氏。穀梁意深，公羊辭辨，隨文解釋，往往鉤深。」

體經解著作現已散失，《孟子》在漢代也只是諸子之書，但就「章句」體式特點而言，仍然可從《孟子章句》窺探端倪——「依句敷衍而發明之」。至於「傳」伏生《書傳》以「不必順文理解」為其特點，《春秋繁露、《韓詩外傳》與《京房易傳》三書，焦氏說「自抒所見，不依章句」〔註13〕。

《左傳》之「傳」是「自抒己見，不依章句」。

「傳」是一種獨特的「解經」文體，解釋內容內容與經文是容同存異的，語言方式也可以是變化多樣的。

二、《左傳》傳體特徵：敘事尤備　具論其語

劉安世（1048～1125）以為「《左氏傳》於《春秋》所有者或不解，《春秋》所無者或為自傳。讀左氏者當經自為經，傳自為傳，不可合而為一，然後通矣。」劉氏看到《左傳》採取國史而詳敘事件始末的敘述方式，而對此質疑。實乃不瞭解古之「傳」體的特點，如焦循所說：「自抒己見，不依章句」或「不必順文理解」。相類似言論還有王哲，說：「仲尼修經之後，不久而卒。時門弟子為及講授，是故不能具道聖人之意。厥後熟遂散傳，別為五家，於是異同之患起也。……獨左氏善覽舊史，兼該眾說，得《春秋》之事甚備。其書雖附經而作，然於經外自成一書，故有貪惑異說、採掇過當，至於聖人微旨，頗亦疏略」，王哲批評左傳，但同樣不滿意公羊、穀梁等其他五家，認為都「不能具聖人之意。」這樣的說法大概是深受中唐以降，「獨抱遺經就始終」的讀經態度的影響。

其他學者視《左傳》為解釋《春秋》之「傳」，視其「敘事尤備」，左氏傳的一大特點。正如司馬遷所言：

> 孔子明王道，干七十於君，莫能用，故西觀周室，論史記舊聞，與於魯，而次《春秋》：上記隱，下至哀之獲麟；約其辭文，去其煩重，以制義法，王道備，人事浹。七十子之徒，口受其傳指，為有所刺譏褒諱挹損之文辭不可以書見也。魯君子左丘明，懼弟子人人

〔註13〕章炳麟（1869～1936）在《國故論衡・明解故上》曾指出：「《易》之十翼，為傳尚矣，《文言》、《彖》、《象》、《繫辭》、《說卦》、《序卦》、《雜卦》之倫，體有各翼。」十翼之「傳」或逐卦解說，或通論《易》義，都為解《易》而作，體例各不相同。再次，瀏覽《四庫全書》經部目錄，及種種解經之書，不難發現，經解之書，以闡明經義為宗旨，解釋體式卻千差萬別，由此而觀，認為《左傳》因敘事體式而異於《穀梁》、《公羊》兩傳，而否定其為解經之作的說法，有待商榷。

異端，各安其意，失其真，故因孔子史記，具論其語，成左氏春秋。
（《十二諸侯年表序》）

文中講述左丘明作《左傳》的背景，謂孔門弟子「口受其傳指」，左丘明恐「弟子人人異端，各安其意，失其真」，於是「因孔子史記，具論其語，成左氏春秋」。根據上下文，這顯然說明了「左氏春秋」與《春秋》的著述關係。「左氏春秋」〔註14〕應與「公羊穀梁」的稱謂類似，是為了區分《春秋》傳承有左氏、公羊、穀梁三家之分。左氏懼弟子「失其真」，因此敘述一書，用以闡釋《春秋》而作。

司馬遷描述「左氏春秋」的論述特點是「具論其語」〔註15〕。《漢書·藝文志》秉承司馬遷之說法，曰：

> （仲尼）以魯周公之國、禮文備物、史官有法，故與左丘明觀其史記，據行動、仍人道，因興以立功，就敗以成罰，假日月以定曆數，藉朝聘以正禮樂。有所褒諱貶損，不可書見，口授弟子。弟子退而異言，丘明恐弟子各安其意，以失其真，故論本事而作傳，明夫子不以空言說經也。〔註16〕

由此論述更加強了《左傳》編纂本事，依經而傳的敘述旨歸。有學者就「論本事而作傳」有進一步闡發：

> 《左氏傳》與公、穀不同之處，主要在《漢書·藝文志》所說的，左氏「論本事而作傳」。正因左氏著重於事實，故「或先經以始事，或後經以終意，或依經以辯理，或錯經以合異」，而於「舊史遺文」，有時又「略舉不盡」，又有經無傳。它的體材與公、穀不同。我

〔註14〕有論者如劉逢路持司馬遷所說「左氏春秋」，與《晏子春秋》、《呂氏春秋》相較，認為「左氏春秋」自成一書，不傳《春秋》，與經解無關。對此章炳麟於《春秋左傳讀序錄》針砭此說之謬，曰：「左氏自釋《春秋》，不在其名「傳」與否也。」《史記》稱《左傳》為「春秋」，而不稱「左氏《春秋》」或「穀梁《春秋》」，可見《左傳》為依經作傳之作。劉歆在《漢書·移讓太常博士書》就稱「《春秋》左氏，丘明所修」。《左傳》一書，古或稱「左氏《春秋》」，或稱《春秋》左傳，其實，左氏《春秋》不適合稱作《左氏春秋》，以免與《晏子春秋》、《呂氏春秋》相混而誤讀。本文所指稱的《左傳》皆指《春秋》左傳或左氏《春秋》。《春秋》也僅指孔子所作之經。

〔註15〕具論其語：顧頡剛《春秋三傳及國語之綜合研究》中，指出「語」當不僅指所說的話，並及事也。論，依《史記》描述，指編纂方式。具論其語，可理解為按春秋之編排順序，輯錄相關的事蹟。

〔註16〕《漢書補注》卷30，頁19上。

們不能拘泥公、穀，而認為只有公、穀才是《春秋經》的傳。〔註17〕

顯然不能僅憑《左傳》的說解形式異於公羊、穀梁二傳，而否定《左傳》的經解性質。司馬遷說左氏「具論其語」以闡釋《春秋》真意，劉歆、班固等言「論輯其本事，以為之傳」，啖助推崇《左傳》「敘事尤備」，趙匡進一步指出「廣集諸國之史，以釋《春秋》」，這些言論都論述《左傳》敘事是迎合「傳」體解經的必要方式。

趙匡說：「公、穀守經，左氏通史，故其體異爾」，比較三傳釋經互有所別，以及三傳體式的彼此差異。焦循所言：「蓋經各有義，注各有體。體式不同，隨義而安。」如此看來，《左傳》用「敘事」解經，恰合解釋《春秋》的需求。對於三傳之學，胡安國（1074～1138）各取所長，就左氏而言，取其「敘事見本末」，認為「學經以傳為按，則當閱左氏」。桓譚比較其他二傳，認為穀梁「殘略多所遺失」，而公羊「緣經作傳，彌離其本事矣」。僅就述事詳略而言，三傳以《左傳》敘事最為豐富，但公羊、穀梁並非沒有述事的部分。陳澧（1810～1882）〔註18〕說：

> 公羊有記事之語，但太少而。……公羊亦甚重記事，但所知之事少而又有不確者耳（狐壤之戰在春秋前而公羊以為輸平事）。孔巽軒《通義・序》謂「《春秋》重義不重事」，以宋伯姬為證。然公羊記伯姬事云：宋災，伯姬存焉。有司復曰：火至矣，請出。伯姬曰：不可。吾聞之也，婦人夜出，不見父、母不下堂。父至矣，母未至也。逮乎火而死。若公羊不詳記此事，則伯姬死於火耳，何以見賢乎？欲知其義必知此事，斷斷然也。（《東塾讀書記》卷10，頁12）

穀梁述事尤少。近時有鍾氏文烝《補注》，於隱公十一年下舉

〔註17〕黃彰健：《經今古文學問題新論》，臺北：中央研究院歷史語言研究所，1992年，頁45。

〔註18〕陳澧（1810～1882），學者稱東塾先生，番禺（今廣州）人。字蘭森，四川南溪人。少貧，旅食宜賓。學畫於錢塘陳森圃，部署有法，密而不繁。江夏彭瑞毓見而好之，招致門下，稱譽於學使，入邑庠。復出其家藏名畫，使澧縱觀，技益進，名益高。道光十二年（一八三二）舉人，選河源縣學訓導，歸為學海堂學長數十年，至老為菊坡精舍山長。少好為詩，及長棄去，泛濫群籍，凡天文、地理、樂律、算術、古文、駢文、填詞，無不研究。篆書茂密雄強，隸書樸茂，行書宗歐陽詢參以蘇軾，善畫山水、花卉，尤工水仙及菊。卒年七十三。著作甚富。有東塾讀書記、摹印述、憶江南館詞。《益州書畫錄》。錢穆評陳澧：晚清次於曾國藩的第二號人物，學術史上主漢宋兼採，力主新式學風。

全傳述事者，祇二十七條，謂穀梁子好從簡略。澧按：僖二年傳述
晉獻公伐虢事，十年傳述殺申生事，並詳述其語，則非盡好簡略這，
實因所知之事少，故從簡略，而專究經文經義耳。（同上書，頁 21）

陳澧舉公羊、穀梁之事例說明二傳並非不述事，二傳記事少的原因是否
因為掌握材料不足，姑且不論。《公羊傳》與《穀梁傳》傳經以口耳相授，較
晚才著於竹帛，述事部分可能在流傳過程中丟失或發生變化，如錄入對妨害
對經義的疏解，這有可能是造成二傳敘事相對簡略的原因。

三、《左傳》之轉體作為「歷史解釋」概念的具體載體

19 世紀西方史學思潮的主潮是朝著蘭克式的「客觀如實」的方向前進，
而沃爾什《歷史哲學導論》為代表的分析性歷史哲學，作為當代史學思想的
主潮，向蘭克的反方向前進。對歷史思維與歷史認識的性質研究，取代了對
歷史事實與過程的性質研究，成為歷史哲學中的熱門。舊的意義上的「史觀」
已經讓位於「史學觀」，即史學理論的立足點從客體轉到主體上來，過去的歷
史哲學是著眼於歷史的客體的，現在則轉到了主體如何認識歷史客體的問題
上來[註 19]。分析的歷史哲學出發點是，首先是歷史認識的能力與性質。對
歷史性質的研究，就轉化為對歷史學家進行歷史思維的性質的研究，、對歷
史學家進行歷史解說的性質的研究。

歷史哲學可分為思辨的歷史哲學和分析的歷史哲學。思辨的歷史哲學是
「實驗」的，其最終目標在於使歷史學同化或者認同與自然科學，如將歷史
規律視為視為生物界的演化規律，分析的歷史哲學則認為歷史學有其不同於
自然科學的獨特的規律。思辨的歷史哲學和分析的歷史哲學都涉及價值判
斷。前者是把歷史放在一個目的論的框架裏進行考察（即認為歷史是朝著一
個目標在前進），後者則僅僅著眼於習邏輯的內涵，（即做出歷史判斷是，其
中所蘊含的道德和形而上學前提假設是什麼）。分析的歷史哲學的任務之一，
就是把其中所蘊含著的尺度揭示出來，使之成為顯然的尺度。在沃爾什看來，
歷史研究必然要先假設某些哲學的前提或者觀點，而這些觀點或前提並不能
被視為理所應當的而無所驗證的，如同幾何學中的公理。因此只有對歷史認
識的性質首先進行分析，才能朝著真正歷史和真正歷史學的方向前進。

[註 19]〔英〕沃爾什著，何兆武、張文傑譯：《歷史哲學導論》，北京：北京大學出
版社，2008 年 10 月，頁 220～221。

在《春秋》中，保留下來的紀年方法和自然氣候的變化、天象變化的記錄，反映著孔子對客觀自然的認識。而為尊者諱、親者諱則是他對人事變化的道德認識。《左傳》繼承了《春秋》解說的歷史的傳承，直錄客觀自然，而曲筆人事變化。

歷史研究自然要搜集資料，但史料不能真正成為完備的歷史知識，需要靠歷史學家的思維活動，賦予資料生命使他們成為史學。沃爾什稱歷史學家的思維方式為」綜合方法」。所謂綜合方法，就是「對一個事件，要追溯他和其他事件的內在聯繫，並從而為它在歷史的網絡之中定位的方法。」歷史記錄並不是流水帳材料，也不是「斷欄朝報」，在它樸素的材料中有史學家的思考。不同的史家，面對相同史料，也有不一樣的理解。史家的好惡和看法，並非僅靠史料分析得出，實際它們是研究史料前提的假設。也就是說，通過分析史事的」微言」可以分析出」大義」，實際上「大義」在史家敘述前已具備。史家理解歷史或者史家寫史，總是在某種思想的指導下進行；如果沒有了這種指導思想，就只是一些乾枯的、沒有生命的、支離破碎的史學原料。

「歷史學有沒有它的假設前提」實際是一個百年老問題，由分析的歷史哲學開創者之一布萊德雷（1846～1924）提出，他在自己的著作《批判歷史學的前提假設》中提出：「歷史學必定總是建立在一種前提假設之上，並且只有那些可以和我們目前經驗類比的東西，才能成為我們的歷史或者認識。」自此以後，各派分析的歷史哲學大都繼承了這一觀念而加以改造或發揮〔註20〕。沃爾什的答案有的。它的假設前提是「歷史學家本人的哲學見解」；歷史學家「每個人都以自己的哲學觀點在探索過去，」而「這對於他們解說歷史的方式有決定性的影響。」〔註21〕因此，對於相同的史料，就可以得出不同的歷史構圖。歷史構圖的形成是層累地。這是因為每一個時代、每一個歷史學家對歷史不斷形成新的理解，這種新的理解一方面來自新史料的出現，更主要的是人們的思想觀念在不斷形成新的歷史網絡。

關於歷史如何「客觀」的問題，或者說史學家如何認識「直錄」、「實錄」的問題。沃爾什的觀點認為，理解歷史要求歷史學家具有對精神生活的體驗，但不意味著或者著蘊含著，歷史就是人們內心的產物。它只不過是說：理解

〔註20〕何兆武：《歷史哲學導論・沃爾什和歷史哲學》，頁223。
〔註21〕沃爾什：《歷史導論》，頁107。

歷史總需要通過一個不可或缺的環節，即心理環節。只注重社會規律的歷史，無法呈現出具體的、有血有肉的歷史。寫寶、黛、釵故事是一種情況，寫 18 世紀中國社會背景又是另一回事。研究寶黛釵之間的故事不能脫離 18 世紀中國的社會歷史背景，但研究 18 世紀的中國社會歷史並不代替研究寶黛釵的故事，也不足以說明寶、黛愛情故事的精神和實質。可見社會分析是不代替心理分析的。在這一點上，歷史學家近似於文學家，因為他必須要寫出具體的人和事。但二者寫作的目的卻又截然不同，表達人物間情感是文學家的任務，表先人物的思想和的活動，是歷史學家的任務。

　　孔子《春秋》如此，《左傳》解釋《春秋》也如此。《左傳》中的記事，不但構成了具體的歷史事件，也潛藏著社會歷史背景，而記言一方面反映出歷史人物的精神，也反映出史家對史事的理解。在這個層面上說，春秋三傳在解釋《春秋》的基礎上，也在闡釋自己對春秋時期的理解，並有所側重，如宋代的《春秋》學家胡安國曾說：「其事莫備於《左氏》，例莫明於《公羊》，義莫精於《穀梁》。」

四、《左傳》敘事與西方「敘事」學的中「敘事」概念的差異

　　臺灣學者張素卿對《左傳》敘事有專門論述，稱左氏「論本事用以作傳」，而且是「依經而述其事」，這種敘述文體就是「敘事」〔註22〕。此處敘事文體可以理解為：敘述人物行動的本末始終，表現事件的發展脈絡。它有別於當代文學研究領域中的「敘事文體」：以浦安迪的說法為代表，「任何敘事文，都要告訴讀者，某一件事從某一點開始，經過一段規定的時間流程，而到某一點結束。因此我們可以把它看成一個充滿動態的過程，亦即人生許多經驗的一段一段的拼接。敘事文展示的是一個延綿不斷的經驗流中的人生本質」〔註23〕。事件在時間上的連續性是現代敘事文體的重要性質。《左傳》就全書而言，雖在敘述方法有所創新，但編年體事以年相隔的形式缺憾，讓歷史人物的生平、史事發生的原委、典章制度的演革，造成敘述斷裂，須前後經傳文相參，有可能瞭解事件的因果聯繫和演進趨勢；但就其敘戰部分，事件發展脈絡清晰明瞭，與現代敘事文體非常相近。

〔註22〕 張素卿：《敘事與解釋——《左傳》經解研究》，台北：書林出版社，1998 年，頁 49。
〔註23〕 〔美〕浦安迪：《中國敘事學》，北京：北京大學出版社，1996 年，頁 6、7。

「敘事文」作為一種文體，是晚近出現的，而「敘事」一詞卻是中國學術傳統中的固有詞語。真德秀（1178～1235）《文章正宗》分「文章」為四體，其一為「敘事」，並謂「敘事起於史官」。(《文章正宗・綱目》，頁3)；劉熙載的《藝概・文概》也視敘事為文；劉知幾《史通・敘事》對「史」作出系統論述：就「簡要」、「隱晦」、與「虛妄」三者論述「敘事」的修辭原則；古人所謂敘事，如啖助，劉知幾（661～721）《史通・敘事》〔註24〕，劉熙載《藝概・文概》等等諸家，往往以《左傳》為典型範例進行說明。古人論述敘事，並未對其意義做明確界定，只能根據他們實際指稱的作品來描述這種文體，那麼《左傳》無疑是部敘事作品的專著。古人雖以《左傳》為例，論述「敘事」之體，但沒有具體指明應採取何種路徑研究。

而如《左傳》這樣的敘事作品，是否宜用西方經典敘事學〔註25〕理論予以解析，也需說明。按敘事學觀點，在一個敘事行為中，重要的不是故事內容自身，而是此內容用什麼樣的方式被敘述出來，即敘事方式〔註26〕。換言之，敘事方式是西方經典敘事學的研究重點。但《左傳》敘事恰恰重視的事件本身，《左傳》因傳文有與《春秋》密切相關之「事」，被認定其具備解釋

〔註24〕 以現代的學科分類眼光來看，劉知幾的《史通》是一部論史專著，其中有《敘事》篇，這是最早以「敘事」為題的專篇論述文章，篇首有言：夫史之稱美者，以敘事為先，該書有專篇討論「敘事」他的意見具有代表性：左氏之敘事也，述行師則薄領盈視，聒沸騰；論備火則區分在目，修飾峻整；言勝捷則收穫都盡，記奔敗則披靡橫前，申盟誓則慷慨有餘，稱譎詐則欺誑可見，談恩惠則煦如春日，紀嚴切則凜若秋霜，敘興邦則滋味無量，陳亡國則淒涼可憫。或腴辭潤簡牘，或美句入詠歌。跌宕而不群，縱橫而自得，若斯才者，殆將工侔造化，思涉鬼神，著述罕聞，古今卓絕。

〔註25〕 關於經典敘事學的定義：各家說法因側重不同而有所不同，擇要評述如下：米克巴爾《敘述學——敘事理論導論》定義：敘事學是關於敘述、敘述文本、形象、事像、事件以及「講述故事」的文化產品的理論。羅剛《敘事學導論》暫時定義為：敘事學是研究敘事本質、形式、功能的學科，它研究的對象包括故事、敘事話語、敘述行為等，它的基本範圍是敘事文學作品。董小英《敘述學》定義為：研究表述形式的一門學問。胡亞敏《敘事學》：整理索緒爾、俄國形式主義、結構主義敘事學、後結構主義、接受美學等各家說法，定義敘事學是研究講故事的科學。敘事文的特徵是敘事者按照一定的敘述方式結構起來傳達給讀者的一系列事件，敘事學研究的是敘事文的共時狀態，重視的是敘事文本本身的結構與關係。該書有進一步指出敘事學不研究敘事文的創作過程，它竭力避免用作家的因素來理解或解釋敘事文，從而使敘事文從它的創作者中獨立出來。

〔註26〕 童慶炳主編：《文學理論新編》，北京：北京師範大學出版社，2011年，頁183。

《春秋》大義之資格。徐復觀先生曾指出先秦至兩漢思想家表達思想的方式主要有二:「其一,屬於論語、老子的系統。把自己的思想,主要用自己的語言表達出來,賦予以概念性說明。這是最常見的諸子百家的方式;其二,屬於《春秋》系統。把自己的思想,主要用古人的言行表達出來,通過古人的言行,作自己思想成立的根據。這是諸子百家用作表達的一種特殊方式。」〔註27〕所以《左傳》敘事首重解釋。故西方經典敘事學理論的研究目的與《左傳》敘事之旨有所區別,本文未套用其理論框架。西方經典敘事學經過大量研究實踐,逐漸走向後經典敘事學,將所有具備敘事特徵的語言、文字傳播載體,都視為敘事學的研究對象,而《左傳》敘事,如上所述,論述遍及經、史、文三個領域,從此角度來說,《左傳》確為敘事作品。

　　《左傳》研究運用「敘事」一詞,有兩點需說明:一是並非堅持用西方經典敘事中的理論直接且機械套用在研究中,而是由中國傳統「敘事」觀念出發;二是雖然用「narrative」為對應英文,但基於下列認識:將「敘事」視為人類行為的一種基本解釋模式或者普遍的理解方式,就理解方式而言,「敘事」具備解釋人物行動的功能;就普遍且基本而言,當代「敘事」研究,早已不限於文學領域,歷史學、哲學、社會學、人類學、精神分析學等等學術領域,「敘事」早就是受矚目的課題,中、西「敘事」也可以殊途同歸。

　　《左傳》作為敘事專著,是文體意義上的,而非史體意義,《左傳》編年紀事才是被後人公認的史體意義。

　　中國傳統史學中,「正史」的名稱,最早見於《隋書‧經籍志》,指紀傳體史書。《隋志》把司馬遷的《史記》和班固的《漢書》視為紀傳體之祖。因為《史記》以人物為本位,分本紀、世家、列傳、書、表五體,開創紀傳體的史書體例;班固承襲並發展《史記》體例作《漢書》:改「書」為「志」;「世家」為「傳」;整齊為紀、傳、表、志四體。紀、傳是此體裁的主體,班書之後,表、志或有缺略,而紀、傳皆有。凡屬於這一體例的,都視為紀傳體。清乾隆年間,欽定《史記》以下《二十四史》是《史記》、《漢書》、《後漢書》、《三國志》、《晉書》、《宋書》、《南齊書》、《梁書》、《陳書》、《魏書》、《北齊書》、《周書》、《南史》、《北史》、《隋書》、《舊唐書》、《新唐書》、《舊五代史》、

〔註27〕徐復觀:《兩漢思想史‧卷三‧韓詩外傳的研究》,上海:華東師範大學出版社,2001年,頁1。

《新五代史》、《宋史》、《遼史》、《金史》、《元史》、《明史》。

唐劉知幾將以往史體歸納為「六家」。他說:「古今往來,質文遞變,諸史之作,不恒厥體。惟而為論,其流有六:一曰《尚書》家,二曰《春秋》家,三曰《左傳》家,四曰《國語》家,五曰《史記》家,六曰《漢書》家。」(《史通·六家》)《尚書》記言,《春秋》記事,《左傳》編年,《國語》分國,《史通》通古紀傳,《漢書》斷代紀傳。

劉氏進而將「編年」和「紀傳」確立為「正史」二體,曰:「既而丘明傳《春秋》,子長著《史記》,載筆之體,於斯備矣。」(《史通·二體》),他評論二體認為「考茲勝負,互有得失」、「各有其美,並行於事」、若「角力爭先,欲廢其一,固亦難矣」。也是通達之見,而《隋志》著錄以紀傳體為「正史」,編年為「古史」,「歷代依之,遂分正附,莫不甲紀傳而乙編年」(章學誠《文史通義·書教下》),也是事實。

章氏視紀傳體例為史書,比編年更憂,翦伯贊申述曰:

> (紀傳)這種體裁,可以說是《尚書》等四種體裁之綜合。其中「紀」以編年,猶《春秋》之「經」也;「傳」以記事,猶左氏之「傳」也;「世家」以分國,猶《國語》之分國史也;又嘗錄帝王之制詔命令,則又猶《尚書》之載典謨訓誥誓命之文也。一言以蔽之,這種體裁,已並「編年」、「紀事」、「紀言」、「分國」諸體於一書,別而裁之,融而化之,使其相互為用,彼此相銜,以各家之長,濟各家之短,而又益之以表歷,總之以書志,卓然自成為一種新的歷史體裁。(《論劉知幾的史學》,吳澤主編:《中國史學論集(二)》,上海人民出版社,1980年版,頁41)

故而《隋志》以降,史體分類,以紀傳為主,編年為附〔註28〕。東漢荀悅《漢紀》問世,依漢獻帝要求「依《左傳》著《漢紀》三十篇」,後人習慣將《春秋》、《左傳》稱為古編年體,《漢紀》之後的編年史體稱為新編年史體。後又有袁弘的《後漢紀》、徐廣的《晉記》等,袁弘的《後漢記》在《漢紀》「通比其事,例繫年月」的基礎上,進一步突破編年的時間分界,採取「言行趣捨、各以類書」的敘事方法,記述人事時,比之同類的「人和事」,擴大

〔註28〕又,《隋志》以紀傳為正史,編年為古史,甲紀傳而乙編年。儘管編年體源流很古,而人們以紀傳便於披閱,因而班馬舊裁,歷朝依之,源源不斷,而編年或有或無,因次於紀傳。

編年史的容量。(《史通・古今正史》)兩《漢紀》的出現，完備了編年史的體的規模，從而促進了漢隋之際編年史的發展。

論及「史體」，惟「編年」、「紀傳」二體，「敘事」不在其中，傳統史論書籍，並未將「敘事」作為「史體」看待，但卻將《左傳》視為編年體史書。

第三，不同於現代的文學敘事，也非歷史敘事。敘事強調連貫性，《左傳》雖在敘述方法有所創新，但編年體事以年相隔的短處，歷史人物的生平、史事的詳細原委、典章制度須前後經傳文相參，才有可能瞭解事件的因果聯繫和演進趨勢。南宋章沖曾把《春秋左氏傳》改編為紀事本末體的《春秋左氏傳事類始末》，清初馬驌有所繼承並作《左傳事緯》，取《左氏》史事，用紀事本末體修成，以時間先後為序、以類相從，標立題目，分類精當，條理清晰，前後貫通。清高士奇（1645～1704）繼章、馬之後，作《左傳紀事本末》，列國事件，分列專題，自成首尾，又兼採經史諸子，為「補逸」、「考異」、「辯誤」、「考證」、「發明」附列各專題正文之下，就史事做考訂、補充和解釋工作，優於章、馬之作，幫助今人瞭解春秋史事。

如上所舉諸家各言，「敘事」，通常與歷史敘述有密切關聯，但又非海登・懷特所定義的「歷史敘事」：他認為，歷史敘事的形式和意義根本不存在於歷史中，而是有我們自己講述出來：為了把一個悲劇性情景轉變為一個喜劇性的、歷史學家只須轉變他的視角，或者改變他的感知範圍。可見，在懷特看來，歷史敘事不過是語言敘述，其特質是文學性的而非歷史事實的。若以此觀念看《左傳》敘事，不單《左傳》所述之事為虛，恐怕就連《春秋》所述之事也不足為信。但若與「虛構敘事」相比，這種因敘事詳備而具有歷史價值的「敘事」，可稱為「歷史的敘事」（historical narrative），「歷史的敘事」，具有歷史的屬性，而這樣的「敘事」未必是四部分類中的「史」。

第三章　作為歷史解釋的《左傳》

　　《左傳》「敘事尤備」，解經義此見長，而敘事卻非《左傳》解釋《春秋》的唯一方式。所謂解釋，如前緒論所述，主要區分在三個層面：一是，訓詁辭文；二為述說事物；三是闡明義理。左氏傳文，旨在傳經，《春秋》有「文」「事」「義」三者，傳針對此三者加以闡述，或訓詁詞文，或就經文之「事」詳述其本末始終，或闡釋經文紀事中的褒貶大意，因而《左傳》解釋，就涉及以上三個層面。《左傳》的釋文、述事和釋義往往相關，彼此融通成為整體傳文，共同發揮解經的功能。依傳文文字標示作為區分，如凡例、「書曰」，以及「禮也」「非禮也」等評論，是直接陳述經義的褒貶，統稱為「論說經義」，這與「敘事解經」同為《左傳》解經的兩大類型。

　　中國史學傳統以孔子《春秋》為發端，強調「史事」、「史文」中蘊含政治歷史的「史義」。

第一節　孔子對上古記史傳統的認識、繼承與發展

　　歷史為人所構建。歷史記錄過程本身就是一個價值判斷與理解詮釋的過程。「無論歷史敘事還是文學敘事，進行這種話語活動的目的都不僅僅是傳達一個事件，而是要通過對一個或一系列事件的敘述和闡述而表達某種意義。」

　　我國自上古時期就史官有載史的傳統。「古之王者世有史官，君舉必書。所以慎言行，昭法式。左史記言，右史記事，事為《春秋》，言為《尚書》，帝王靡不同之。」古代史官雖記錄歷史的目標是為了資政的作用。史官之職在不同時期，稱謂也不同，從甲骨卜辭文獻可以看到，商代有「史、大史」

這樣的名稱,西周史官名稱多見於青銅器銘文,有「大史、內史、外史、作冊」之名,見於文獻的,還有記言的左史、記事的右史等官職,王室與各諸侯國均有史官,「敘述各種名稱的歷史著作。」〔註1〕

　　天子之史書稱《書》,如《虞下書》《商書》《周書》,《左傳·僖公五年》引《周書》:「黃天親親,惟德是輔」的記載來自《尚書·周書·蔡仲之命》。春秋時期,各國國史的名稱也不一樣。《孟子·離婁下》曰:「王者之跡熄而詩亡,詩亡,然後春秋作。晉之《乘》,楚之《杌》,魯之《春秋》。此外,根據《左傳》記載,鄭國、宋國的國史記錄歷史的史書稱為《鄭志》、《宋志》〔註2〕等等。「春秋」一詞是春秋時期對列國記載歷史的統稱,並為特指孔子之《春秋》。《國語·晉語》七》記載:(司馬侯)對晉悼公曰:羊舌肸習於《春秋》。乃召叔向使傅太子彪。」韋昭注云:紀人事之善惡而目以天時,謂之《春秋》,周史之法也。時孔子未作《春秋》。又《左傳》·昭公二年》:晉侯使韓宣子來聘,且告為政,而來見,禮也。觀書於大史氏,見《易》、《象》、與《魯春秋》,曰周禮盡在魯矣。」《魯春秋》應指的是魯國的國史。《墨子·明鬼下》記載四個故事,分別「著在周之春秋」、「著在燕之春秋」、「著在宋之春秋」、「著在齊之春秋」。另《隋書·李德林傳》:「史者,編年也,故魯號《紀年》,墨子又云『吾見拜國春秋』。」以上說明春秋時期列國皆有史書的事實,其中自然包括對魯國史記在內的各種《春秋》。

　　關於各國史記《春秋》的記述特質,還可進一步推測。首先遵循一定的禮法的制度。當晉使韓宣子聘魯,在大史氏觀書,見到《魯春秋》,感歎「周禮盡在魯矣」。說明《魯春秋》按照周禮的標準來撰寫和評價史事。

　　其次,主要作為資鑒、教育之用,「中國重歷史教育,是世界其他任何國家所難以比擬的,西方一直到近代,才將歷史當作一門嚴肅的教育科目。中國自上古以來,歷史始終居於教育科目的中心。古之儒者,博學乎六藝。六藝者,王教之典籍。中國古代的教本,是所謂詩書禮樂以藝春秋的六藝,……尚書、春秋是標準的史書,易、詩、禮、樂都有史料的意味在其中。……中國的經學教育,實際上就是歷史教育。」如《國語·楚語》載楚莊王向申叔時問太子的教育問題,申叔時指出應用「春秋、世、詩、禮、樂、令、語、

〔註1〕 文廷海、譚銳:〈義經而體史:《春秋》經、史學性質之爭的再檢討〉〔J〕,《求索》,2012年4月。

〔註2〕 《左傳·鄭伯克段於鄢》引《鄭志》,《左傳·襄公元年》:仲孫蔑會晉 luanyan。

故志、訓典」來教育太子。申叔時云：「教之春秋，而為揚善而抑惡焉，以戒勸其心；教之以世，而為之昭明德而廢幽昏，以休懼其動；……教之於語，使明其德，而知先王之務，用明德於民也；教之故志，使知興廢而戒懼焉；教之訓典，使知族類，行比義焉。」

其中《春秋》、《世》、《語》、《故志》、《訓典》，內容可能都是史事記載，體裁不同，功能不同，大體都具備以下四個功能：資鑒勸懲、保存文獻、教育教導和價值傳遞。這就要求史官在記史過程中應極其注重史事內容與表述形式、史義闡釋之間的協調關係，以實現上述四種功能。這也成為孔子述作《春秋》，並作為其講授歷史的基礎。

第三，各國《春秋》的體例有定式。《左傳・僖公二十年》五月齊國崔杼弒其君，齊國大史兄弟前赴後繼記載「崔杼弒其君」；《左傳・宣公二年》九月晉靈公夷皋被殺，晉太史記載為「趙盾弒其君」，並公諸於朝野。齊、晉國二國記事較為簡略，杜預認為上述記錄是「策書之體」。這也成為孔子述作《春秋》的體例基礎。

第四，孔子對「直錄」精神的理解。《春秋》經文記載的若干自然現象，現在還可見的魯史舊文相對較中得到證實。有的是對魯史原文進行文字潤色，如《公羊傳》莊公七年載「不修春秋曰：『雨星不及地尺而覆。』《春秋經》曰：「星隕如雨。」有對原文進行修改的，如《左傳》襄公二十年載諸侯之策（即諸侯的史冊所記載）：「孫林風甯殖出其君。」《春秋》記載：「衛侯出奔齊」。當然還有襲用魯史原文的，如《禮記・坊記》載：「魯春秋記晉喪曰：『殺其君之子奚齊。』」《春秋》僖公九年曰：「晉侯佹諸卒。冬，晉里奚克殺其君之子奚齊。」又如，《韓非子・內儲說上》曰：「魯哀公問於仲尼曰《春秋》之記曰：冬十二月隕霜不殺菽……」《春秋》僖公三十三年記：冬十有二月，隕霜不殺草。李梅實。這些事例可證明《春秋》經文確有魯國史冊作為依據，而由孔子按照一定的觀念、體例，筆削而成，後世稱孔子作《春秋》。《史記・孔子世家》曰「孔子為《春秋》，筆則筆，削則削，子夏之徒不能贊一辭」，其說可從。孔子作《春秋》，成為中國史學第一部重要著作，它從多方面創立的史學傳統，被司馬遷直接繼承，便有《史記・十二諸侯年表序》：「（孔子）西觀周室，論史記舊聞，興於魯，而次《春秋》。上記隱，下至哀之獲麟；約其辭文，去其煩重，以制義法，王道備，人事浹。」對《春秋》一書的基本看法。

　　第五、孔子對文獻的重視。魯國在西周初年是周公旦的封國，本是西周政治文化中心之一，保存了大量宗周的歷史文獻，這就使孔子從小收到古代文化的薰陶。到孔子三十多歲的時候，他又到周王室觀書，向擔任守藏史的老聃學習禮制。他自稱「十室之邑，必有忠信如丘者焉，不如丘之好學也。」（論語・公冶長），又說：「我非生而知之者，好古敏以求者也。」（論語・述而）都是強調他對文獻歷史知識孜孜不倦地學習和探求，並且自信其興趣和毅力遠遠超出常人。他講到「蓋有不知而做之者，我無是也。多聞，擇其善者而從之；多見而識之。」（論語・述而）又說「多而厥疑，慎言其餘。」（論語・為政）「君子於其所不知，蓋厥如也。」（論語）總結孔子自己一生鑽研文獻的體會，講出根據確鑿事實才下結論的真理。他叮囑人們務必做到有幾分事實，下幾分結論，戒主觀武斷，體現出儒家實用理性精神。

　　孔子對歷史文獻的重視和教育學生的需要，他對古代遺留下來的歷史文獻作了大量的搜集和整理工作。《論語》中記載了孔子十分留心夏、尚、周三代的典章，使他對古代禮制十分熟悉，所以他說「夏禮吾能言之，杞不足徵也；殷禮吾能言，宋不足徵也。文獻不足故也。足，則吾能征之矣。」並指導學生學習《詩經》、《尚書》、《易經》、《禮》、《樂》和《春秋》。史記記載孔子刪訂六經是可信的。

　　「多聞厥疑」是孔子開創史家記史的基本原則。《春秋》經在史料上的可靠性恰恰證明了孔子在書中貫徹了多聞厥疑的原則。近代天文學家研究證明，《春秋》經關於「日食」「星隕」星象的記載，許多都跟用近代科學方法推斷的相符，可參考近代學者王韜所著《春秋日食辯正》、《春秋日食集證》、現代天文學家朱文鑫所著《歷代日食考》，陳遵嬀《中國天文史》，他們的研究證明《春秋》所記三十七次日食、有兩次「比食」（襄公二十一年九月、十月；襄公二十四年七月、八月）當屬錯簡外，其餘三十五次日食，有三十二次經過近代天文學的方法驗證是可靠的，誤記的只有三次。又，莊公七年所記「夏四月辛卯，夜半星隕如雨」，則是公元前 687 年 3 月 16 日所發生的天琴星座流星雨紀事。文公十四年「秋七月，有星孛入於北斗」，則是世界上最早的關於哈雷彗星的記錄，從史料上進一步證明孔子作《春秋》所依據材料的確鑿和考訂上的審慎。

第二節　作為歷史解釋的《春秋》

《春秋》之「事」、「文」、「意」的說法，源於孟子（前372～前289）《孟子·滕文公下》曰：

> 世衰道微，邪說暴行有作。臣弑其君者有之，子弑其父者有之。孔子懼，作《春秋》。《春秋》，天子之事也，是故孔子曰：「知我者其惟《春秋》乎？罪我者其惟《春秋》乎？

「世衰道微」，孔子感時憂世，於是作《春秋》。《春秋》記載的核心是天子之事。《孟子·離婁下》：

> 王者之跡熄而《詩》亡，《詩》亡然後《春秋》作。晉之乘，楚之檮杌，魯之春秋，一也。其事則齊桓、晉文，其文則史，孔子曰：其義則丘竊取之矣。

這段話詳細說明孔子作《春秋》的背景、名稱來源和筆削的淵源。就背景來說，《滕文公下》只泛說「世衰道微」，此章進一步指「王者之跡熄」的亂世，具體而言，大約是在「平王東遷，而政令號令不及於天下」的時代〔註3〕。「王者之跡熄」使得從西周到春秋時代的學術文化局面產生了極大變化。西周時期，學在王官，知識文化被貴族階層所壟斷。到了春秋，社會變動劇烈，周王室威信迅速下降，政權下移，先後出現「禮樂征伐自大夫出」和「陪臣執國命」的局面，諸侯各國間的戰爭、交往頻繁。這一切，使舊的社會秩序崩壞，「士」階層成為活躍的新的社會力量興起，孔子便是其中的代表人物。他有志於政治、周遊列國，但始終不得志。他一生最大的成就是講學，先後所教的弟子有三千人。孔子開創，私人講學的新風，打破了西周以來「學在官府」的壟斷局面，使學術文化擴大到民間。孔子依據魯史舊聞而作《春秋》一書，便是他教學內容之一。眾多學生從孔子那裡學到歷史知識分散到各地，便把歷史知識帶到了民間。章炳麟因此論述到：

> 《春秋》所以獨貴者，自仲尼以上，《尚書》則闊略無年次。百國春秋之志，復散亂不循凡例，又亦藏之故府，不下庶人。國亡則人與事偕絕。太史公云：「史記獨藏周室，以故滅。」此其效也。是故本之吉甫史籀，紀歲時月日，以更尚書、傳之其人，令與詩書禮樂等治，以異百國春秋，然後東周之事，粲然著明。令仲尼不次《春秋》，今雖欲觀定、哀之世，求五伯之跡，尚荒忽如草昧。夫發

〔註3〕朱熹：《孟子集注》卷8，頁7。

金匱之藏，被之萌庶，令人人不忘前王，自仲尼、左丘明始。〔註4〕

章氏結合社會演進和學術文化背景對《春秋》和《左傳》進行評價。孔子作《春秋》之前，歷史記載缺乏系統，又藏在官府，民眾無法得見，是故孔子修私人著史，將史事昭明世人，否則將是混沌一團。孔子開私人著史之先河，在儒家內部反響巨大，出現《春秋》三傳，而《左傳》又因在記載史事上對《春秋》加以補充發展，將私人著史繼續向前推進；《公羊傳》和《穀梁傳》則代表了從史文和史義加以發揮的一派，到西漢時期成為顯學。

就名稱而言，諸侯各國都有史書記載，名稱不一，《春秋》是魯史的專稱。孔子即沿用此名為其書名。據上下文「其事、其文、其史」，皆指孔子之《春秋》而言，而非魯《春秋》。

就筆削淵源說，依據魯史官記載而筆削，所以說其文則史，意思是《春秋》之文應源於史官記載；其次經文主要以記錄齊桓公、晉文公事件為中心的「人君動作之事」（鄭玄《六藝論》曰：「春秋者，國史所記人君動作之事」）。而齊桓、晉文二公為是春秋諸侯的首要代表，所以說「其事則齊桓、晉文。」〔註5〕

據《孟子》所載，魯國史籍為「魯春秋」，《左傳》昭公二年和《禮記·坊記》中已有「魯春秋」的稱呼。再參考《墨子·明鬼下》有「周之春秋、燕之春秋」、「宋之春秋」與「齊之春秋」，「春秋」似乎是周、燕、宋、齊諸國史籍的名稱，甚至有「百國春秋」之稱〔註6〕。《國語·楚語上》說楚莊王時，申叔時論及太子付之科，其一曰「春秋」，云「教之春秋，而為之從善而抑惡焉，以勸誡其心」，可見，楚國史料為「春秋」；《國語·晉語七》載司馬侯稱「羊舌肸習於春秋」，晉悼公「乃召叔向，使傅太子彪」，羊舌肸（叔向）研習並教授太子彪的「春秋」應該就是晉史了，《孟子》中「乘」和「杌檮」應該是晉和楚國「春秋」的專稱。這樣看來，不僅魯國的史籍稱為「春秋」，周與、燕、宋、齊、晉、楚等諸國的史官記載也都可以成為「春秋」，而這些，都是「古春秋」〔註7〕。但古「春秋」早已亡佚，《孟子》以及後人

〔註4〕《國故論衡》，上海古籍出版社，2003年，頁37。

〔註5〕趙岐曰：「桓、文，五霸之盛者，故舉之。」（卷8上，頁12上）

〔註6〕劉知幾《史通·六家》中有「墨子又云：『吾見百國春秋』」語。

〔註7〕古春秋原本由史官記錄和保存，屬國家檔案，它們是否曾經編輯成書，或者編輯成書後，又是否流傳過？《左傳·昭公二年》晉韓宣子見「魯春秋」後，贊到：吾乃今知周公之德與周之所以為王也。段玉裁《說文解字》（卷15）認

所學不輟的，都是孔子之《春秋》，由傳習者而成《春秋》學，別無其他所謂「春秋學」。

劉知幾說：

> 逮仲尼之修《春秋》也，乃觀周禮之舊法，遵魯史之遺文，據行勳、仍人道，就敗以明罰，因興以立功，假日月而定曆數，籍朝聘而正禮樂，微婉其說，隱晦其文，為不刊之言，著將來之法，故能彌離千載而其書獨行。〔註8〕

劉知幾認為「彌離千載而其書獨行」者，就是孔子述作的《春秋》。《春秋》傳自孔子，後代相繼傳習，奉之為「經」，進而闡述其義，逐漸演變為一類學術傳統，終於成為六藝之一的「春秋學。」

《孟子》所說，《春秋》經之所以為經典，原因蘊含在「文」、「事」和「義」三個層面：「文」記錄的文字，「事」是「文」記載敘述的內容，涉及西周春秋時期諸侯等人物的行為事件，「義」是載文記事的意義旨歸，是《春秋》的精神蘊含。學者通過送其「文」，明其「事」，曉其「意」，來研習這部經典。

《史記·十二諸侯年表序》亦云：「（孔子）西觀周室，論史記舊聞，興於魯，而次《春秋》。上記隱，下至哀之獲麟；約其辭文，去其煩重，以制義法，王道備，人事浹。」所謂「論」即整理、編次，「論史記舊聞」是孔子通過整理、編次舊史而制《春秋》；「約其辭文，取其煩重」則說孔子對舊史進行刪繁就簡地筆削《春秋》，將褒貶寓以其中。

司馬氏說法與《孟子》說法可互為參照：《春秋》有文辭簡約之「文」，「上至隱，下至哀之獲麟」之「事」和「以制義法」之「義」。二者共同指出《春秋》是因循舊史而作，有述有作在其中，述可理解為源於舊史而記載往事，作是通過筆削給予褒貶之義。《春秋》文辭簡約，內容從隱、桓、莊、閔、僖、

為：「適魯乃見易象與魯春秋，此二者非人所常習矣。」魯春秋不易見，想來，其他諸國春秋同樣不易見。《史記·六國年表·序》云：「秦既得意，燒天下《詩》、《書》，諸侯史記尤甚……《詩》、《書》所以復見者，多藏人家；而史記獨藏周室，以故滅。」可見，諸侯國史屬官方檔案，秦始皇焚書後，不復見人間，與《詩》《書》等文獻因傳抄存有副本而得以重新恢復，不可相提並論。又，劉知幾曾言：「孔子之《春秋》彌離千載而其書獨行。」即使是孔子之《春秋》，這部經典的流傳，影響及其在中國傳統學術的意義，不應與「古春秋」相混淆。

〔註8〕《史通·六家》卷1，頁6。

文、宣、成、襄、昭、定、哀等魯國十二公世此編年，記錄二百四十二年間的人物行動，從而「王道備，人事浹」。「約其辭文」而「王道備，人事浹」，王道與人事，或者說《春秋》之「義」與「事」，由「文」呈現於經中。

「事」與「義」的關係如何？司馬遷曾轉述董仲舒語，曰：

> 周道衰廢，孔子為魯司寇，諸侯害之，大夫壅之。孔子知言之不用，道之不行也，是非二百四十二年之中，以為天下儀表：貶天子、退諸侯、討大夫，以達王事而已矣。子曰：「我欲載之空言，不如見之於行事之深切著明也。」夫《春秋》，上明三王之道，下辯人事之紀，別嫌疑、明是非、定猶豫、善善惡惡、賢賢賤不肖，存亡國，繼絕世，補敝起廢，王道之大者也。〔註9〕

《春秋》紀人事以明王道，就二百四十二年的人物行動予以「別嫌疑、明是非、定猶豫、善善惡惡、賢賢賤不肖」，乃至於「貶天子、退諸侯、討大夫」，為天下之人倫是非樹立表率，從而彰顯王道。這樣，《春秋》經文記事的意義自然指向「彰明王道、樹立人倫儀表；」在「是非二百四十二年中」表現出來，即就天子、諸侯、大夫等人物行為加以褒貶。孔子說「我欲載之空言，不如見之於行事之深切著明也。」就人物行動予以褒貶，「義」在行動中體現，而非空穴之言，便是《春秋》之「事」與「義」的關聯。

將《春秋》敘述方式與三傳相對比，就敘事而言，孔子敘事不免過於簡單：缺少情節的起承轉合，無事件過程的敘事讓人無法明瞭其中褒貶深意。孔子筆削《春秋》，褒貶主要體現遣詞用字，這就是《春秋》經文中「微言大義」，藉此表達孔子對於社會現實問題的見解，寄託其社會理想。後人稱為「以繩當世」、「立天下儀法」、「為後王製法」。

春秋時期周王室式微，其地位降到等同於一個小國，只能依附於強大的諸侯。如僖公二十八年的踐土之盟，明明是周天子應晉文公之命赴會，但孔子反對這種以臣召君的做法，主張維護周王天下共主的地位，因而採取隱諱的手法，經文曰「天王狩於河陽」。以蘊含褒貶的記事手法，寄託孔子希望恢復西周時代「禮樂征伐自天子出」的政治理想。同樣，孔子對春秋後期大夫專政亦不認同，當魯昭公被季氏逐出魯國以後，只好羈留在黃河邊上的乾侯，在這段時間《春秋》每年書曰：「春王正月，公在乾侯」，表明仍然尊魯昭公為國君。

〔註9〕《太史公自序·史記會注考證》卷130，頁21～22。

再如宣公二年《春秋》經曰：秋九月，趙盾弒其君夷皋。殺晉國國君者表面上看是晉國大夫趙盾，實際是趙穿。但趙盾身為晉國執政人物，見勢不妙逃出國都，並未逃離國境，回來後又沒有及時討伐趙穿，所以認為他負有弒君之罪。

歷史記載中用「書法」表示對社會政治生活的褒貶，對將來起懲戒作用，這種做法本來是各國史官所常用的。《左傳》莊公二十三載錄「君舉必書，書而不法，後嗣何觀？」的說法，「趙盾弒其君夷皋」的說法也採用晉國史官董狐的說法。《左傳》宣公二年載「趙穿攻靈公於桃園。宣子未出山而復。大史書曰：『趙盾弒其君。』以示於朝。宣子曰：『不然。』對曰：『子為正卿，亡不越竟，反不討賊，非子而誰？』宣子（趙盾）曰：『烏呼，『我之懷矣，自詒伊戚』，其我之謂矣！』孔子曰：『董孤，古之良史也，書法不隱。趙宣子，古之良大夫也，為法受惡。惜也，越竟乃免。』」雖然孔子對趙盾多有惋惜，並對直書的史官董狐有「良史」之贊，從側面反映出《春秋》已經把這種已經受到重視的褒貶筆法，提升到前所未有的高度，且運用地更為自覺和系統，這就將歷史著述與政治生活發生了緊密的聯繫。

《春秋》之「義」現於「事」，以「文」載「事」，正如章學誠說：「其義寓於其事、其文。」〔註10〕章氏指出，《春秋》之「文」和「事」共同作用，表達其「意」。而「事」是以「文」表達，如陳澧所言：「孟子之說《春秋》，一曰其事，二曰其文，文者，所以說事也。」〔註11〕鍾文烝也說：「其文則但為記事之文也。」〔註12〕回歸《春秋》經文，「文」指敘述文辭，「事」指用一定的文辭組成無情節的史實概括，而其義則是概括史實時，通過選擇不同文辭而體現的「褒貶」。

綜上所述，《春秋》之事、文、義的關係是：「文」是敘述的文辭，「事」是記述與「文」中的內容，「義」是不脫離「事」的深層旨歸。三者相互關聯，不可偏廢其一。因此《左傳》解經也就兼顧訓詁文辭、敘述物事並闡明義理三個層面，更為重要的是，解經應順應其「義，見之於行事」的特點，以「具論其語」的方式，「依經而述其事」，從而闡釋《春秋》之「事」與「義」。

〔註10〕《章學誠遺書》，頁9。
〔註11〕《東瀛讀書記》卷34。
〔註12〕《穀梁補注》卷首，頁2。

第三節 「鄭伯克段於鄢」的歷史解釋

2018 年清華竹簡《繫年・第六輯》整理出版，其中涉及春秋時期鄭國早期的一段歷史往事《鄭武夫人訓孺子》，發生在鄭國武公去世到鄭莊公繼位之前的這段時間，早於「鄭伯克段於鄢」事件，新材料的出現為我們重新理解莊公、武姜和共叔段之間的關係，提供了契機。結合這段新史料，與《左傳》論述可分析出鄭莊公成為鄭莊公的歷史原因，他的選擇並非是自己個人的決策結果，而是經過群策群議，仔細考慮鄭國所處的複雜外交境況之後，而做出的決定。與以往認為莊公或者是「具有深謀遠慮」或是「偽善」、或者兼具謀慮與仁心的形象，有所區別。新材料還提供一個新的解釋視角：鄭國頂層政治的決策過程。鄭國自鄭武公開始的政治決定由武公和本國貴族卿士集團共同作出，意見不同時，用占卜決定。武公去世後，莊公繼位，是否保持這一形式，《左傳》敘述者並未描述，但在最終作出決定時，並未有占卜記錄，說明莊公出兵克段與卿士集團的建議達成一致的結果。

莊公的人物評價與鄭伯克段的歷史事實密不可分，後者是前者的基礎和依據。所謂歷史事實是通過人物及其活動顯露出來。它有兩種存在方式：一種是人類歷史的全部客觀過程。這是尚未被發現或未被書寫的歷史事實，有待一直挖掘和研究的領域。另一種是被書寫的歷史事實。這種歷史事實不僅僅是歷史家個人見解，應該是具有共識的和確切證據的歷史事實 [註 13]。英國著名歷史學家沃爾什說：「一個歷史學家所印證的事實如果確切可信的話，就在任何意義上都不是他個人的所有物，倒不如說是每一個有禮制的人如果進行調查的話，都必須同意的那種東西。」客觀的歷史事實必須經過歷史學家的挖掘和整理才能為人所知，但書寫的歷史史實確實應包含歷史事實的真實性。《左傳・鄭伯克段於鄢》是敘述者依據當時的客觀歷史事實而書寫的。在表述中，大量的潛文本信息被隱藏在書寫中，這些潛文本信息，鑄造出鄭莊公生活的歷史場景，對後人理解他的行動意圖、抉擇緣由，乃至重新定位這一歷史人物，具有新的評定意義。

一、歷史解釋的理論與實踐前提

歷史的實踐推斷是美國堪薩斯大學哲學教授雷克斯・馬丁提出，深受科

[註13] 陳先達：〈歷史唯物主義的史學功能——論歷史事實・歷史現象・歷史規律〉〔J〕，《中國社會科學》，2011 年第 2 期，頁 42～52、220～221。

林伍德「歷史解釋」哲學思想的影響而又給予一定突破。在《歷史解釋：重演和實踐推斷》一書中，馬丁提出了關於歷史的」解釋類型「或」解釋模式「的理論：我們是通過把行為歸結為個人」思想「（也就是他們的意圖、與處境相關的概念、手段、目的、信念等等）以解釋行動。馬丁的歷史解釋觀點認為每一個歷史人物在某種具體情況下具有一定的動機和選擇意圖，這是歷史人物（通常是英雄人物或者君主等貴族）的選擇前提和依據。

　　孔子即歿，「儒分為八」，弟子們對《春秋》內容也有著各自不同的解釋。無論是《春秋》還是《春秋》三傳都是在借助闡釋歷史、解釋歷史發明《春秋》經義。在中國早期，但凡具備敘述歷史能力的人，都可視為歷史學家。孔子是歷史學家，記錄西周歷史的各國史官是歷史學家，《左傳》的敘述者〔註14〕們是歷史學家，也是歷史的解釋者。

　　歷史重演是歷史解釋者敘述歷史人物的行為，以相對客觀、中立地看待歷史的理論敘述。馬丁認為歷史敘述是重演歷史的闡釋活動，重演闡釋是從行動者的處境開始的。歷史敘述者們考慮行動者（歷史人物）所面對的處境和他如何設想這種處境，以及他傾向於對這種處境做出如何反應。這種對複雜這種複雜處境的勾畫，正是敘述者對行動者行為動機的描述，柯林特伊斯特伍德稱之為「處境動機」（causa quod）〔註15〕。從這種對處境、對行動者處境動機的陳述中，「歷史敘述者們要為自己想像歷史人物所面臨的處境，要為自己思考歷史人物在那種處境下是如何考慮實施應對它所可能的採取的辦法。」〔註16〕解釋者所要做的工作是建立起構成行動者行為的兩個因素：即他的處境動機和他的意圖，而且指出這兩個特徵是連貫地組合起來的。（即，表明行動者的意圖是對他的處境動機的反應）〔註17〕。

〔註14〕關於《左傳》的作者，本文認為今本《左傳》是古代注家對古本的不斷解釋和闡發而層累地形成的，因而有多位作者，其目的都是借助敘述歷史事件和申明懲惡揚善的大義，可以被視為《左傳》的敘述者。

〔註15〕〔美〕雷克斯·馬丁：《歷史解釋：重演和實踐推斷》，頁61。

〔註16〕〔英〕柯林伍德著：《歷史的觀念》（增補版）〔M〕，何兆武、張文傑、陳新譯，北京：北京大學出版社，2010年，頁215。

〔註17〕〔英〕加登納著，江怡譯：《歷史解釋的性質》，北京：文津出版社，2005年，頁118。柯林伍德在《形而上學》中提出：」柯氏對處境動機和意圖也做了限定說明：行動的原因是「由兩個因素組成的，處境動機或動力因以及意圖因。處境動機是事情存在的處境或者狀態；意圖是事情帶來的目的或狀態。確實任何一者，將無法構成原因。……意圖不是一個單純的嗜欲或者願望，它是一個意向。一個人以某種方式行動的意圖並不是他想以那種方式行動，而是

　　重演解釋大體是這樣建構的:首先,從瞭解歷史行為者的處境開始,歷史敘述者具有了一些不確定的因素;隨著敘述者更多地理解行動者的思想,對原因的描述就變得越來越確定了。當敘述者將行動者考慮的處境動機和他的意圖或者目的聯合起來考察時,對行動者的思想特徵的概述就完成了。馬丁對科林伍德關於這兩個特徵還有補充,也有參考價值,即對行動者思想的相關意向——他的顧慮、他的行動技能等等,在解釋的評估中也需要考慮。〔註18〕

　　這三者實際構成了一種三角形的圖式,形象說明歷史學家進行重演解釋的三個關鍵點,作為理解歷史敘述因果關係的三個特徵。

　　利用這個圖式進行重演解釋的首要任務,是找到完成任務與處境動機、相關意向成為勾連的可能性。這個圖式可以告訴我們這樣幾件事:(1)任何一個人確實都能洞察到自己的某種處境中,(2)在那種處境下中他也許會做某種這樣的行為,而且(3)他有一個與他的處境相聯繫的意圖,以及(4)他可能認為將實現這個目的時,我們就可以解釋這個人的行動。

二、三角圖譜各要素在「鄭伯克段於鄢」事件中的作用

　　上述的三角形圖譜是如何在「鄭伯克段於鄢」〔註19〕的事件中發生作用,

　　　　他的用意是以哪種方式行動。
〔註18〕馬丁引用了一個「有效前提」的概念,來進一步理清柯氏的表述。所謂有效前提是歷史學家如果對歷史人物某個公開行動進行行為演繹,並嘗試進行思想解釋,那麼需要對行動者的實際處境首先做一個說明——有效前提。有效前提往往是指行動者在純粹生理上有無能力做某件事情。行動者具有了完成一些行動的技能後,他才能實施具體行動。在「有效前提」概念的指引下,柯氏的重演解釋被描述為:促使行動者去行動的動力總來自他對於處境的察知,而決定行動成功與否,或者甚至是否能夠引發其行動發生的卻是實際處境中的那些事實。實際處境有時參照其他人正在想的和正在做的事情來描述,有時是參照自然界的某種物理事實。但是,在任何情況下,實際的處境都是存在的;它是行動者行動的「原材料」,而且有自身的」影響」。
〔註19〕《左傳》的敘述時間從隱公元年開始,在這一年發生了「鄭伯克段於鄢」的事件,這是鄭莊公(公元前743年～前701年)和弟弟共叔段之間的權力鬥

下文展開詳細論述：

初，鄭武公娶於申，曰武姜。生莊公及共叔段。莊公寤生，驚姜氏，故名曰「寤生」，遂惡之。愛共叔段，欲立之，亟請於武公，公弗許。及莊公即位，為之請製。公曰：「製，岩邑也，虢叔死焉，佗邑唯命。」請京，使居之，謂之「京城大叔」。

祭仲曰：「都，城過百雉，國之害也。先王之制：大都，不過參國之一；中，五之一；小，九之一。今京不度，非制也，君將不堪。」公曰：「姜氏欲之，焉辟害？」對曰：「姜氏何厭之有？不如早為之所，無使滋蔓。蔓，難圖也。蔓草猶不可除，況君之寵弟乎？」公曰：「多行不義，必自斃，子姑待之。」既而大叔命西鄙、北鄙貳於己。公子呂曰：「國不堪貳，君將若之何？欲與大叔，臣請事之；若弗與，則請除之，無生民心。」公曰：「無庸，將自及。」大叔又收貳以為己邑，至於廩延。子封曰：「可矣。厚將得眾。」公曰：「不義不暱，厚將崩。」

大叔完聚，繕甲兵，具卒乘，將襲鄭。夫人將啟之。公聞其期，曰：「可矣！」命子封帥車二百乘以伐京。京叛大叔段。段入於鄢。公伐諸鄢。五月辛丑，大叔出奔共。

書曰：鄭伯克段於鄢。段不弟，故不言弟，如二君，故曰克，稱鄭伯，譏失教也，謂之鄭志，不言出奔，難之也。

遂置姜氏於城潁，而誓之曰：「不及黃泉，無相見也。」既而悔之。

潁考叔為潁谷封人，聞之，有獻於公。公賜之食。食舍肉。公問之，對曰：「小人有母，皆嘗小人之食矣，未嘗君之羹。請以遺之。」公曰：「爾有母遺，繄我獨無！」潁考叔曰：「敢問何謂也？」公語之故，且告之悔。對曰：「君何患焉？若闕地及泉，隧而相見，其誰曰不然？」公從之。公入而賦：「大隧之中，其樂也融融！」姜出而賦：「大隧之外，其樂也泄泄！」遂為母子如初。

君子曰：「潁考叔，純孝也。愛其母，施及莊公。《詩》曰：『孝

爭。這個故事可能是《左傳》中最著名的故事之一，且這個故事的敘事相對完整：在一個敘述年中，將整件事展現起承轉合，以及起因經過結果。首先將詳細解讀這個案例，探究這段敘事是如何形成的，以及《左傳》各種將闡釋、語言、歷史、政治秩序等觀念鎔鑄其中。

　　子不匱，永錫爾類。』其是之謂乎？」

　　《左傳》這段文字是為解釋《春秋》經文「鄭伯克段於鄢」。整段敘述濃縮了四十年的時間，從公元前 671 年鄭武公與武姜成婚開始直到莊公繼位的第 22 年，段被趕出鄭國而停止。故事中途在倫理情感上有明顯的轉折，有隔閡、衝突與和解，從不露聲色的秘密部署到公開的政治宣言與鬥爭實際。這種倫理情感只涉及莊公與其親生母親武姜。金聖歎（1608～1661）把「既而悔之」視為全文的轉折：「已上一篇地獄文字，已下一篇天堂文字」。可見「鄭伯克段於鄢」的敘述焦點在母子二人的關係變化，而非莊公與其胞弟共叔段二人。敘述方式從暗示變為直接的判斷，以「書曰」一詞引出，這是全書解釋《春秋》經文的特殊用字，用「君子曰」結束全文。通常認為，「書曰」闡釋君子曰對莊公的譴責原因：君子批評莊公未能盡到兄長之責，縱容段不斷膨脹的私欲，而導致兄弟鬩牆、兵戎相見的國家內戰。「君子曰」的文字讚賞穎考叔的「純孝」，暗貶莊公摻雜政治因素的「偽孝」。莊公雖然挫敗了共叔段謀逆的陰謀，但確是他使用政治策略而達到的，這種政治策略的運用為他招致君子曰的批評：不悌、不孝。

　　仔細翻閱《左傳》一書，君子曰、書曰的評論文字，將君主的個人倫理修養、性格養成與國家政治的謀斷緊密聯繫在一起。

　　對故事的解讀將分為兩個部分展開：一是「鄭伯克段」；二是「掘地見母」，構成這兩個部分的敘事因素有 6 個：鄭莊公（個人性格與道德修養）、共叔段、武姜、祭仲等謀略大臣、記錄史事的史官、君子。根據上述三角圖譜，莊公的行動背景原素是：他與共叔段的關係、他與武姜的關係、他與祭仲等政治謀慮集團的關係，其中祭仲等貴族構成政治謀慮集團包括：祭仲等貴族卿士，也包括記錄此事的史官（前文已述為何史官是貴族卿士以及史官個人對政治政策的建構方式）這裡面涉及到春秋早期時代的血緣關係構成的貴族集團，還不允許非貴族血統的人進入，這就解釋了為何穎考叔會被子都暗箭身亡而鄭莊公並不懲罰的原因，貴族階層的維護——這是否也暗示著當時貴族自身的危機意識，是否在《左傳》中還有體現？

　　影響解釋的敘述因素是：史官的敘述和君子曰的評論導向。君子曰有可能是漢代人後期間入的，因為他們的評論往往涉及君王道德評價。

　　因此，在「鄭伯克段於鄢「的歷史往事中，鄭莊公的形象是在歷史重演、後世解釋的層累中構築的。

1.「鄭伯克段」的歷史重演分析

就當時的歷史環境，莊公對的言辭與行為是處心積慮消除異己的政治手段，還是單純的被動的保衛自己的自救行為，下文運用「歷史重演理論」〔註20〕，詳細分析莊公的環境動機、有關意圖與行為之間的因果關係，重演「鄭伯克段於鄢」的歷史往事。

（1）行動者覺察到自己所在的特定環境，並且針對這個處境傾向於以某種明確的方式行動。

鄭莊公取的行動是，命令子封出兵阻擊偷襲的公子段，並將公子段趕出鄭國。「公聞其期，曰：可矣」的描述清楚表明，鄭莊公已經知道公子段將在母親姜氏的指引下，要偷偷入侵鄭國國都新鄭，發動叛亂，奪取王位。他果斷地命令子封出兵保衛新鄭。鄭莊公的特定環境是新鄭將被包圍，王位將被獲取，他針對這種傾向採取的明確行動方式是出兵迎敵，準備戰鬥。

（2）對在（1）中描述的行動者的處境動機，有許多可供選擇的行動過程（指定 A——例如，入侵 B、C 等等）是行動者願意考慮的。

鄭莊公的出兵迎敵的處境動機是保衛鄭國的都城新鄭，保衛自己的王位，那麼除了出兵之外，是否有其他別的方法消除這一威脅？祭仲、公子呂、和子封三位謀士分別告訴鄭莊公一些關於公子段有奪取王國的跡象和野心：比如祭仲告訴鄭莊公，段的屬地京城的城牆面積已經高過百雉，遠超規制；公子呂和子封先後稟報段又將邊境的四個城池劃歸到自己的屬地。但鄭莊公沒有採取任何實際的措施，只是在言辭上表示：如果段多行不義，必自斃，大家毋庸。並將懲罰權交給上天。如果將上述言辭視為鄭莊公老辣的政治手段，「讓天定奪」實際是靜待段「入甕」。

新出土的史料清華竹簡曾記載鄭國的決策過程，實際提出了另外的歷史背景：

> 邦將有大事，必再三進大夫而與之偕圖。既得圖乃為之毀，圖
> 所賢者焉，申之以龜筮。

國之大事，謀劃應慎重，提出意見之後，需廣泛徵集意見，從而選出最優策略。可見，鄭莊公對段採取的「再三等待」，並不是「請君入甕」，而是他和他的謀士們都採取「觀望」態度，並隱含暗中部署之意。比如密切關注母親姜氏和段的動向。莊公軍隊能快速而有效地打敗偷襲之軍，原因是他們

〔註20〕下文所列（1）～（7）的理論敘述，來自馬丁《重演的歷史》一書。

做好了防禦準備。因此根據上述史料判斷，國君的決策是共同商議之後呈現的，莊公何時下令出兵，自然也是群謀群策群議之後的選擇，而非他個人主觀決定。需要注意是的，莊公及其卿士們出兵前不曾「申之以卜筮」，說明他們對「依禮出兵」而防禦成功的絕對信心。

（3）行動者確實想達到或者完成這樣的目的，如征服，他相信這個目的將符合他的處境動機。

莊公在鄢地打敗段之後，消滅了段大部分軍事力量，而且段的屬地——京的人民已經拋棄了段，段即使回到屬地，也沒有可能在繼續糾結力量反撲，所以他只能逃走。莊公很有可能在派子封迎敵的同時，令派軍隊佔領京地，否則京地人民不可能在段剛戰敗就就如此迅速地投靠莊公。莊公判斷自己雙管齊下的行動，挫敗段篡國的軍事行動是有十足的把握，從實際行動看，也的確如此。這樣莊公才命令子封不用追殺段，任由他逃到他國「糊口於四方」。

（4）在所描述的過程中，行動相信行動 A 是完成或者部分地達到他所宣稱的意圖的一種方法。

（5）除了 A，行動者不相信或者沒有看到其他行動是優先達到其目的的一種方法，或甚至沒有將其看作是可以達到其目的的一種方法。

除了密切監控部署防禦，並在必要時採取防禦回擊之外，莊公是不是就沒有其他選擇了呢？或者說為什麼莊公和他的決策者們要「等待段將襲鄭」？因為是「夫人將啟之「。莊公已非常清楚地認識到的母親姜氏一直在處心積慮地讓弟弟段繼承鄭國王位。

《左傳》的敘述者用「初」字回顧了莊公的成長過程，有著明暗兩條線索，正是這兩條線索實際上制約著莊公的相關意圖和行動結果。在明的線索是莊公與母親姜氏、胞弟段之間的關係。在暗的線索是莊公與父親鄭武公及武公卿士們的關係。新出土的清華竹簡《鄭武夫人規孺子》對於上述分析提供了史料支撐〔註21〕。

〔註21〕 引晁福林：《談清華簡〈鄭武夫人規孺子的史料價值〉》，《清華大學學報》（社會科學版），2017 年第 32 期，頁 125《鄭武公夫人規孺子》篇的著作時間，據李守奎先生推斷為「成於莊公在世期間，是史官實錄。「此篇所載的內容」「鄭武公居衛三年」時鄭國的國家決策情況，為周代諸侯國的頂層決策提供了一個相對完整的例證，其意義對於研究春秋初鄭國的歷史，尤其對於瞭解武公去世後圍繞嗣君問題展開的權利鬥爭頗具史料價值。

　　所謂「孺子「實際就是還沒有長大的儲君寤生。寤生十四歲時，父親鄭武公去世了，武姜為了不讓寤生繼位，而精心準備了一番說辭，李守奎先生認為此篇內容是武姜對嗣君的規辭，由三方面內容構成了一個精心策劃的陰謀〔註22〕。首先她向嗣君（孺子寤生）追述了先君武公的往事，武公曾限於大難，被迫居住在衛國，而鄭國三年無君，良臣執其國政，國家未曾動亂，良臣有功，先君用人有方。同歷史經驗告訴寤生：國家有良臣執政，可以三年無君。

　　　　吾君陷於大難之中，尻於衛三年，不見其邦，亦不見其室，如
　　　　無有良臣，三年無君，邦家亂矣。自衛與鄭，若卑耳而謀。

　　　　其次對嗣君（孺子寤生）提出了明確的要求：母子雙方誰也不
　　　能利用個人力量干涉大夫執政。

　　　　今吾君即世，孺子汝毋知邦政，屬之大夫，老婦亦將糾修宮中
　　　　之政，門坎之外毋敢有知焉。

　　為什麼要這樣做呢？武姜給出了她的理由：

　　　　孺子汝恭大夫且以教（學）焉。如及三歲，幸果善之，孺子其
　　　　重得良臣，使禦寇也，布圖於君。昔吾先君使二三臣，抑早前後之
　　　　以言，使群臣得執焉，……臣，四鄰以吾先君為能敘。如弗果善，
　　　　吾先君而孤孺子，吾先君而孤孺子，其皋亦足數也。邦人既盡聞之，
　　　　孺子或延告吾先君。如忍（認）孺子之志，亦猶足，吾先君必將相
　　　　孺子以定鄭邦之社稷。

　　寤生以此向大夫學習，這是理由一；理由二是無論大夫三年執政的結果如何，只會對嗣君有力：大夫執政成功，嗣君得到穩定的國家，忠心得力的良臣以輔佐禦寇，如果執政不利，罪責也在大夫。第三，大夫之罪昭然天下，嗣君相先君亡靈求告時，也會得到先君的保祐。

　　這三個理由顯示出武姜的政治謀略，成功地勸阻莊公順利登基執政。根據《史記·鄭世家記載》，鄭武公去世時，寤生十四歲，只好遵從母命，把政權教給大臣。

〔註22〕李守奎：〈《鄭武夫人規孺子》中的喪禮用語與相關的禮制問題〉〔J〕，《中國史研究》，2016 年 11 月第 1 期，頁 11～18。本文將借助李守奎先生對史料的解讀，說明武姜在嗣君問題上的體現出強大的政治影響力，讓莊公從小就忌憚她。這也正是莊公一再隱忍武姜種種不合「禮」行為的重要原因。

> 孺子拜，乃皆臨。自是期以至葬日，孺子毋敢有知焉，屬之大
> 夫及百執事人，皆懼，各恭其事。

武姜在武公去世之後，掌控大局，分配權利，規正孺子之後，才行臨禮。說明她並未沉浸在臨喪之哀，而是更關心如何控制局面，不但延緩了下葬的日期，還要求嗣三年內不得主政，為段籌謀王位爭取更多的時間。這與《左傳》中武姜對寤生的態度是一致的：

> 莊公寤生，驚姜氏，故名曰「寤生」，遂惡之。愛共叔段，欲
> 立之，亟請於武公，公弗許。

同時參考《史記・鄭世家》中的描述：

> 武公十年，娶申侯女為夫人，曰武姜。生太子寤生，生之難，
> 及生，夫人弗愛。後生少子叔段，段生易，夫人愛之。二十七年，
> 武公疾。夫人請公，欲立段為太子，公弗聽。是歲，武公卒，寤生
> 立，是為莊公。

寤生因為難產導致姜氏的厭惡，姜氏寵愛段，厭惡莊公，甚至到達了要求「廢長立幼」的地步。以血緣關係為核心紐帶的西周禮制中，莊公作為法定繼承人如果無法繼承繼承王位，是死亡或者身體上的嚴重殘疾。一旦段成為鄭國繼任君主，莊公只能被殺或不斷逃亡躲避被殺或在他國的幫助下殺死段重新繼位。宋殤公在位十年，與鄭國發生十一次戰爭，就是因為鄭國接納並打算擁立宋國既定繼承人公子馮。

母親廢長立幼的請求，說明在父親鄭武公在位期間，母親武姜與莊公的關係已經惡化到了極點。如果莊公採取任何主動措施保護自己，或者斷然拒絕母親姜氏的要求，也將為招致殺身之禍，母親姜氏可以憑「不孝」的名義，動用政治力量，殺死莊公，從而立段為鄭國的新國君。所以母親姜氏實際是莊公最大的人身威脅。當莊公採取行動前，必須考慮到姜氏的勢利。當段不斷侵吞莊公的屬地時，祭仲向莊公要求「盡早圖之，勿使蔓草滋生」，莊公回應為「姜氏之欲，焉闢害」。說明莊公忌憚的仍然是母親姜氏的力量。段遠在京城，母親姜氏作為段的內應，為段尋找偷襲的時機。「公聞其期，曰『可以』」。這個日期包含兩個內容：一是母親姜氏為段傳遞消息的日期，二是段準備發動襲擊的日子。

在暗的線索，是鄭武公及其執事大夫對莊公的保護與教育。母親姜氏多次要求立段為太子，都被鄭武公斷然拒絕，就是對莊公保護的明證。清華簡

《鄭武夫人規孺子》記述當時武公去世，孺子接受武姜規訓不參與任何國事決定，執事大臣責任重大，作為執事大臣的首領邊父勸誡其他大夫首要任務是完成安葬之禮。

「君拱而不言，加重於大夫，汝慎君葬，而舊（久）之於上三月」。

據李學勤和李守奎的判讀，「久之於上三月」理解為在禮制五個月之外再加三月甚至更久。這有可能就是武姜的意願。

一年過去了，小祥之後，國君依舊不言。按禮制規定，諸侯下葬之後，嗣君即可主政。因此大夫聚謀，使邊父於君，說出大臣們的隱憂，希望莊公能盡早執政，否則「豈既臣之獲罪，又辱沒伍先君！」

這場太后與嗣君爭奪權力的鬥爭中，以邊父為首的大臣似乎是忠誠與禮制和武公意願，擁戴嗣君。日後莊公執政，祭仲等一干大夫多次向莊公進諫，要求早除武姜和段，這兩段敘述可以互相發明。

（6）沒有其他意圖壓倒行動者要如此這般實現的意圖。

莊公的沉穩的個性，其實在執政前就以成型。清華簡《鄭武夫人規孺子》最後一段敘述了莊公對邊父要求立即執政國政的回答：

> 嗣君回答邊父：「父曰：二三大夫，不當毋然。二三大夫皆吾先君之所付（由）孫也。吾先君知二三子之不二心，用（兼）授之邦。不是然，或稱起吾先君於大難之中？今二三大夫畜孤而作焉，幾孤其足為免（勉），抑無如吾先君之憂何！

莊公說諸位大臣都是先君信任的人，先君知道你們沒有二心，所以放心讓你們執政，如果你們不堪大任，誰還能讓先君振興在大難之中。現在你們希望我有所作為，或許我能勉勵而為，但是我還是先要為先君守喪。莊公一定要在十分合理的「正名「的情況中，才有所行動。結合後文他對段的意圖，可以明瞭這一點。只要段沒有明確的進軍行動，應該是會一直處於戒備狀態。但只要段起兵偷襲，那他也只能用武力保衛。

（7）行動者知道如何去做 A，行動者的身體條件能夠做 A，在特定的處境中將能夠去做，有機會去做等等。

莊公出生時據說是腳先出來，得名「寤生」，與一般的生產順序相反，因而被母親姜氏視為不詳而極端厭惡。在這種情況出生的孩子還依然能存活下來並繼位成為君王，說明他生命的堅韌與頑強，且精力充沛具備採取任何行動的前提。

綜述上述解釋。首先考慮到行動者本身的條件,從生理上、心理到性格,這些構成了行動的前提。《左傳》中行動者採取行動的前提有三個,一是行動者的性格。這種性格往往與國家、個人命運相聯繫,行動者的魯莽、傲慢自大,放縱不羈、不聽勸阻一意孤行等,都將導致行動者判斷失誤,輕則身故,重則亡國的結局。二是行動者所處的政治環境。在鄭莊公這裡,是鄭莊公與父母的關係,不再次贅述;三是兩處封地暗示的政治意義——武姜即使在莊公執政之後,依然積極地再為段謀劃。武姜第一次為段請求的制地,曾是東虢國的都邑,存在著再次成為都邑的可能;第二次是京地,是鄭國曾經的都邑,經濟基礎好,祖廟也在此,如果段的封地在此,也可能再度恢復為鄭國的都城。昭公十一年,楚國申無宇曾說:五大不在邊,五細不在庭,親不在外,羈不在內。末大必折,尾大不掉。」說明為旁系血親選擇封地的原則就是不要讓封地有擴大的可能,從而威脅到王權。

因此莊公的處境動機是保護自己的政權不被推翻,但結合他的相關意圖,這一動機包括的內容就變得複雜起來:在「孝悌」的家庭倫理制約中,克制自己的言行,不給武姜及其家族以「不孝「的藉口,被他國軍隊推翻;其次部署防禦措施,警惕國內反對力量,如胞弟段,偷襲自己的屬地而獲得王位。

處境動機和相關意圖的協作下,當母親武姜作為內應引導胞弟段偷襲莊公時,莊公只是簡單向子封發出了指令「可矣」。將段趕出了鄭國。《左傳》敘述此事只用了 50 個字。但在如何處理武姜的問題上,用了 200 個字。可見,《左傳》的敘述者認為母子關係的破裂與和解才是關注的重點。段的背叛只是讓積攢多年的母子積怨作為冰上一角浮現出水面。將貴族家庭隱秘的利益衝突公開化。

2.「掘地及泉,黃泉見母」的歷史敘述

> 書曰:鄭伯克段於鄢。段不弟,故不言弟,如二君,故曰克,稱鄭伯,譏失教也,謂之鄭志,不言出奔,難之也。遂置姜氏於城穎,而誓之曰:「不及黃泉,無相見也。」既而悔之。穎考叔為穎谷封人,聞之,有獻於公。公賜之食。食捨肉。公問之,對曰:「小人有母,皆嘗小人之食矣,未嘗君之羹。請以遺之。」公曰:「爾有母遺,繄我獨無!」穎考叔曰:「敢問何謂也?」公語之故,且告之悔。對曰:「君何患焉?若闕地及泉,遂而相見,其誰曰不然?」公從之。

　　公入而賦：「大隧之中，其樂也融融！」姜出而賦：「大隧之外，其
樂也泄泄！」遂為母子如初。

　　　　君子曰：「穎考叔，純孝也。愛其母，施及莊公。《詩》曰：『孝
子不匱，永錫爾類。』其是之謂乎？」

　　《左傳》編年敘述重在表明開端和結尾，對事件過程本身的敘述在其
次。《春秋》記錄「鄭伯克段於鄢」，作為解釋《春秋》大義的《左傳》並未
將敘述止步在共叔段出奔共國，而是繼續敘述莊公與母親姜氏矛盾的解決。
這實際也呼應了《清華簡・繫年》中對姜氏與莊公母子關係的歷史敘述，揭
示出敘事焦點，啟發思考「莊公克段」是母子積怨多年的最終爆發的表現形
式，也是迫使母子矛盾必須和解的內在壓力。

　　從「書曰」部分的文字開始，轉變了敘述焦點，鋪墊母子二人關係。從
家庭倫理角度評價莊公。書曰文字認為莊公有罪，但沒有對莊公密謀消滅公
子段給予譴責。《公羊傳》將「克」訓解為「殺」；《穀梁傳》將「克」視為
「能殺」；《左傳》說：「如二君，故曰克。」《公羊傳》和《穀梁傳》的解釋
文字都認為違背兄弟情誼已經超出家庭倫理範疇，而是國家政權的對立雙
方，因此消滅顛覆國家政權的異己政治勢力，用「殺、能殺」，即「克」。《春
秋》簡潔的文字僅以「譏失教」表達，其中的因果關係唯有通過《左傳》的
記述，進行揣摩。《左傳》運用「鄭志」來揭示：事情的進展按莊公的計劃進
行，莊公是事件的最終掌握人〔註23〕。然而，莊公到底是想「殺弟」還是「逐
弟」，需要進一步分析。杜預認為：「克」字表示「明鄭伯志在必殺，難言其
奔」。這是解釋「書曰」中「不言出奔，難之也」，如果說段逃離出奔，那麼
承擔此事就只有共叔段一個人，而讓莊公無咎。這顯然與責備莊公的《春秋》
之意相距甚遠。「難」字有責難的意思，責備莊公在段出奔的這件事情上要
負責。

　　但後世《左傳》學的注釋者們，尤其是那些重在從書中闡發君臣大義，
如明清兩代學者，對責難莊公尤為不安，為莊公行為進行辯護。如毛奇齡的
出發點是以維護君父權利秩序為基礎，強調防微杜漸的重要性，他說：「《孟

〔註23〕關於志的理解，參看錢鍾書《管錐篇》冊 1，頁 172～173。志在《左傳》中
　　　有 4 種解釋。其一理解為隱藏的意圖，其中甚至帶有不法的意味，如此處的
　　　「鄭志」、文姜與齊僖公幽會時的「齊志」、魯國攻打邾國為「宋志」；其二的
　　　理解是眾人都知曉的政治目的，如當宋國叛軍控制住彭城，諸侯聯軍圍攻
　　　時，被稱為「宋志」，其三是用於「言以足志」、「賦詩言志」。

子》曰:『孔子作《春秋》而亂臣賊子懼,未常曰使亂君賊父懼』。」進而指出《春秋》一定是在衡量過莊公的功過之後,才選擇以「克」字稱讚莊公,有克敵制勝的意思,而不是殺死對手。參考衛桓公被自己異母兄弟弒殺,以及晉國曲沃側係在 60～70 年中(公元前 745 年～前 678 年)殺害五位晉君,最終取而代之的反例。〔註 24〕可知王室公族內部嫡與庶如何取得平衡,一直是一個棘手的問題。顧棟高認為莊公的性格有寬厚的一面,他只是放逐了公子段,而不是像齊桓公逼死其兄弟糾。

隨著段的出奔,莊公與武姜之間在政治上緊張的敵對關係消除了。需要解決母子二人在政治倫理上的矛盾,具體而言,是莊公如何為置自己於死地的母親武姜進孝道,而武姜又該以什麼情緒面對自己最厭惡的寵生。從人性和人情看,這對母子間真情是「恨」而非「愛」,所以他們的目的只是「和解」而非「解決」,也就是說他們二人的矛盾也是國內政治中必須妥善處置的問題。

共叔段已經出奔,莊公該如何處理與母親武姜的關係,這是莊公面臨的第二個行動抉擇。在國君政權掌控中,武姜不擇手段地幫助共叔段謀求國君之位。明顯選擇站在莊公的政治對立面;於家庭倫理中,多年偏愛共叔段痛恨莊公。於情於理,二人是水火不容的敵人。武姜是莊公「特殊的敵人」,如何妥善處置敵人,是莊公選擇時的處境動機。在驅逐共叔段,成功捍衛自己的君主職位,莊公和他的政治謀略集團已經充分展現出高超的謀略水平和上下一心的團結力,具備了可以做出任何處置決定並承擔後果的能力,這是他的相關謀略。因此莊公和他的謀略集團有多種選擇:第一是殺死武姜,需承擔「弒母」罪責,付出如此巨大的政治成本,對莊公他們而言,毫無可取之處:失去共叔段的武姜,就失去了所有的力量支持,再高超的政治謀略或者企圖繼續憑藉他國的政治支撐東山再起,也是難上加難,武姜此時只是一個手無寸鐵的貴族老婦,殺死她,對莊公百害而無一利。莊公可實施的第二種選擇,對武姜施以懲戒。該如何懲戒?憑何懲戒?春秋時期「刑不上大夫,禮不下庶人」,刑法不能施以武姜。根據《周禮》記載,」禮「強調的是踐行者自身自覺性,不具有強制性。孔子說:」道之以禮,齊之以政,有恥且格。這樣「禮「對姜氏沒有約束作用,對莊公沒有指導作用。莊公對姜氏所謂的」懲戒「實際是自由處置。莊公選擇繼續秉承」寬厚「的政治態度,令姜氏搬

〔註24〕《左傳》桓公 2.8,頁 91～95;桓公 3.1,頁 97～98。

離王宮而「置於「城潁」，莊公依然可以去城潁拜望母親。既維護國君明斷的政治形象，又為天下人樹立」孝「的榜樣。」《左傳》敘述「鄭伯克段於鄢」一事至此就應該結束。

然而，敘述再起波瀾，為莊公引發一場差點無法挽回的政治危機。也許就在母子二人相見時，武姜大概說了令莊公十分不快的言語，刺激莊公激動發下絕誓「不及黃泉，無相見也」。準備徹底斷絕母子關係。顯然莊公並未考慮說出這句誓言帶來嚴重後果。後文用「繼而悔之」這四個字，表明莊公意識到此話的不妥並想尋找挽回，但卻無計可施。他的後悔、尷尬與被動，與前番沉著在雄善謀論斷的從容形成強烈反差。這就有了第三幕的潁考叔有獻於莊公，他對「孝」的共情，引譬連類將黃泉水與地下水等同置換，先化解由語言危機招致的行動危機，再修建通往地下的隧道，實踐莊公見母盡孝行動。母子二人在隧道內外賦詩，昭告天下母子二人和好如初。

君子曰之語稱讚「純孝「產生的強大的智慧力量，使得邊境小吏潁考叔具備幫助國君擺脫困局的超凡能力。敘述者明確表達了對「誠孝」、「純孝」的評價褒獎。

但後世的評注家懷疑道德感化的力量，認為「孝」是藉口，政治智慧與道德修養無關，清代馬驌和日本學者竹添光鴻都認為莊公與其母的和解是口是心非的證據。如竹添光鴻指出：考叔固非孝子，莊公亦非孝感之人，君臣譎詐相投，以欺一世。而君子之論如此何也。古人寬與責惡，而急於勸善，故一有改惡遷善之舉，則錄其見行，而略其隱衷，忠厚待人之道使然也。竹添光鴻以反諷之語強調莊公崇尚權利，維護政權穩定是莊公一切行為的出發點。

推敲莊公與其母的和解過程，建立在其用詞靈活置換推移的基礎上：他先發誓與母親「不到黃泉無相見也」，既而悔之，最後以「掘地及泉」置換「黃泉相見」，達成和解。莊公作為一國之君，國君的誓詞眾所皆知，「不到黃泉不相見也」令莊公陷入了困境。解決的辦法就是通過「詭辯」，即模糊語義產生的環境，實現詞語的置換。從這個角度看，敘述者對潁考叔的稱讚就不僅僅是因為潁考叔的「為母奉食的孝行」，而是為莊公提供了一個完美的解決方案。潁考叔巧妙地運用詞義以達成多重的連類引譬，並強調營造政治奇觀——掘地及泉和公開表演——母子二人分別在隧道內外賦詩的重要性，這些行為有效地向國人展示出莊公的孝心，所以《左傳》評論說：「潁考叔純孝，遺及莊公」。

　　從前文敘述分析可知《左傳》的歷史敘述重在道德垂訓層面，但道德垂訓又與鞏固和維護政權的穩定、統一息息相關。這就是為什麼在這個故事從敘述莊公、共叔段、與母親武姜之間的關係開始，又終結在母子三人關係的處理中，尤其是以「孝」字作為道德觀念統攝。

　　在這段歷史往事的敘述中，歷史解釋承擔著彌合語言表述縫隙的功能，並變為《左傳》特殊的敘述結構。依歷史事件而構建文本，以歷史人物的選擇鋪陳線索而貫穿全書。人物的敘述語言是表述其政治正當性的工具。在文本中，《左傳》的敘述視點不斷發生著變化，有時作為旁白出現，解釋事情發生的背景或者起因，有時與人物視點重合，從而營造真實的歷史環境，強化解釋的功能。解析《左傳》敘述視點、敘述焦點，並明確歷史人物所處的政治背景、行動意圖及行動選擇的重演圖譜。《鄭伯克段於鄢》有明暗兩條線索，在明是鄭莊公與其弟的王位之爭，在暗是莊公與其母鄭武姜之間的血親矛盾。重新解讀這一歷史事件，為開啟重讀其後的歷史故事打下基礎。

第四節　作為歷史解釋的《左傳》

一、敘述經過，展示因果

　　　　　隱公二年《春秋》曰：夏五月，莒人入向。

　　　　　《左傳》曰：莒子娶於向，向姜不安莒而歸。夏，莒人入向，

　　以姜氏還。

　　關於「莒人入向」的詞義，《左傳》並沒有訓釋，僅依經轉述原文，重在述說其「事」。傳文簡要敘述了「莒人入向」的始末：起初，莒子取向姜，向姜卻不安於莒而返回自己的娘家向國，便導致莒子發兵滅向國〔註25〕，以「姜氏還」而告終。此傳先依原文述經，著重解釋「莒人入向」的起因及結果，也就是交代這一史事的本末始終〔註26〕。

　　再如：

〔註25〕關於莒人滅向國：顧棟高《春秋大事年表》之《春秋入國滅國論》篇云：入，實為滅其國。莒人入向，而宣公四年伐莒取向，則向已為莒邑，而隱公二年，向為莒所滅。

〔註26〕杜預《〈左傳〉注疏》曰：凡得失小，故經無異文而傳備其事，案文則是非足以為戒。「莒人入向」之傳殆屬此類。觀杜氏之意，此傳文述事之意在於表明失婚姻之義。若如杜氏之意，則此傳文不僅解其「事」，而且還闡釋了經之義。

隱公五年《春秋》：九月，考仲子之宮，初獻六羽。

　　《左傳》：九月，考仲子之宮，將萬焉。公問羽數於眾仲。對曰：「天子用八，諸侯用六，大夫四，士二。夫舞所以節八音而行八風，故自八以下。」公從之。於是初獻六羽，始用六佾也。

　　傳文解釋有兩層：先用「始用六佾」訓釋「初獻六羽」，再敘述經過來深入闡述，兼文辭訓釋與述說事件於釋經中。敘事部分說明：由於「考仲子之宮」，行祭祀，將舉萬舞。因此魯隱公「問羽數」，眾仲詳細解答並仔細說明制度的等級與設立意義，於是隱公聽從眾仲意見，遵循禮制改六佾舞。這便詳細說明經文「考仲子之宮，初獻六羽」的緣由。傳文直接轉引經文原話，然後敘述隱公及眾仲的問答，解釋的重點在「初獻六羽」。敘事終結於「初獻六羽」，隨後以「始用六佾」訓釋文詞，並呼應經文之「初」字。姜炳璋認為此傳「敘眾仲言，正釋經『初』字之義」（《讀左補義》），意思是傳文詳載眾仲的言語，即以此解說經文「初」字。如此看來，此則述事之「文」便兼具訓解文詞的作用。

　　細讀此傳文，敘事中記載眾仲之言，「天子用八，諸侯用六，大夫四，士二」，指明羽數等級以及其所涉及的禮制規範。魯隱公的名分屬侯，於是聽從眾仲建議「初獻六羽」，也就是「始用六佾」，經、傳言「初」、言「始」，那麼，不言而喻，先前並非用「六」。因此孔穎達《疏》申述曰：「初，始也；往前用八〔註27〕，今乃用六。」孔氏依敘事闡述傳意，曰：「立宮必書於策，羽則非當所書，善其復正，故書之。傳載眾仲之對，言公從之，是其善之意也」。按照孔氏的理解，謂經「初獻六羽」，義取「善其復正」，重點在褒獎隱公能聽從好的建議，遵行禮制。針對諸侯行動，讚揚尊名分、守禮制的嘉言善行，是《左傳》釋經的深層旨意。鑒於此，此傳不僅釋文，敘事，還闡釋經意，即寓之於敘述事件之中。

二、敘述始末、揭示褒貶

　　宣公七年《春秋》：冬，公會晉侯、宋公、衛侯、鄭伯、曹伯於黑壤。

　　《左傳》：鄭及晉平，公子宋之謀也，故相鄭伯以會。冬，盟

〔註27〕「往前用八」：並非魯公對周公之怠慢，或不知禮。初，魯公為諸侯，但周公命魯世世祭祀周公，得用天子之禮樂，因而魯沿用八佾。當仲子之宮落成之祭祀時，改為六佾。

於黑壤，王叔桓公臨之，以謀不睦。晉侯之立也，公不朝焉，又不
使大夫聘，晉人止公於會，盟於黃父。公不與盟，以賂免。故黑壤
之盟不書，諱之也。

魯宣公參與黑壤之盟的始末：晉與鄭謀和修好，諸侯因此會盟於黑壤；
由於晉成公初立時，魯宣公「不朝焉，又不使大夫聘」，此時宣公與會而被晉
侯執止，宣公便未能參加會後的黑壤之盟，最後憑藉賄賂始獲歸。杜《注》
曰：「慢盟主以取執止，故諱之。」謂「止」為「執止」，大概是行動受到限
制，故無法參加黑壤之盟會。這則傳文重點不在黑壤之會的過程，只是簡要
概括，卻著力補充：會後之盟，魯宣公因得罪晉人而被執遭禁，不得與盟。《左
傳》敘述整個事件，最後點睛在「黑壤之盟不書」的緣故，「諱之也」。敘述
事件與書例結合，共同闡明《春秋》諱君惡的義法。

既然《春秋》諱君惡，而魯宣公有何過失？楊伯峻云：

　　襄元年《傳》云：此則魯於晉之「凡諸侯即位，小國朝之，大
國聘之，以繼好結信，謀事補闕，禮之大體者。」不朝、不聘為失
禮。〔註28〕

楊氏援引襄公元年的傳文，「凡諸侯即位，小國朝之，大國聘之，以繼好
結信，謀事補闕，禮之大體者」，依《左傳》「凡例」闡釋，依傳解傳，邏輯
成立。在「凡例」看來，宣公七年傳文特別追述說「晉侯之立也，公不朝焉，
又不使大夫聘」，指陳魯宣公的失禮行為，由此受辱的緣由。怠慢諸侯招聘之
禮，導致執止之辱，甚至不得參加黑壤之盟，《春秋》之所以不書，為宣公諱
其惡。此傳詳述之「事」，又以「不書」之例闡釋褒貶之義。不書黑壤之盟以
諱君惡，而魯宣公之過失又在敘述事件時陳述出來，兩相對照，敘事與書法
義例相輔相成，闡釋經之事與義。

三、歷史評論

《左傳》傳文有一類特殊的解釋形式：評論。主要方式有兩種：一為書
法義例──「凡」例、「書」與「不書」等書法義例；二是敘述中的評論──
「禮」與「非禮」等簡要判斷，以及「君子曰」「仲尼曰」。

〔註28〕《春秋左傳注》，頁 692。

1. 書法義例

就敘述形式而言，《左傳》解釋春秋經的書法，有兩個明顯的標識：「凡例」和「書」與「不書」，直接說明《春秋》的褒貶態度。

凡例

《左傳》中以「凡」字開始而評說書法義例的，就是「凡例」。如：

> 桓公九年《春秋》：春，紀姜歸於京師。
>
> 《左傳》：春，紀姜歸於京師。凡諸侯之女行，唯王後書。

傳在述經之後，以「凡諸侯之女行，唯王後書」闡釋經，是《左傳》解經的方式之一，具有「發凡以言例」的特徵，學者稱為「凡例」。

書法稱謂

除凡例之外，《左傳》還以各種書法稱謂解釋經之褒貶。這類傳文的標誌是出現「書」、「不書」、「先書」、「故書」、「書曰」、「追書」、「稱」、「不稱」、「言」、「不言」等，以此提出評說，解釋《春秋》書法的取義〔註29〕。

> 宣公十二年《春秋》曰：晉人、宋人、衛人、曹人同盟於清丘。
>
> 《左傳》曰：晉原縠、宋華椒、衛孔達、曹人同盟於清丘。曰：「恤病討貳。」於是卿不書，不實其言也。

依傳文所說，參與清丘會盟者，是晉之原縠、宋之華椒、衛之孔達，原縠、華椒和孔達三人皆為「卿」，故《春秋》不書其名，而只稱「晉人、宋人、衛人」，是所謂「卿不書」。傳以「不書」的形式闡釋經之褒貶，謂「卿」當書名而經不書的原因，是貶其「不實其言」。所謂「不實其言」，指諸卿同盟，盟約為「恤病討貳」，但實際並未履行約定，杜氏《注》即舉後事加以訓解，曰「宋伐陳，衛救之，不討貳也；楚伐宋，晉不救，不恤病也」。傳以「不書」的形式指陳經義，是因為諸卿「不實其言」，故《春秋》不書其名，表示貶責。這是《左傳》對經義的闡釋。

〔註29〕相對於發「凡」者稱為「正例」，杜預將各種書法稱謂，命為「變例」。杜氏《春秋經傳集解序》曰：「諸稱書、不書、先書、故書、不言、不稱、書曰之類，皆所以起新舊、發大義，謂之變例。」孔穎達引杜氏《春秋釋例》申述說：「《釋例‧終篇》云：『諸雜稱二百八十有五』，止有其數，不言其目，就文而數，又復參差。竊謂『追書』也，『言』也，『稱』也，亦是新意，序不言者，蓋諸類之中足以包之故也。」杜氏區分凡例與書法諸稱，有舊典、新意的區別。本文只參考杜、孔二氏之稱謂分類，不拘泥已有分類，擇其善者可取。

「凡例」與「書法稱謂」並行

文公七年：《春秋》曰：秋八月，公會諸侯、晉大夫盟於扈。

《左傳》曰：秋八月，齊侯、宋公、衛侯、鄭伯、許男、曹伯
會晉趙盾盟於扈，晉侯立故也。公後至，故不書所會。凡會諸侯，
不書所會，後也。後至，不書其國，闕不敏也。

《春秋》書：公會諸侯、晉大夫盟於扈，只稱「諸侯」「晉大夫」，《左傳》
詳細敘述了參與會盟的諸侯，包括了齊侯、宋公、衛侯、鄭伯、徐男、曹伯，
晉大夫則稱為趙盾。

傳文闡明不將會盟者全部列出的原因，「公後至，故不書所會」，並舉凡
例曰：「凡諸侯會，不書所會，後也。」〔註30〕這就是說，凡是魯國國君參與
諸侯之會而「後至」則經例稱「諸侯」而不詳書國名，這就闡釋了《春秋》
為魯君避諱之義，即所謂的「闕不敏也」。依據孔穎達《疏》，「不敏，猶不達
也。諸國皆在，公獨後至，是公不達於事。」《春秋》貶責魯君不達於事，卻
不直接指陳其失，而用「不書所會」寓義。對此，竹添光鴻闡述說：「此『志
而晦』者，不明著其後至，而寓義於『諸侯』字也。」（《左傳會箋》卷8，頁
22）。此段傳文，用「凡例」和「不書」相互發明，將《春秋》「志而晦」的
寓義闡釋出來。

以上兩例，《左傳》以解釋書法為主，敘事卻相當簡略。其實，《左傳》
往往兼敘事和書法義例兩種方式解釋《春秋》，各隨解經的需要，有時詳於此，
有時詳於彼，有時二者並行，相互補充，發明經義。如：

文公十五年《春秋》曰：秋〔註31〕，齊人侵我西鄙。季孫行父
如晉。冬十有一月，諸侯盟於扈。

《左傳》曰：秋，齊人侵我西鄙，故季文子告於晉。冬十一月，
晉侯、宋公、衛侯、蔡侯、（陳侯）〔註32〕、鄭伯、許男、曹伯盟於
扈，尋新城之盟，且謀伐齊也。齊人賂晉侯，故不克而還。於是有
齊難，是以公不會。書曰：「諸侯盟於扈。」無能為故也。凡諸侯會，
公不與，不書，諱君惡也。與而不書，後也。

〔註30〕此傳文，杜《注》云：不書所會，謂不具列公侯及卿大夫。杜氏以為「後至，
　　　　不書其國，闕不敏也」諸句，是傳「自釋凡例之意」。
〔註31〕《十三經注疏》中，本無「秋」字，楊伯峻先生依據敦煌本、石經、金澤文
　　　　庫本、宋本、淳熙本、嶽本等增之。《春秋左傳注》（頁608）。
〔註32〕楊伯峻先生考證諸本，應添加「陳侯」。

　　《春秋》書「齊人伐我西鄙」，又書「季孫行父如晉」，《左傳》加注「故」字，轉述經文，簡要說明兩件事之間的因果聯繫。又扈之盟，經只書「諸侯」，而傳則一一列舉，指出會盟者有晉侯、宋公、衛侯、蔡侯、（陳侯）、鄭伯、許男、曹伯，因「尋新城之盟，且謀伐齊也」的緣故，會盟於扈，即重溫文公十四年之舊盟〔註33〕，且共謀伐齊，結果「齊人賂晉侯，不克而還」。參考宣公元年傳，《左傳》追述此事時云：「（晉）會諸侯於扈，將為魯討齊。」然則，諸侯同盟而「謀伐齊」，是上承「齊人侵我西鄙，故季文子告於晉」這件事〔註34〕，晉這廂大會諸侯，「將為魯討齊」，另一廂卻接受「齊之賂」，令伐齊之事不了了之。此時，魯文公正因齊患而沒有參加此次會盟。

　　《左傳》擅長用「事」闡釋經。當「事」既已明確，《左傳》進一步解釋書法，指明褒貶。依《左傳》解釋，《春秋》書「諸侯盟於扈」總稱「諸侯」，而未指明各國，乃是貶抑諸侯「不作為」，呼應了上文「齊人賂晉侯，故不克而還」：以敘事闡釋經義。「書曰」之後，傳又以凡例進行說明，曰「凡諸侯會，公與不不書，諱君主惡；與而不書，後也。」此所謂「不書」，杜《注》曰：「謂不國別序侯也。」這則凡例意為，魯君未能參與的會盟，經以不書國別見其「義」，如文公十五年之總稱「諸侯」；若是魯君參與，卻不一一序列，就是為其後至避諱。

　　此傳文與文公七年「盟於扈」相類似，有「書曰」、「不書」的書法稱謂，也有「凡例」的解釋，二者並出，前者通常是針對特定的經文闡述其書法，是個別的解釋，後者則適用同類情景，是概括性解釋。文公十五年曰：「凡諸侯會，公不與不書」，與「於是有齊難，是以公不會」相呼應，說明《春秋》經書「諸侯」，不序列各國的原因。書例「與而不書，後也」，不單指當年的「諸侯會盟於扈」的《春秋》經文，還和文公七年「凡諸侯會，不書不會，後也」的凡例相通。兩相對照，可知「不與不書」是「諱君惡」，「與而不書」是「闕不敏」，都是關於《春秋》為魯君隱諱其惡的義法。

2. 其他評論形式

　　「禮也」、「非禮也」是《左傳》文中最常見的評論解釋文字，全書共計522 例。趙光賢言，他認為「《左傳》中的『禮也』、『非禮也』之類的文字，

〔註33〕文公十四年《春秋》曰：六月，公會宋公、陳侯、衛侯、鄭伯、許男、曹伯、晉趙盾、癸酉，同盟於新城。

〔註34〕參見《左氏會箋》卷10，頁4。

多半隱藏在隱、桓、莊、僖諸公時，後來就很少見。」〔註35〕趙氏此言可能出於偏見，不能考察全書，致使考察有誤，所言並不屬實。「禮也」「非禮也」這類文字，全書共計一百二十七則，散佈在隱至哀公十二公各篇，而隱、桓、莊、僖諸篇合計不過四十則，不及總數的三分之一〔註36〕。

如：

> 文公十一年《春秋》曰：秋，曹伯來朝。
>
> 《左傳》曰：秋，曹文公來朝，即位而來見也。
>
> 文公十五年《春秋》曰：秋，曹伯來朝。
>
> 《左傳》曰：夏，曹伯來朝，禮也。諸侯五年再相朝，以修王命，古之制也。

文公十一年、十五年經書曰「秋，曹伯來朝」，從經文中沒有異樣之處。參照《左傳》的陳述，經義內容各有所指，又前後關聯。文公十一年，傳明確指出「曹伯」其人為「曹文公」，來見魯公的理由是「即位而來見也」，就人和事進行說明。文公十五年，傳在述經之後，直接評論說「禮也」，認為此次曹伯前來，符合禮制規範。所謂「禮」，傳曰：「諸侯五年再來朝，以修王命，古之制也。」曹文公即位之初來朝於魯，至五年又來朝，就是遵行「諸侯五年再相朝」的禮制。文十五年之「曹伯來朝，禮也」，此為《左傳》以「禮也」的評論解釋形式。

這類評論，大都涉及禮制，要言不煩。如：

> 桓公十五年《春秋》曰：天王使家父來求車。
>
> 《左傳》曰：天王使家父來求車，非禮也。諸侯不供車服，天子不求私財。

此傳文褒貶之義重在「求車」之事，指明其所以遭受貶斥，關鍵在不合禮。

除了「禮也」、「非禮也」這類文字，《左傳》中有時也用他語來表示評議解釋。如：隱公元年經書：祭伯來。傳解：祭伯來，非王命。為何「祭伯來，非王命」？祭伯是周王卿士，按桓公十五年「天王使家父求車」的經文，可知卿士出行必書「使」，那麼，祭伯此來未書「使」字，就知祭伯此行「非王命」也，傳文由此表現出褒貶之義。

〔註35〕〈左傳編撰考〉，《古史考辯》，頁145。

〔註36〕依據陳明煌《春秋三傳性質之研究及其義例方法之商榷》的統計，頁75～76。

　　　　莊公二十七年《春秋》云：二十有七年春，公會杞伯姬於洮。

　　　　《左傳》云：二十七年春，公會杞伯姬於洮，非事也。天子非

展義不巡守，諸侯非民事不舉，卿非君命不越竟。

　　傳文所謂「非事」，杜預認為這是非諸侯之事，伯姬，莊公之女。非事而特會與洮，受其女之過，是不能之以禮，此《春秋》之所禁也。傳文評論「公會伯姬於洮」為「非事也」，就表示其事非諸侯合乎禮儀的行為，是《春秋》之所禁。

　　　　莊公五年《春秋》云：秋，郳犁來來朝。

　　　　《左傳》云：五年秋，郳犁來來朝，名，未王命也。

　　此傳文，杜注曰：「傳發服用稱名例也。」傳文「名，非王命也」，杜氏認為此品論與書法義例同樣是闡釋經義的。由此可知，傳文出現「非禮也」、「非事也」、「非王命」、「未王命也」，都是以評論闡釋經文的。

　　仲尼曰。《左傳》傳文述事，結尾用「孔子曰」或「仲尼曰」為標誌〔註37〕，評論人事。「仲尼曰」常就人物行動加以評論，部分涉及書法經義的闡釋，至於仲尼曰是否為孔子所說，則需另外闡釋，不在此篇擴展。

　　　　宣公九年《春秋》云：陳殺其大夫泄冶。

　　　　《左傳》云：陳靈公與孔寧、儀行父通於夏姬，皆衷其衵服以

戲於朝。泄冶諫曰：「公卿宣淫，民無效焉，且聞不令，君其納

之。」公曰：「吾能改矣。」公告二子，二子請殺之，公弗禁，遂

殺泄冶。孔子曰：「《詩》云：『民之多辟，無自立辟。』其泄冶之謂

乎。」

　　《左傳》詳細敘述「公卿宣淫」的原因：陳靈公及其大夫孔寧、儀行父淫亂於朝，泄冶進諫勸阻，靈公不僅不聽，反而告訴孔寧和儀行父，二大夫請殺之，靈公未禁止，「遂殺泄冶」。「孔子曰」引《詩·大雅》：民之多辟，

〔註37〕《左傳》中載述孔子的言論，根據性質，可分為兩類：第一類，在敘事過程中插入孔子的言語及其與人的交談，是情節發展的一個環節，因此依據敘事需要，有時直接稱孔子為「孔丘」，與是否真為宗師孔子所發言論，並無關係。第二類則不然，以「仲尼曰」或「孔子曰」為表示，涉及的言論並非針對當時所述事件，而是與「君子曰」相類似事後評論。由襄公元年之前的數則「仲尼曰」看，屬事後評論的性質還是很清楚的，因為評論的事件發生在孔子生前。所以本文採用的「仲尼曰」為第二種。根據張素卿《左傳稱詩研究》中的統計，「仲尼曰」總計二十五則，僖公、文公各一則，宣公、成公各兩則，襄公篇四則，昭公篇十則，定公篇兩則，哀公篇三則。

無字立闢，評論泄冶。參考杜注：上「闢」字取邪僻意，下「闢」字為「法」，意思是「邪僻之世，不可立法；國無道，危行言孫」〔註38〕。杜預認為：陳國「公卿宣淫」，邪僻無道，正值此時，泄冶進諫直言反而危言取禍。由此看來，泄冶此時進諫，未必值得嘉獎。泄冶是否應該直言進諫，如何進諫，葉夢得曾闡述說：

> 靈公之惡，泄冶見其微則當諫；諫而不從，則當去。逮其宣淫於朝而後言焉，泄冶之死，罪累及上，故以國殺。……靈公之惡，固有自來矣，而孔寧、儀行父者，泄冶之所得治者，既不能諸二人以正一君，又見不可而不能止，雖未言之，徒以殺其身，則異乎從君於昏者無幾。……泄冶，異性之卿，三諫不從則可去而已。何必至於死，故曰：「所謂大臣者，以道事君，不可則止。」故以泄冶一見法焉。

孔子曾說：「所謂大臣者，以道事君，不可則止。」（《論語·先進》）葉氏據此意衡量，判斷是非，其說可從。泄冶為異性國卿，知「公卿宣淫」，就能判斷事態發展已無可挽回，直言進諫而危亡自身，這未必符合異性大臣「以道事君」的儒家義理〔註39〕。《春秋》云「陳殺其大夫泄冶」。《左傳》敘事闡明此經文：先述明當時「公卿宣淫」的亂象，再述泄冶進諫的事件，最後以「孔子曰」為評論總結，述事與評論總結前後呼應，共同闡發義理。

杜預曰：河陽之狩、趙盾之弒、泄冶之罪，皆違凡例以起大義，危疑之理，故特稱仲尼以名之。觀杜氏之意，《左傳》闡釋「陳殺其大夫泄冶」特以「仲尼曰」來評論解釋，是出於其義屬於「危疑之理」。下文將列舉「天王狩之河陽」與「趙盾弒君」二例，說明傳如何以「仲尼曰」發明經義，解釋危疑之理。

> 僖公二十八年《春秋》云：冬，公會晉侯、齊侯、宋公、蔡侯、鄭伯、陳子、莒子、邾人、秦人於溫。天王狩於河陽。

〔註38〕危行言孫：《論語·憲問》：子曰：邦有道，危言危行；邦無道，危行言孫。
〔註39〕葉氏曾援引《孟子》中的說法：「昔者晉假道於虞以伐虢，宮之奇諫，百里奚不諫，」孟子不多宮之奇之諫，而以百里奚為智，曰「知虞公不可諫而諫，可謂不智乎？……然則，比干非歟？曰是不可以以道比也。」比干貴戚之卿，微子既已去矣。使比干而復去，誰與扶其宗者？故雖死不失其仁。此君子所以立教也。泄冶，異性之卿，三諫不從則可去而已，何必至於死？《春秋傳》葉氏以宮之奇和比干比較為例說明：如比干者，為貴戚之卿，有「諫而死」之義，故以為仁；而百里奚者，屬異性之卿，不諫，孟子不以為非。

《左傳》云：是會也，晉侯召王，以諸侯見，且使王狩。仲尼
曰：「以臣召君，不可以訓。」故書曰：「天王狩於河陽。」言非其
地也，且明德也。

晉文公大會諸侯於溫，本想率諸侯朝見天子以尊王室，後來卻屈從現
實，「召王以諸侯見，且使王狩」。但《春秋》書曰「天王狩於河陽」。為什麼
要這麼寫？

《左傳》云：仲尼曰「以臣召君，不可以訓。」故書曰：「天
王狩於河陽。」言非其地也，且明德也。」

這條傳文用「仲尼曰」與「書曰」揭示經義：既褒獎晉文公之朝王尊周，
而諱言其失；同時，由王狩之「非其地也」，暗寓「以臣召君，不可以訓」之
義。晉文公本欲尊王，實為「以臣召君」，經書此事，褒、貶共見，就是所謂
「危疑之理」。

「河陽之狩」關係《春秋》大義，後世史書如《史記》，不僅按《左傳》
記載加以敘述，並且一書再書，多次強調。《周本紀》曰：

（周襄王）二十年，晉文公召襄王，襄王會之河陽踐土。諸侯
畢朝，書諱曰『天王狩於河陽』。〔註40〕

《晉世家》云：

冬，晉侯會諸侯於溫。欲率之朝周，力未能，恐其有畔者，乃
使人言周襄王狩於河陽。壬申，遂率諸侯朝王於踐土。孔子讀史
記，至文公，曰：「諸侯無召王」。「王狩河陽」者，《春秋》諱之也
〔註41〕。

《史記》這兩處依據《左傳》述事，轉述「仲尼曰」，表「春秋之義」。《孔
子世家》論述此事及孔子作《春秋》時，曾列舉數條要義〔註42〕：

（孔子）乃因史記作《春秋》，上至隱公，下迄哀公十四年，
十二公：據魯、親周、故殷、運之三代；約其文辭而指博，故吳、

〔註40〕《史記會注考證》卷4，頁73～74。
〔註41〕同上書，卷39，頁61。
〔註42〕《史記‧孔子世家》舉述《春秋》大義，不僅限於《左傳》一家，「天王狩於
河陽」採取左氏說，「據魯、親周、故殷」屬公羊學說。董仲舒《春秋繁露‧
三代改制質文》曰：《春秋》應天作新王之事，……絀夏、親周、故宋。蘇輿
注曰：史公學於董生，故其說頗與之合。……《春秋》紀魯元以繫事，故史
公云「據魯」，於周則「親」，於宋則「故」，詞義顯然。

楚之君自稱王,而《春秋》貶之曰「子」:踐土之會,實召周天子,
而《春秋》諱之曰:「天王狩於河陽」。推此類以繩當世。貶損之義,
後有王者舉而開之,《春秋》之義行,則天下亂臣賊子懼焉。

　　《史記》載述「天王狩於河陽」之義,在於「推此類以繩當世」,若能明
「貶損之義」,則「天下亂臣賊子懼焉」。在《春秋》諸義中,「天王狩於河陽」
者,援引「仲尼曰」作為《左傳》解經義的代表,「仲尼曰」不僅為解經詞,
而且在評說重點上也直指經之要義。

　　「君子曰」

　　《左傳》有「君子曰」的評論,以「君子」身份發言評論為形式上的特
徵。除「君子曰」之外,還有「君子謂」、「君子以為」、「君子是以知」、「君
子是以」等類似文字,共同以「君子」身份表達見解,在敘本事之後的評論
語。學者往往以「君子曰」概述此類評論。

　　　　宣公十三年《春秋》云:冬,晉殺其大夫先穀。

　　　　《左傳》云:秋,赤狄伐晉,及清,先穀召之也。冬,晉人討
　　邲之敗,與清之師,歸罪於先穀而殺之,盡滅其族。君子曰:「惡之
　　來也,己則取之,其先穀之謂乎。」

　　「君子曰」語,「晉殺其大夫先穀」,意思是先穀所以遭受刑戮之惡,是
咎由自取。竹添光鴻申解其意,曰:「夫邲之戰,剛愎不用命,以致喪師辱國,
罪已重矣。國討謂及,尚不悛懲而復召赤狄以速之弊,豈非自作之孽也。」
〔註43〕又曰:「先穀有罪矣,而言『歸罪者』,邲之戰,趙同、趙括、魏錡、
趙旃亦有罪,今不罪四人而獨殺先穀,故傳云『歸罪』。只下一『歸』字,晉
刑之頗自現。」(同上)這樣看來,敘事說晉人追究邲之戰與清之役的責任,
認為先穀罪無可逃,但只追究先穀的責任,恐怕有失公允,在貶責有些許惋
惜之意。經書云「晉殺其大夫先穀」與宣公九年「陳殺其大夫泄冶」的書法
相似,而兩則傳文分別用「君子曰」、「仲尼曰」結尾,解釋方法也類似。「仲
尼曰」引《詩》後言「其泄冶之謂乎」,貶責中寄寓惋惜之意,與「君子曰:
惡之來也,己則取之,其先穀之謂乎」的態度類似,責而不深貶。二者相互
參看,可以闡明《春秋》之褒貶。

　　「君子曰」有時針對個別人、事抒發評論,但有時也闡釋經文收錄此時
的目的。如:

〔註43〕《左傳注疏》卷11,頁31。

成公十四年《春秋》云：秋，叔孫僑如如齊逆女。

九月，僑如以夫人婦姜氏至自齊。

《左傳》云：秋，宣伯如齊逆女。稱族，尊君命也。

九月，僑如以夫人婦姜氏至自齊。捨族，尊夫人也。

故君子曰：「《春秋》之稱，微而顯，志而晦，婉而成章，盡而

不污，懲惡而勸善。非聖人誰能修之？」

　　經文述「叔孫僑如」，《左傳》曰「稱族，尊君命也」；後經文只稱「僑如」，《左傳》釋曰：捨族，尊夫人也。參看前後經文，稱族或不稱，各有取義，左氏由此引申綜述全經要旨：「《春秋》之稱，微而顯，志而晦，婉而而成章，盡而不污，懲惡勸善，非聖人，誰能修之」。不難看出，左氏假「君子曰」發義，所謂「微而顯，志而晦，婉而而成章，盡而不污，懲惡勸善」，並非僅解說「僑如以夫人婦姜氏至自齊」這則經文。

　　杜預曾說：「（左氏）為例之情有五……推此五體以尋經、傳，觸類而長之，附於二百四十二年行動，王道之正，人倫之紀備矣。」（《左傳注疏》）杜氏所說的「為例五體」就是成公十四年「君子曰」語。孔穎達疏解杜語曰：「為例，言傳為經發例，其體有此五事。下文五句，成十四年傳也。按：彼傳上文云：『《春秋》』之稱，下云『非聖人，誰能修之』，『聖人』指謂孔子，美孔子所修，成此五事。」孔氏此意謂，「微而顯，志而晦，婉而成章，盡而不污，懲惡而勸善」五者為「傳為經發例」之體，旨在闡述孔子作《春秋》之要義，是《左傳》對書法稱謂的通釋，故曰：「觸類而長之，附於二百四十二年行動，王道之正，人倫之紀備矣」。如此看來，「君子曰」更成為理解全經宗旨之關鍵。

　　再如：

昭公三十一年《左傳》中「君子曰」：《春秋》之稱，微而顯，

婉而辯，上之人能使昭明，善人勸焉，淫人懼焉，是以君子貴之。

　　這與成公十四年的「君子曰」都是概述《春秋》之稱的。兩處傳文詳略不同，但意思一致，都是闡發《春秋》書法如何嚴謹其稱，褒善抑惡。昭公三十一年重發此義，姜炳璋認為「欲上之人昭明《春秋》也。上之人，指當時之君、相。蓋春秋為國史，非學者所得見；經，聖人之筆，則群奉為經。……（左氏）因而作傳，又欲其宣布國中，使人人見聞，為萬世法。左氏之志在表章《春秋》也，深切矣哉！」姜氏指陳「左氏之志在表章《春秋》」，

可謂切中肯綮。不過指定「上之人」僅為當世之王、相，眼光未免狹窄，且有悖「萬世之法」。對此，劉師培解釋：「上之人」應為後王也。」又說「《史記‧孔子世家》述《春秋》之誼，曰：『吳楚之君自稱王，而《春秋》貶之曰子；……後有王者舉而開之，《春秋》之義行，則天下亂臣賊子懼焉』此節誼本左氏，即昭傳釋詞」。〔註44〕劉氏指出〈孔子世家〉所述，其實就是轉述昭公三十一《左傳》之君子曰。「君子曰」論《春秋》的教化成效，謂「善人勸焉，淫人懼焉」，此說法可與《孟子》說「孔子成《春秋》而亂成賊子懼焉」相互參照，可知〈孔子世家〉就是此意。所謂「後有王者舉而開之」，為了轉述左氏之義，下引《孟子》，曰「《春秋》之義行，則天下亂臣賊子懼焉」，相互發明。

《史記孔‧子世家》述「天王狩於河陽」之義，就是依據《左傳》「仲尼曰」，不僅如此，又轉述「君子曰」，表明「上之人能使昭明，善人勸焉，淫人懼焉」的教化效果，期望後世諸王推行《春秋》之義，警覺亂臣賊子而糾正自身行動。〈孔子世家〉綜述《春秋》要旨，發明左氏之意，都來自「仲尼曰」與「君子曰」，可見此二種評論語具有詮明經義的功能。

「君子曰」共計八十八則，「仲尼曰」有二十五則，也都見諸十二公各篇，涉及的內容就是敘事所涉及的人物或行動加以評論，或者直接解釋經義。如上文引宣公九年的「孔子曰」就是解釋經書「陳殺其大夫泄冶」的褒貶之義。宣公十三年：「君子曰：惡之來，己則取之，其先縠之謂乎！」這與之前所述「仲尼曰」的例子相似，也在解釋「晉殺其大夫先縠」的褒貶取義。

〔註44〕劉師培：《春秋左氏傳古例詮微》，頁5。

第四章　《左傳》歷史敘事

第一節　研究歷史回顧

　　依《孟子》所述，孔子因舊史作《春秋》，有「文」、有「事」、有「義」。這部經典源於孔子，被後學尊奉且傳習，逐漸形成六藝之一的「春秋學」。在「春秋學」的學統中，學者研習這部經典，以誦其「文」，明其「事」為途徑，通曉其「意」為旨歸。既然如此，就如章學誠所說「其義寓於其事、其文」，探尋其「義」不能離乎「文」與「事」；而且「事」載於「文」，鍾文烝說「其文則但為紀事之文也」。本章將進一步闡述孔子的重理魯《春秋》原委，由此探尋《春秋》、《春秋左氏傳》、《左傳》進行歷史解釋的過程，從而說明通曉其「事」是理解《春秋》的關鍵，「敘事」的是《左傳》最基本的闡釋形式。

一、如何闡述《春秋》經文經義

　　回顧「春秋學」的發展，學者旨趣同歸，但研究路徑多樣：或法專門，或求調和，或獨闢蹊徑以求新意，下文先概述說明。

　　《漢書・藝文志》說：「昔仲尼沒而微言絕，七十子喪而大義乖，故《春秋》分為五」。所謂「五家」包括左氏、公羊與穀梁三傳之學，以及鄒氏、夾氏二學〔註1〕。漢代時，「鄒氏無師，夾氏未有書」，學者傳習《春秋》的主要憑藉是三傳，大抵「三家竟為專門，各守師說」，其中公羊、穀梁先後立為官學，左氏學說主要流傳於民間，此時，公羊、穀梁二說盛於左氏。

〔註1〕　《漢書補注》卷30，頁1。

　　三傳盛衰和學者各守專門的情況，在馬融、鄭玄之後有所轉變。馬融著《三傳同異說》，已經兼論三傳，直至孔穎達指陳說〔註2〕：

　　　　至鄭康成箴左氏膏肓、發公羊墨守、起穀梁廢疾，自此以後，

　　二傳遂廢，左氏學顯矣。〔註3〕

　　這樣看來，鄭玄對三傳之作的評價，是三傳影響力此消彼長的重要分界線。從此之後，三傳並習，各取其長相互調和的學風逐漸展開〔註4〕。東漢至中唐，曾有「尚有斥《左氏》駁杜《注》」的一種說法〔註5〕，大體趨勢如《四庫全書總目》云：「中唐以前則左氏盛，唐『無經正義』的《春秋正義》，於三傳之中專取左氏，正是左氏學凌駕於公羊、穀梁的一大表徵。」

　　中唐以後，一直到宋、元時期，《春秋》學的學風有相當大的轉變。自啖助、趙匡縱橫考較三傳、商榷其中得失，開始自標新意〔註6〕。盧仝傳《春秋摘微》甚至「解經不用傳」，韓愈在《寄盧仝》中形容說：「《春秋》三傳束之高閣，獨抱遺經究始終。」〔註7〕就此而言，《春秋摘微》又別立一種「獨抱遺經」的解釋類型。納蘭成德（1655～1685）曾根據史志著錄，比較啖、趙

〔註2〕《後漢書‧馬融傳》曰：「（融）嘗欲訓左氏春秋，及見賈逵、鄭眾注，乃曰：『賈君精而不博，鄭君博而不精，既精既博，吾何加焉？』但著《三傳同異說》。」《後漢書集解》卷60，頁4。

〔註3〕《左傳注疏》，頁12。

〔註4〕皮錫瑞《經學通論》曰：「（范甯）兼採三傳，不主一家，開唐啖、趙、陸之先聲，異漢儒專門之學派，蓋經學至此一變。」又云：「而其變非自范氏始。鄭君從第五元先習公羊，其解禮多主公羊說，而鍼膏、起廢兼主左氏、穀梁，嘗云『左氏善於禮，公羊善於讖，穀梁善於經』，已為兼採三傳之嚆矢。蓋解禮兼採三禮，始於鄭君；解《春秋》兼採三傳，亦始於鄭君。」皮氏認為鄭玄兼採三傳，早於范甯（339～401），但就兼治三傳這點而言，馬融著《三傳異同說》，實際早於鄭玄。

〔註5〕見趙翼《左氏傳原委》曰：「秦火之後，漢初惟《左氏傳》最先出，然亦惟左氏始終不得立學官。而其傳世也，乃越抑越彰。」又云「六朝及唐，尚有斥《左傳》、駁杜《注》者，然好之者愈甚。蓋匪特敘事之書易傳，而其文之工實自有千古也。」

〔註6〕《四庫全書總目》云：「（啖）助之說《春秋》，務在考察三家得失，彌縫漏缺，故其闕多異先儒。……蓋捨傳求經，實導宋人之先路。生臆斷之弊，其過不可掩；破附會之失，其功亦不可沒也。」又云：「啖助、趙匡攻駁三傳，已開異說之萌。」啖助撰《春秋集傳集注》，又攝其綱目為《春秋統例》三卷，據〈春秋統例自序〉，啖氏認為「三傳分流，其源則同，擇善而從，其過半矣」，故其書「考核三傳，舍短取常，又集前賢注釋，亦已愚意裨補缺漏，商榷得失」。陸淳將此序收錄於《春秋集傳纂例》卷一中。

〔註7〕韓愈《韓昌黎詩繫年集釋》，頁782。

之前、後的學風流變，曰：

> 《春秋》之傳五，鄒氏無師，夾氏未有書，列於學官者三焉。
> 《漢志》二十三家，《隋志》九十七部，《唐志》六十六家，未有捨
> 三傳而別自為傳者。自啖助、趙匡稍有去取折衷，至宋諸儒各自為
> 傳，或不去傳注，專以經解經；或以傳為案，或以經為斷；或以傳
> 有乖謬，則棄而信經：往往用意太過，不能得是非之公。（《春秋經
> 筌‧序》）

大體而言，啖助、趙匡之前，「未有捨三傳而別自為傳者」，此後，標榜
不依三傳更的研究風氣更加盛行。啖、趙時，對於三傳尚能折衷取捨，宋儒
則「各自為傳」，往往與三傳之外另出新意以解經。這個時期，孫復（992～
1057）與劉敞是承上啟下的代表人物。《四庫全書總目》曰：

> 蓋北宋以來，出新意解《春秋》，自孫復與（劉）敞始。復沿
> 啖、趙之餘波，幾與盡廢；敞則不盡從傳，亦不盡非傳。

又云：

> 蓋不信三傳之說創於啖助、趙匡（按：韓愈〈贈盧仝〉詩有
> 「《春秋》三傳束高閣，獨抱遺經究終始」之句，仝與啖、趙同時，
> 蓋亦宗二家之說者。以所作《春秋摘微》已佚，故今據現存之書，
> 惟稱啖、趙，其後析為三派：孫復《尊王發微》以下，棄傳而不駁
> 者也；劉敞《春秋權衡》以下，駁三傳之義理者也；葉夢得《春秋
> 讞》以下，駁三傳之典故者也。至於（程）端學乃兼三派而用之，
> 且並以《左傳》為偽撰，變本加厲，罔顧其安；至是而橫流極矣。
> （卷28，頁8）

孫復、劉敞之後，學者往往在三傳之外標舉新意，變本加厲，由棄傳、
駁傳發展到疑傳——如程端學質疑《左傳》為偽撰，學術演變至此，四庫館
臣不禁概歎「至是而橫流極矣」。

面對唐、宋時期的學術流變，後來學者如何理解《春秋》，又如何看待三
傳，應該有所反思，隨便懷疑固不可取，全部信服又難以服眾，元末明初的
學者趙汸的態度，值得重視，他說：

> 自唐啖、趙以來，說者莫不曰兼取三傳，而於左氏取捨尤詳，
> 則宜有所發明矣，而《春秋》之義愈晦，何也？……蓋未有能因孟
> 子之言而反求之者。」（《春秋左氏傳補注‧序》）

　　趙汸不只觀察學風流變，更能積極思考治經的進路。由於三傳各守專門，調和三傳、乃至駁傳、棄傳、疑傳，趙汸考察上述學術流變之後，重新反思《春秋》學的發展方向。他反對啖、趙以後沿波逐流的趨向，倡導追本溯源的理解路徑，回歸至《孟子》中。

　　唐、宋時期的春秋學駁傳、疑傳，其實並沒有棄絕三傳，只是或取左氏、或去公羊、或取穀梁中時而闡發新意而已。依趙汸所見，啖助以後的學術流變不僅未能進一步發明《春秋》之義，反而使經義愈加深晦。參照上文引納蘭成德與四庫館臣的意見，大抵和趙汸的意見相仿。左氏、公羊、穀梁三傳固然不可盡廢，但調和三傳之差異的研習方法，卻往往成效甚微；但重蹈漢儒各守專門的舊轍，也未必可行。經過一番考量，趙汸認為經義未得彰顯的原因在於「未有能因孟子之言而反求之者」，而返求於《孟子》的重要意義在於——追本溯源，尋究孔子作《春秋》的原委。

　　趙汸云：

　　　　春秋，魯史記事之書也，聖人就加筆削以寓其撥亂之權。惟孟子為能識其意，故曰：「其事則齊桓、其文則史」，其義則孔子曰竊取之矣。此三者述作之原委也。自三傳失其旨，而《春秋》之義不明。左氏於二百四十二年事變，略具始終，而赴告之情，策書之體，亦一二有見焉。則其事與文，庶乎有考矣；其失在不知以筆削見義。公羊、穀梁以書、不書發義，不可謂無所受者，然不知其文之則史也。夫得其事、究其文而義有不通者有之，未有不得其事、不究其文而能通其義者也。故三傳得失雖殊，而學《春秋》者，必自左氏始。

　　趙氏跳出中唐以後春秋學的窠臼，甚至也沒延續三傳的研究趨勢，而是依《孟子》所述而尋究《春秋》的述作原委，重新思考《春秋》學研究方向。《孟子》說：「其事則齊桓，其文則史，孔子曰：『其義則丘竊之矣』，」依此言，孔子述作《春秋》源於魯之舊史之「文」，評說二百四十二年之「事」，筆削之中寄託褒貶之義。孟子此言，既說明《春秋》有「文、事、義」三者，更凸顯「義」的首要地位。趙汸返求《孟子》，謂「此三者述作之原委也」，並據此批評三傳，認為「三傳失其旨，而《春秋》之義不明」。即便如此，相比較盧全以降的「獨抱遺經究終始」的學術風尚，趙汸提倡，將三傳從高閣取下，重置於書案之上。參考三傳，但也不拘泥門戶，不限於三傳之中，重新

審察孟子之論。這樣，趙氏便注意到《左傳》詳述事情始末「則其事與文，庶乎有考矣」，並認為「得其事，究其文而義有不通者有之，未有不得其事、不究其文而能通其義者」，因此，「三傳得失雖殊，而學《春秋》者，必自左氏始」！這正是由於《左傳》詳敘二百四十二年之事，學者知其「事」，明其「文」，作為推尋其「義」的基礎。

趙氏跳脫「三家競為專門」的門戶立場，也不拘泥於「獨抱遺經」而自出「新意」的格局，重新注意孟子之言，據此探究《春秋》的述作原委。這樣的理解之路，其重要意義在於正本清源，依《春秋》之敘述特點理解《春秋》。而且趙氏追求《春秋》的述作原委，既能正視經典本身的敘述特點，也不曾忽視孟子言的啟迪作用；即使確認三傳解經，互有得失，仍能正視《左傳》敘述史「事」本末的解釋意義。《春秋》固然重義，且「義」寓於「文」與「事」中，趙氏能有「得其事、究其文而義有不通者有之，未有不得其事、不究其文而能用其義者」這樣的說法，是難能可貴的。

可見，闡釋《春秋》的方法儘管紛雜繁多，與其隨波逐流、迷失於歧途，不如正本清源，依孟子言的指引，抉擇去向，可以自左氏敘事開始，尋找出路。

二、見之於行事

「見之於行事」是《左傳》歷史解釋的基本形式。所謂「見之於行事」是在一定歷史環境下，歷史人物的行動軌跡，以及人物們最終選擇。「事」為人物原則提供了具體歷史語境。

自孔子作《春秋》，後世儒家學者傳習經典，多以推尋其褒貶大義為研究旨歸。但誠如陳澧所說：

> 夫《春秋》所重者固在其意，然聖人所謂「竊取之」者，後儒豈易窺測之？與其以意窺測而未必得者，孰若即其文、其事考據詳傳之有功於經乎？〔註8〕

按陳氏所述，首先，孔子作《春秋》，書中並沒有直接陳述其微旨大義，而是寓寄在經文書法之中，那麼後人解釋《春秋》之「義」，又怎能不憑藉其「文」而憑空猜測？其次，《春秋》敘述內容，以齊桓、晉文等「人君動作之事」為主，那麼解釋經「文」，就需要說明所述事件及其所涉及的歷史人物活

〔註 8〕《東塾讀書記》卷 10，頁 11。

動。推尋經義不應憑空揣測，要有所憑藉，其「文」與「事」便是不可忽略的依據。所以陳澧說「孰若即其文、其事考據詳博之有功於經乎？」

讀經想要明白經之「義」，不能不憑藉其「文」與其「事」，「因文求其事」，而「事」是「文」載述的內容，只有明白「事」之本末，才是明經之關鍵。可為何只有明瞭「事」之本末，才能理解《春秋》呢？這涉及到《春秋》的敘述方式。

依據董仲舒與司馬遷的研究，關於《春秋》的敘述方式，孔子曾自述說「我欲載之空言，不如見之於行事之深切著明也。」這就是說，《春秋》的敘述的方式是「見之於行事」，而非「載之空言」的思想表達方式〔註9〕。大概孔子認為「見之於事」的敘述方式，更能表現「義」且「深切著名」。類似的說法還有董仲舒在《春秋繁露·俞序》中所言：

> 仲尼之作《春秋》也，引史記，理往事，正是非，見王公。史記十二公之間，皆衰世之事，故門人惑。孔子曰：「吾因其行動而加乎王心焉。」以為「見之空言，不如行動博深切明」。〔註10〕

董仲舒指出，孔子「因其行動」的方法是「引史記，理往事」，進而評定是非、寄託褒貶。趙岐也曾有類似表述：

> 仲尼有云：「我欲載之空言，不如載之行事之深切著名也。」

〔註11〕

董仲舒與趙岐二人轉述孔子之言，雖言辭有所差別，但意義明確，都一致轉達了《春秋》有「見之於行事」的敘述特點。這一敘述特點，更可以與孟子「其事則齊桓、晉文」相互參看：春秋之「事」便是「往事」、「行動」，「聖人因衰世往事，加以明王致治之深心」，也就是董仲舒所言「因事而著明其是非得失」〔註12〕。孔子明王道的思想，編年隱公至哀公二百四十二年的

〔註9〕 徐復觀在《兩漢思想史》卷3中已經注意到「載之空言」與「見之於行事」兩種表現思想的方式。他說：「由於秦漢以及先秦兩漢，思想家表達自己的思想，概略而言，有兩種方式。一種方式，或者說可以是屬於《論語》、《老子》的系統，把自己的思想，主要用自己的語言表達出來，賦予概念性的說明。這是最常見的諸子百家所用的方式。另一種方式，或者可以說是屬於《春秋》的系統，把自己的思想，主要用古人的言行表達出來；通過古人的言行，作自己思想得以成立的根據，這是諸子百家用作表達的一種特殊方式。」《韓詩外傳的研究》之一「中國思想表達的另一種方式」。

〔註10〕董仲舒：《春秋繁露義證》，頁159。

〔註11〕焦循：《孟子正義》，頁11。

〔註12〕董仲舒：《春秋繁露義證》，頁159。

往事，正所謂「理往事，正是非」，將褒貶之義寄寓筆削往事中。

可為什麼《春秋》之義，要用「見之於行事」的方法表達呢？

王先謙（1842～1917）給出了一個答案：「謂空言義理以教人，不如附見諸侯、大夫僭逆之行事，垂戒尤切。」〔註13〕這都是在說，根據王道義法，憑藉由人物行動來評判是非，其垂戒的功效，比空言說經更深切明白。徐復觀解釋「託之空言」：

> 把自己的思想，訴之於概念性抽象性的語言。〔註14〕

「見之於行事」意謂：

> 把自己的思想，通過具體的前言往行的重現，使讀者由此種重
> 現以反省其意義與是非得失。〔註15〕

由此可見，孔子述作《春秋》，梳理往事而判斷是非，不是以概念性的抽象的語言直接闡述，而是憑藉過往人物的具體行動，進行評判，由此啟迪後人尋褒貶的義法。對於《春秋》「因其行動」表明義法的「垂訓」意義，徐復觀進而闡述說：「孔子把他對人類的要求，不訴之於『概念性』的『空言』，而訴之於歷史實踐的事實，在人類歷史實踐事實中去啟發人類的理性及人類所應遵循的最根源的『義法』。」〔註16〕

綜合上述三家言所說，《春秋》「見之於行事」，由二百四十二年中的各種歷史人物具體的行為事件，即人類「歷史實踐的事實」，用以啟發學者「最根源的『義法』」，這就是所謂的「深」；而那些訴諸於具體實踐的「前言往行」，便是「切」；義隨事實敘述逐漸清晰呈現，就是「著名」。可見，「見之於行事」，不僅是一種寄託「義」的表達方式，還有著「深切著名」的歷史解釋功能。

歷史解釋須經歷史語境（文字、器物、銘文等傳世材料）的構建而產生。就「見之於行事而言」，《春秋》「約其辭文」、「以制義法」，學者研習《春秋》這部經典，當以「文」為憑藉，以「義」為旨歸，以「事」為理解「文」，以「義」的關鍵。黃澤曾經說過：

> 孟子曰：「其事則齊桓、晉文，其文則史」，只就「史」字上看，便見《春秋》是紀事之書。學者須以考事為先，考事不精而欲說《春

〔註13〕《漢書補注》卷62，頁10。
〔註14〕《兩漢思想史》卷3，頁2。
〔註15〕《兩漢思想史》卷3，頁2。
〔註16〕《兩漢思想史》卷3，頁2。

秋》，則失之疏矣。夫考事已精而經旨未得尚多有之，未有考事不精
而能得經旨者也。(《春秋師說》，頁4)

黃澤從「其文則史」這句話，推尋《春秋》淵源舊史，以記「事」為內
容，是「紀事之書」。既然經「文」以記「事」為內容，那麼學者當「以考事
為先」，「未有考事不精而能得經旨者也」，若「事」不精究，就難以發現經之
大義。因此，研習《春秋》，必將考其「事」。

本節簡要回顧了《春秋》學的發展，根據學者趙汸的指引，研究有必要
重新回到《春秋》的述作原委。依孟子，《春秋》這部經典具備「文」「事」
與「義」，後世學者學經固然以通曉褒貶大義為旨歸，但前提是以經文記事
為依據。由於《春秋》並非載之空言，而是用「見之於行事」的敘述方式，
所以認定是非「須以考事為先」，推究其「事」的原委是所有解釋敘述的根
基。

第二節　《春秋》敘事特徵：本其事而原其志

一、《春秋》敘事與褒貶

據前文所述，《春秋》「別嫌疑、明是非、定猶豫、善善惡惡、賢賢賤不
肖」，以既往之事為敘述對象，即便這些史事多為前世之事，但仍成為漢代聽
訟斷斷獄的標準。可見，理解《春秋》敘事之義大體與聽訟斷獄有相通之處，
其評斷是非褒貶的大原則與聽訟斷獄仍有相通之處〔註17〕。參考這條線索，
進一步推究：為何通曉褒貶之「義」必須以「事」為根基。

董仲舒《春秋繁露・精華》曰：

《春秋》之聽獄，必本其事而原其志。志邪者不待成，首惡者
罪特重，本直者其論經。……聽訟折獄，可無審耶！故折獄而是也，
理益明，教益行。折獄而非也，闇理迷眾，與教相妨。教，政之本

〔註17〕《史記・孔子世家》曰：孔子在位，聽訟文辭，有可與人共者，弗獨有也；
至於為《春秋》，筆則筆、削則削，子夏之徒不能贊一辭。(《史記會注考證》
卷47，頁84) 這是將孔子為魯司寇聽訟斷獄以及作《春秋》兩件事相提並論，
董仲舒也曾在《春秋繁露・精華》提到「《春秋》之聽獄也」。漢代推尊經學，
更曾實踐其學，多引《春秋》大義為斷獄依據。當然《春秋》褒貶與聽訟斷
獄只是大原則相通。《孔子世家》並論二者，有比較異同意味，孔子斷獄「弗
獨有也」，至於筆削春秋，「貶天子、退諸侯、討大夫」，連子夏等高徒都「不
能贊一辭」，說明態度的慎重與春秋大義的精微。

也；獄，政之末也。其事異域，其用一也。不可不以相順，故君子重之也。〔註18〕

又說：

古之人有言曰：不知來，視諸往。今《春秋》之為學也，道往而明來者也。（同上書）

聽訟斷獄，可理解為現在國家的刑法事務，《春秋》垂訓的目標是「為天下立儀表」：教化民眾在訴訟未萌之前，是為政之本，相對而言，聽訟斷獄是為政之末。二者雖有本、末差別，但「其用一也」。聽訟斷獄與《春秋》的本質可以就評判對象和基本性質兩個方面，分別而論。就對象而言，前者評判當世的人與事，用來穩定政治秩序；後者則「道往而明來」，褒貶對象雖前世的人與事，卻希望能垂教於將來。然而，不論古今，都是針對既已發生的人與事，就性質而言，前者屬於政治事務，後者屬於垂誡後世的教化綱領。然而，聽訟斷獄與《春秋》褒貶，都是關於人物選擇的是非判斷。因此，董仲舒說：「《春秋》之聽獄也」，云云，將《春秋》褒貶形容如聽訟斷獄。

依董仲舒語，褒貶與聽訟都屬人物行動的是非判斷，其共同的原則是「必本其事而原其志」。那麼，進一步追問為什麼是非判斷需要「本其事而原其志」？

人都有思維意識，動心起念而產生行動，衍生為事件。事件由人的行為而來，導致事件發生的是人，而且，主要是由於人的心思意念。所謂「志邪者不待成」、「本直者其論輕」，「志」和「本」都是指人的心思而言，人由心志意念而產生的各種行為事件，所以心志可以說是行動之「本」。那麼，行動之是非善惡，究其根柢，其實是人之是非善惡；而對於行動予以褒貶，其意義終歸是對人的褒貶。褒貶人之行動，不能只單獨看行動本身，要審時度勢，依情景判斷，也就是究其「志」之邪正、探其「本」之曲直，所以說《春秋》之聽獄，必其本事而原其志。根據人物的行為心志來衡量罪責輕重，所謂「志邪者不待成，首惡者罪特重，本直者其論輕」。這樣，審視行為者的心志，志不同，則《春秋》對其行動的善惡褒貶也有不同的裁斷。

「《春秋》之論事，莫重於志」，就是褒貶是非重視推原其「志」，考察初心本志以裁量罪責之輕重。然而，心志無形，憑空無據難以捉摸，如何才能「原其志」呢？蘇輿認為：

〔註18〕《春秋繁露義證》，頁92〜94。

　　　　事之委曲未悉，則志不可得而見，故《春秋》貴志，必先本
　　事。

　　心志無形，內在人定，行為發生，有跡可循。推原「事之委曲」，無非就
是尋找人的行為軌跡，並詳細瞭解其中原委。「本其事」就是連貫串通事件
的發展脈絡，這樣「心志庶幾乎而可明」。《春秋》褒貶乃「論心定罪」，而
推究原初心志又必須詳細行動之原委脈絡，因此說：「《春秋》貴志，必先
本事」。

二、《左傳》「論本事而作傳」

　　既然《春秋》貴「志」，而推原其「志」須得「其本事」，才能洞悉其原
委，那麼《左傳》必依《春秋》「論本事」而作傳。

　　如上所述，《春秋》褒貶「必其事而原其志」，那麼誠如《四庫全書總目》
所說：「魯史所錄，具載一事之始末，聖人觀其始末，得其是非，而後能定一
字之褒貶……苟無事件，雖聖人不能作《春秋》；苟不知其事件，難以聖人讀
《春秋》，不知所以褒貶」。因此，《左傳》詳細敘述本事，正是使「後人觀其
始末，得其是非，而後能知一字之所以褒貶」。左氏「論本事而作傳」的形式
意義，是理解《春秋》最恰切的方式。

　　《春秋》「其事則齊桓、晉文，其文則史」，《左傳》詳述經文所載的行動，
首先就是順應這兩個層面應有的解釋。而且，由於經文以記人物行動為主要
內容，闡釋其「文」，往往需要述明其「事」。那麼，誠如朱彝尊所說：

　　　　孔子作《春秋》，若無左氏為之傳，則讀者何由究其事之本末？
　　左氏之功不淺也。（《經義考》卷169，頁7）

　　可見《左傳》進行歷史解釋的第一個目的，首先使讀者「究其事之本
末」。

　　陳澧曾強調「《左傳》依經而述其事，何不可謂之傳？」《左傳》敘述的
事件，乃是依照《春秋》之「事」來，這就從解釋事件的相關性論說《左傳》
為解經之作。陳氏又舉裴松之（372～451）《三國志注》為例，說明「詳述其
事」，就是一種訓釋的方式，陳氏曰：「傳猶注也。裴松之注《三國志》，但詳
述其事，可謂其非注乎？」傳，是注釋之書，可以通稱為「注」，猶如顧炎武
所說「先儒釋經之書，或曰傳，或曰箋……，今通謂之注。」中國古代的注
疏，主要是在經學的領域例孕育、發展，經學注疏的方法，體式全備，且為

史書、子書與文集等訓釋樣式的基礎〔註 19〕。經、史、子、集的傳統圖書分類，學者用以「辨章學術，考鏡源流」，依典籍性質來區分的，而且解釋方式原本可以普遍適用各類圖書。因此，雖然《春秋》與《三國志》在圖書分類中分列經、史，但就解釋形式而言，仍可佐證《左傳》「敘其事之本末」的方式具有解釋的功能。章炳麟就說：

> （裴松之注《三國志》）撰集事實，以見異同，間有論事情之得失，訂舊史之疐非，無過百分之一，而解詁之義，千無二三。今因左氏多舉事實，謂之非傳，然則裴松之於《三國志》，亦不得稱注乎邪？且左氏釋經之文，科條數百，固非專務事實者。（《春秋左傳讀敘錄》，頁 822）

裴松之注《三國志》的注釋方法，訓詁文詞、考證得失的部分少，大部分的內容是「撰集事實」。如果將「詳述其事」視為一種注解方法的話，《左傳》能依經敘述其事本末，就是在解釋《春秋》了。

當然「文」與「事」之外，學者傳習《春秋》，尤其關注其「義」。就此而言，章氏有言：「左氏釋經之文，科條數百，固非專務事實者」，所謂「釋經之文」，之凡例、書法等直接闡述書法義例的文字，這類文字自然被視為解釋《春秋》之「義」。其實，敘述事件、闡明事之本末的文字，同樣也具有解釋《春秋》的功能。

如前述曾概括說《春秋》解經之「義」，主要針對褒貶而言〔註 20〕，「別嫌疑、明是非、定猶豫、善善惡惡、賢賢賤不肖」等等就是褒貶，這是一般

〔註 19〕張大可主編《中國歷史文獻學》考索史書注解的淵源，認為當追溯至經學注疏，這種說法可以參考「具有系統方法的注疏學的產生和發展，起於經部之書，故歷代經注最發達。十三經注疏和清正續皇經解就是集歷代兩千年來經注之大成。史、子、集三部類之注，就是在經學注疏的影響下先後產生的。」（頁 449）又，先秦諸子雖然也有解說性質的著述，如《韓非子》的〈解老〉、〈喻老〉等，但根據現有的文獻資源看，諸子的解說性著述，畢竟沒有如儒家六藝之學持續發展，並形成一個傳、箋、注、疏脈絡分明的注疏傳統；而且，後來史部、子部與集部諸書的注解，也看不出來跟先秦諸子的解說方式有什麼直接聯繫。

〔註 20〕顧棟高曰：「孟子明言：『其事則齊桓、晉文，其文則史，孔子曰：其義則丘竊取之矣。』如以為無褒貶，則是有文、事而無義也。如此，則但魯之春秋足矣，孔子更何用作《春秋》乎！」（《春秋大事表・讀春秋偶筆》，頁 7）這段話既是說明孔子《春秋》有別於魯史之舊文的特點在「義」，又是點名春秋有褒貶之義，且寓於「事」中！

性而言。當後儒傳習這部經典，具體解說經「義」時，往往異見層出不窮。儒者講經說義時，難免見解不已，甚至彼此相互論難攻伐，但這只是儒家內部的差異。如前緒論所述，《韓非子》說戰國時代「儒分為八」，而各以為其「真」。這是傳經學者明顯地互別門戶，《四庫全書總目》說：「自《春秋》三傳始」。自三傳始，只是就三傳成書且流傳後世而言，根據《史記‧十二諸侯年表序》，解說《春秋》，而意見分歧乃始自「七十子之徒」。而《左傳》之作，正是用於「懼弟子人人異端，各安其意，失其真」而敘述的。所謂「失其真」，就是指沒有掌握《春秋》的真諦。《史記》說認為左氏由於擔憂人人異端不得真義傳作《左傳》，《漢書‧藝文志》也曾申述說：左氏「論本事而作傳」，乃「明夫子不以空言說經也」。

　　綜合《史記》和《漢書》的說法「論本事而作傳」，是左氏的敘述特點，所以採用這樣的方式以作「傳」，乃緣於「弟子人人異端，各安其意」。不過，這只是一種相對消極的原因。若再深入考察，就不能不注意到其中的積極原因，即《漢書》所謂的「明夫子不義空言說經也」。

　　但為什麼說「明夫子不以空言說經」是左氏作「傳」的積極原因呢？

　　這是因為孔子作《春秋》本就是特地將褒貶義法「見之於行事」，並非徒託「空言」，而且，《春秋》述作人物行動而寄寓褒貶，其是非判斷「必先本其事而原其志」，那麼《左傳》詳述事蹟，並以此解釋《春秋》，恰切合《春秋》「見之於行事」的敘述特點。經、傳契合，皆「不以空言說經」。姜炳璋由此特別說到：

　　　　《春秋》因魯史以示義，而發明《春秋》之義者則自《左氏傳》
　　　　始。左氏，聖人之徒也，身為國史〔註21〕，親見策書，因博採列國
　　　　之記載，薈萃為傳以發明《春秋》之大義，使聖人之引而不發者昭
　　　　然於簡冊間，班氏所謂『論本事而作傳，明夫子不以空言說經也』。
　　　　然則，即事為經者，聖人之義也；論本事而為傳者，左氏發明聖經
　　　　之義也：皆不欲空言說經也。（《讀左補義‧自序》）

〔註21〕《讀左補義‧綱領下》臚列《左傳》十有二善，以「躬承聖教」為其首，姜
　　　　氏云：「左氏魯史而得與於聖人之《春秋》，猶師摯為樂官而得與於正月乎。
　　　　師摯未經執贄於門牆，左氏安必入室而稱弟子？故史公以為魯君子而不入弟
　　　　子之列傳也。……共事斯經，篤信之久，即以為受經於仲尼也。（頁3）姜氏
　　　　認為左氏難未必「入室而稱弟子」，但已經作傳闡釋經義，宗師孔子，「即以
　　　　為受經於仲尼可也」，這樣的說法有合理性。

又云：

> 作之者即事而為經，述之者論本事而為傳，事舉而存義焉。（同
> 上書）

姜氏雖沒有深入探究《左傳》褒貶必須「本其事」的意義，但已敏銳地注意到《春秋》「即事為經」，左氏也同樣「論本事」以指明褒貶，經傳相互契合呼應，都是採用「見之於行事」的敘述方式，「皆不欲空言說經也」。

不僅如此，按司馬遷所說，《左傳》的敘述是由於「懼弟子人人異端，各安其意，失其真」，而且，左氏以「論本事」的方式解經，還有針砭學者「各安其意，失其真」的積極導向。

如上文所述，「託之空言」與「載之行事」是解釋歷史原因，闡發褒貶大義的兩種方式，況且載之「行動」比「託之空言」更具有「深切著明」的效果。《左傳》「論本事」的敘述方式不僅符合《春秋》學的內在本質，當然也具備「深切著明」的積極功能。因此，「明夫子不以空言說經」，可以視為《左傳》「論本事」以解釋《春秋》的內在的積極原因。

《春秋》記事，文辭簡約，孔子當時所以據「觀其始末，得其是非」的實錄，需要求助於「傳」，尤其是《左傳》。劉知幾〈申左〉中曰：

> （《春秋》）於內則為國隱惡，於外則承赴而書……。蓋是周禮
> 之故事、魯國之遺文，夫子因而修之，亦存舊制而已。至於實錄，
> 付之丘明，用使善惡必彰，真偽盡露。向使孔經獨用，《左傳》不作，
> 則當代行動安得而詳者載？……此猶傳之與經，其猶一體，廢一不
> 可，相須而成。如謂不然，則何者稱為勸誡者哉？（杜預《釋例》
> 曰：「凡諸侯無加民之惡，而無人以執，皆時之赴告，欲重其罪，以
> 加民為辭。國史承以書於策，而簡牘之記具有失得，因示虛實）故
> 《左傳》隨實而著本狀，以明其得失也。」儒者苟識左氏作傳多敘
> 經外別事，如楚、鄭與齊三國之賊，隱、桓、昭、襄四君之篡逐；
> 其外則承告如彼，其內則隱諱如此。若無左氏立傳，其事無由獲知。
> 然設使世人習《春秋》而唯取兩傳也，則當其時二百四十二年行動
> 茫然闕如，俾後來學者代成聾瞽者矣。

劉知幾舉出《春秋》有「於內則為國隱惡，於外則承赴而書」的原則：所謂「承赴而書」者，如「楚、鄭與齊三國之賊」，這是指昭公元年楚公子圍

弒其君，經書「楚子麇卒」〔註22〕；襄公七年鄭子駟使賊弒其君，經書「鄭伯髡頑……卒於鄵」〔註23〕以及哀公十年齊人弒其君，經書「齊侯陽生卒」〔註24〕之類的事情。所謂「於內則為國隱惡」，這是指魯君隱諱其惡，如隱公十一年公子翬（羽父）為桓弒隱，經書曰「公薨」〔註25〕；桓公十八年齊公子彭生戕殺魯桓公，經書曰「公薨於齊」〔註26〕；以及昭公二十五年，季氏逐昭公，而經書「公孫於齊」〔註27〕，諸如此類，如果不是《左傳》詳細敘述事件，則「其事無有獲知」。由此而言，《左傳》與經的關係比公、穀兩傳更為密切，因此說「其猶一體」、「相須而成」〔註28〕。杜預《春秋釋例》曰：「《左傳》隨實而著本狀，以明其得失也」，劉知幾也推論說左氏詳述事件的意義在於「使善惡必彰、真偽盡露」，這就如《四庫全書總目》說「左氏將孔子據以褒貶的行動原委實錄於傳中，而使『後人觀其始末，得其是非，而後能知一字之所以褒貶』」。左氏「隨實而著本狀，以明其得失」，就是借由敘述

〔註22〕昭公元年《左傳》曰：冬，楚公子圍將聘於鄭，伍舉為介。未出竟，聞王有疾而還。伍舉遂聘。十一月己酉，公子圍至，入問王疾，縊而弒之。遂殺其二子幕及平夏。……使赴於鄭，伍舉問應為後之辭焉。對曰：「寡大夫圍。」伍舉更之曰：「共王之子圍為長。」由此可知，楚國當時不以公子圍為弒君之賊而赴告諸侯。因此劉知幾認為經書「楚子麇卒」乃是「承赴而書」。

〔註23〕襄公七年《左傳》曰：（鄭僖公）及鄵，子駟使賊夜弒僖公，而以瘧疾赴於諸侯。

〔註24〕哀公十年《左傳》曰：齊人弒悼公，赴於師。杜注：以疾赴，故不書弒。孔《疏》云：傳稱『齊人弒悼公，赴於師』則陽生被弒矣，而經書『卒』，是以疾死赴也。襄公七年『鄭伯髡頑卒於鄵』，傳稱『子駟使賊夜弒僖公而以瘧疾赴於諸侯』知此亦以疾死赴，故不書弒也。

〔註25〕隱公十一年《左傳》曰：羽父請殺桓公，將以求大宰。公曰：「為其少故也，吾將授之矣。使營菟裘，吾將老焉。」羽父懼，反譖公於桓公而請弒之。公之為公子也，與鄭人戰於狐壤，止焉。鄭人因諸尹氏，賂尹氏而禱於其主鍾巫，遂與尹氏歸而立其主。十一月，公祭鍾巫，齊於社圃，館於寪氏。壬辰，羽父使賊弒公於寪氏，立桓公而討寪氏，有死者。不書葬，不成喪也。杜注曰：桓弒隱篡位，故喪禮不成。

〔註26〕桓公十八年《左傳》曰：公會齊侯於濼，遂及文姜如齊。齊侯通焉。公謫之，以告。夏四月丙子，享公。使公子彭生乘公，公薨於車。杜注：彭生多力，拉公幹而殺之。宣公十八年《傳》：凡自虐其君曰弒，自外曰戕。故桓公十八年經書「公薨於齊」，杜預依凡例而注曰：不言戕，諱之也。

〔註27〕哀公二十七年《左傳》曰：公欲以越伐魯，而去三桓。秋八月甲戌，公如公孫有陘氏，因孫於邾，乃遂如越。國人施公孫有山氏。此傳文無經，劉知幾引述「內則為隱惡」的事例比較左氏與公、穀之優劣，似乎此例的說服力不足。

〔註28〕劉知幾說《左傳》與《春秋》的關係是「其猶一體」「相須而成」，此義來自桓譚《新論》：「《左傳》於經，猶衣之表裏，相待而成。經而無傳，使聖人閉門思之十年不能知也。」

本事是使人得以觀其始末，從而明得失、知善惡，通達經之所以褒貶，就是「著本狀」以揭示《春秋》褒貶要義。

葉適（1150～1223）也對知悉「事」之本末，而掌握《春秋》之「義」的研究進路有闡發：

> 既有左氏，始有本末，而簡書具村。實事不沒，雖學者或未之從，而大義有歸矣。故讀《春秋》者，不可以無左氏。二百五十五年明若盡一，無詭缺者，捨而他求，焦心苦思，多見其好異也。若然，則《春秋》非左氏不成書歟？曰：非也。孔子謂「夏、殷禮吾能言之，杞、宋不足徵。夫《春秋》非《詩》、《書》比也，某日某月某事某人，皆從其實，不可亂也，今將以實事詔後世，而學者無徵焉。故使公、穀浮妄之說宛傳於其間乎？故徵於左氏，所以言《春秋》也。始卒無舛，而義在其中，如影響之不違也。」（《習學記言》卷9，頁2）

所謂徵之《左傳》，就是有具體史事可以憑藉，實錄俱存，而「義在其中」，楊維楨（1296～1370）說：

> 三傳有功於聖經者，首推左氏，以其所載先經而始事，後經以終義。聖人之經，斷也；左氏之傳，案也。欲觀經之所斷，必求傳之所紀，事之本末，而後是非見、褒貶白也。（《東維子集·春秋左氏傳類編序》）

依楊氏所言，左氏傳文解釋《春秋》，功最高，經為「斷」，傳為「案」。由於《左傳》敘事，事件本末俱在，楊氏以為「欲觀經之所斷，必求傳之所紀，事之本末」，並推崇說「三傳有功於經者，首推左氏」。

漢儒如董仲舒將《春秋》褒貶相比於聽訟斷獄，宋程頤（1033～1107）也說「五經之有《春秋》，猶法之有斷例也」（《二程集》，頁19），又說「春秋，傳為案，經為斷」。將左傳與《春秋》比擬為「斷」與「案」，二人都以法律為喻，前者是審判的裁決，後者則是審訊事件原委的記錄。左氏敘事詳載事件本末，其功能如「案」一樣，將當時的人的善惡真偽，辨別清楚，這樣，《春秋》褒貶裁「斷」的標準就清楚明瞭，就是「是非見、褒貶白」。

葉適說「徵於左氏，所以言《春秋》，始卒無舛，先後有據，而義在其中，如影響之不違」。的確如此，左氏「論本事而作傳」，實際承襲一方面孔子「不以空言說話」的歷史解釋方式，加入史事發展過程，進一步明確歷史人物在特定歷史語境的選擇。另一方面，以敘述史事解釋《春秋》，不僅行動可見，

脈絡清晰，從而「是非見、褒貶白」明其褒貶之原因以述史事本末，則「義在其中」。這樣解釋《春秋》的積極意義，正是「見之於行事」而「深切著明」。所以「三傳有功於聖經者，首推左氏」的評價，其實並不為過。

第三節 《左傳》解釋性敘事：敘論其本事

一、敘事與「本其事」

「本事」或者「本其事」，著重在推究歷史事件的發生、發展過程，也就是探索對「事」的理解，對「人物選擇」的心理探究，在「本其事」理解基礎上將搜集到的相關文獻或佐證文獻，進行編次、結構而敘述成文，這是「論本事」。所謂「敘事」，就是由語言文字將「本其事」的理解進行結構並呈現出來的一種敘述文體，簡而言之，表達「本其事」的理解的敘述文體就是「敘事」。

那麼「敘事」文體有什麼特徵？又為什麼具有「解釋」的功能？下文將以《左傳》為中心，結合杜預、劉勰、孔穎達和劉知幾等諸家的論說，描述中國傳統「敘事」的文體特徵。

《文心雕龍・史傳》曰：

> 睿旨幽隱，經文婉約，丘明同時，實得微言，乃原始要終，創為傳體。傳者，轉也；轉受經旨，以授於後。實聖文之羽翮，記籍之冠冕也。

劉勰的《文心雕論》是一部文學批評專著，全書共五十篇，探討文學的本原，論述文學的創作、批評，以及各類文體的發展。〈史傳〉篇屬於文體論中的一篇。《文體雕龍》中沒有使用「敘事」一詞，然而從〈史傳〉篇的內容看，劉勰所謂的「史傳」，實際相當於劉知幾所稱的「敘事」〔註29〕。

劉勰論「文」，往往追溯到「經」，正是由於這種「宗經」的觀念〔註30〕，

〔註29〕劉知幾的《史通》深受〈史傳〉影響。如《史通・六家》曰：「孔子既著春秋，而丘明授經作傳。蓋傳者，轉也；轉授經旨，以授後人。……信聖人之羽翮，而述者之冠冕也。」從文字使用，不難看出承襲之迹。

〔註30〕《文心雕龍》〈宗經〉篇，認為五經「根底盤深，枝葉峻茂，辭約而旨豐，事近而喻遠」，「可謂太山遍雨，河潤千里者也。故論說辭序，則《易》統其首；詔冊章奏，則《書》發其源；賦頌歌贊，則《詩》立其本；銘誄箴祝，則《禮》總其端；經傳銘檄，則《春秋》為根；並窮高以樹表，極遠以啟疆，所以百家騰躍，終入環內者也。」劉氏此言謂文章各體，沒有不以經為根源，所以文當「依經以制式，酌雅以富言」。

所以〈史傳〉篇首論《尚書》、《春秋》以及《左傳》，並認為《左傳》始「創為傳體」。因為始創於左氏，所以劉勰首先從《左傳》羽翼《春秋》而轉受經旨這點來界定「傳」體，並以《左傳》為「記籍之冠冕」，視其為「史傳」的典範之作。也許是出於源經、宗經的觀念，後來的《史記》、《漢書》等史書的追述記錄，雖然不是直接闡發經義，劉勰仍然將這類文體稱為「史傳」。可見，無論是「史傳」還是「敘事」的文體，後來衍變為史書敘述的方式，並有長足的發展，追根溯源，在於《春秋》之經、傳的敘述傳統，其中，《左傳》的影響尤為顯著。

劉勰推許《左傳》為傳體的「始創之作」，並認為其在樣式上有著典範的意義，那麼，論述中國傳統的「敘事」，其文體特徵也應當由《左傳》之傳體特點而推出。

《四庫全書總目》曰：「《春秋左傳》，本以釋經，自真德秀選入《文章正宗》，亦遂相沿而論文。」古人論述《左傳》的文字，多使用「敘」、「述」和「敘事」等詞。然而美籍學者王靖宇說：「縱觀前人談《左傳》文藝欣賞，有一特色，就是他們絕大多數把《左傳》視為『文章』，而不是敘事文來看待的。他們談《左傳》中的鍊字造句和總體結構，而對於書中的敘事過程或輕描淡寫地帶過，或未曾論及。」又說：「固然可以說是文章，是散文，但更重要的是，它還是敘事文。敘事是一種程序，我們必須同時捕捉事件演變的過程，才能真正欣賞敘事文的藝術魅力。」〔註31〕

的確，如王氏觀察，中國古代學者討論《左傳》的文章，注重行文技巧，缺少正視「敘事」呈現事件演變的研究視角。但王氏所言，雖有新發現，但亦有所缺憾：王氏將西方經典敘事學的觀念，以「中西比較」的態度，帶入中國「敘事」的傳統，這樣，不免拘泥於「文學」（literaure）的視域中，反而忽略了：中國古代的「敘事」傳統，從來不是僅就「文學」而言的。相比之下，高辛勇說：「專治小說文類的『文學術』，可稱為『敘事學』」〔註32〕就相對高明些。大體來說，西方經典敘事學，主要針對「小說」的研究而言，如果要明瞭「是什麼使中國敘事文形成別具一格的傳統？」恐怕不能以「文學」畫地自牢，應有超越「小說」的自我意識。由此來看，王氏所說的《左傳》「敘

〔註31〕王靖宇：《中國早期敘事文研究》之〈怎樣閱讀中國敘事文〉，上海：上海古籍出版社，2003 年 1 月出版，頁 73。

〔註32〕高辛勇：《形名學與敘事理論──結構主義的小說分析法》（台北：聯經出版事業公司，民國 74 年）。

事」實為「敘事作品」。美國學者浦安迪很早就意識到，「中國敘事文學理論」中，敘事對應的是「narrative」一詞，在《中國敘事學‧導言》中說到：「『敘事』又稱『敘述』是中國文論裏早就有的術語，近年用來翻譯英文『narrative』一詞。我們在這裡研究的『敘事』，與其說是指它在《康熙字典》裏的古義，毋寧說是探索西方的『narrative』在中國古典文學中的運用」。〔註 33〕本書探討《左傳》敘事，有兩點需說明：一是並非堅持用西方經典敘事中的理論直接且機械套用在研究中，而是由中國傳統「敘事」觀念出發；二是雖然用「narrative」為對應英文，但基於下列認識：將「敘事」視為人類行為的一種基本解釋模式或者普遍的理解方式，就理解方式而言，「敘事」具備解釋人物行動的功能；從廣義「敘事」理解，當代「敘事」研究，早已不限於文學領域，歷史學、哲學、社會學、人類學、精神分析學等等學術領域，「敘事」早就是受矚目的課題，中、西「敘事」也可以殊途同歸。

〈史傳〉篇說：「左氏原始要終，創為傳體」，所謂「原始要終」，便涉及到「敘事」的文體特徵。劉勰按《左傳》的敘述程式，用「原始要終」描述「史傳」或「敘事」文體，這一說法可與杜預、孔穎達等人的說法相互參照。下文，將結合三家說法，進一步揭示《左傳》敘事特點與敘事功能。

杜預《春秋經傳集解‧序》：

> （左氏）身為國史，躬覽載籍，必廣記而備言之。其文緩，其旨遠，將令學者原始要終，尋其枝葉，究其所窮。優而柔之、使自求之，饜而飫之、使自趨之，若江海之浸、膏澤之潤，煥然冰釋，怡然理順，然後為得也。

杜氏只說「將令學者原始要終，尋其枝葉，究其所窮」，然而《左傳》為何具有這種的功能呢？因為《左傳》敘述本身就具有「原始要終」的特點，能讓後學之人憑藉《左傳》來尋根求源，窮盡經義。如何理解「其文緩，其旨遠」，孔《疏》解釋說：

> 非直解經，故其文緩；遙明聖意，故其旨遠。（同上書）

「文緩旨遠」都是針對《左傳》以「非直解經」的特點，而論及敘述效果，《左傳》解釋經文，除了敘事之外，還有直解經義，即從字詞訓詁入手，來揭示經義。在孔氏看來，一字褒貶的解釋為「直」，有直接而快速的意涵，似乎以字解字，更能接近聖人真意，而「敘本其事」為非直，間接解釋，所

以「緩又遠」。

孔《疏》又說：

> 將令學者本原其事之始，要截其事之終；尋其枝葉，盡其根本。

> 則聖人之趣雖遠，其跡可得而見。（同上書）

即使是憑借本其事的敘述，《左傳》依然能傳達聖人旨趣。孔氏看到「敘本其事」的作用為揭示史事發生環境，起始因由，在枝葉橫生的發展中，仍能為後學引導開悟方向，這其中的關鍵在於「塑事」。所謂「塑事」，即詳細記載行動脈絡，明瞭原委。只有這樣，學者讀傳習經，需要「原始要終，尋其枝葉」，遵照傳文敘事的指引，實際參與理解的過程，所謂「自求之」、「自趨之」，乃能達到「煥然冰釋，怡然理順」的境地。而學者之所以能依循「原始要終，尋其枝葉」，這樣，「原始要終」既是《左傳》歷史解釋敘述的框架，又可以被視為《左傳》敘事文體的基本特徵。

依照孔《疏》，所謂「原始要終」，就是「本原其事之始，要截其事之終」。杜、孔二人原本是在學者閱讀《左傳》這個層面來說的，而這樣的閱讀要求，正是《左傳》文本本身所蘊含的要求——所謂「將令學者原始要終，尋其枝葉」。看來，只有《左傳》述事已經呈現事件的原委脈絡，否則，學者如何能憑藉此而明史事的始終本末？那麼，杜、孔二家學說應當由此為前提：《左傳》具備了「原始要終」的因素。

《左傳》敘事以作傳，便首先經過了「本其事」的理解過程，然後才收集相關資料敘述而成。換言之，《左傳》之所以具備了「原始要終」的特徵，是因為先前對事件發展脈絡的既有理解。左氏理解《春秋》，推究本事為何發生、乃至有怎麼樣的發展因而有了最終的結果，這是作者理解層面的「原始要終」；作者具體敘述成文，便是「敘事」中呈現的「原始要終」的特徵，也是文體層面的「原始要終」，即劉勰說「（左氏）原始要終，創為傳體」[註34]；再結合杜、孔二人的說法，學者憑藉《左傳》「敘事，」從而能「本原其事之始，要截其事之終」，這是學者閱讀時的「原始要終」，這便是第三個層面。

《左傳》「敘事」的「原始要終」解析為上述三個層面，它們彼此相互關聯：左氏（作者）的「原始要終」，以及學者閱讀層面的「原始要終」，屬於理解過程；「敘事」具備「原始要終」的特徵，經過敘述、語言文字將理解過

〔註34〕當然也有可能是兼指左氏在「理解」與「敘述文體」兩個層面的「原始要終」。

程具體呈現出來。那麼，就「敘事」是種敘述方式而言，它是一種文體；基於作者和讀者而言，它又是一種閱讀接受方式。

左氏憑藉「敘事」將「本其事」的理解具體呈現出來，就是「原始要終，創為傳體」；由於「敘事」是基於作者理解的表述，具有闡釋的功能，可以引導後世學人理解《春秋》，於是能「轉受經旨，以授於後」，那麼《左傳》敘事就具有歷史解釋的功能。

再進一步深思：何謂「原始要終」？有「始」有「終」，中間肯定蘊含著變化的過程。倘若一件事件沒有變化，又怎麼能稱得上有「始」有「終」，當然也就更沒有「本原其事之始，要截其事之終」的必要；既然事情有「始終」，也就是開始的情況經過一番變化，終了時有了不同的情況，這樣，說「始終」就蘊含著演變的過程。「原始要終」是明白或揭示一件事件的原委，而明白一件事情的原委，基本是就是述說它如何由初始的情形演變為最終的情形。這樣「原始要終」便是依時間順序賦予人物行動一種整體的形式，而這種將時間首出的形式特徵，與《春秋》的編年形式有淵源。

其次「原始要終」強調過程，就意味要探究人物的行動是如何推動，影響事件過程的。在諸多事件中，有沒有一個主導性因素一直在起作用？而這些在《春秋》中的一字褒貶已經指向了關鍵人物的「道德修養」，《左傳》所做的敘述工作既是補充史料用以佐證，又同時以敘述者自己的視角，對史事予以闡述，客觀上重新解釋著春秋時期的這段歷史發展規律。

總而言之，具有「原始要終」特質的敘述文體便為「敘事」。

討論「《春秋》貴志，必先本事」，已經說明「本事」就是推究其事的緣由，而且《春秋》褒貶「本其事而原其志」，如蘇與所闡釋的「事之委屈未悉，則志不可得見」，由事情的原委推見其志，無非就是掌握事件發展脈絡，從中尋找人物行為中的內在心志與選擇依據，據此評斷是非褒貶。

人物行為發端於心志，已經發生的行為便為行動，行動即代表了人物的選擇。《左傳》敘事，昭示人物行動的原委脈絡，用以解釋《春秋》。那麼敘事「原始要終」，不僅要呈現事情由始至終的演變，還要揭示導致事情如此發展的因由。《禮記》有言「物有本末，事有始終」。所謂始終，強調的不僅是事情發生的先後順序，更在「物有本末」一樣的脈絡關聯上，這脈絡關聯，像枝葉由樹根生發一樣，共同構成「樹」這個有機體，「敘事」中的序列事件也脈絡貫通，共同構成一個事件的整體。杜預說「原始要終」，「尋其枝葉」，

孔《疏》申述杜義為「尋其枝葉，蓋其根本」，將「事有始終」類比於「物有本末」。《左傳》敘事依事件發生的始末，講明其間的發展脈絡，使人物行動井然有序，呈現出「事之委曲」，便在解釋《春秋》。因此，後世學人可以憑藉其敘事文字，從而「原始要終，尋其枝葉，究其所窮」，這樣，離孔《疏》所書「則聖人之趣雖遠，其跡可得見也」的目的就不遠了。可見，《左傳》敘事所具備的解釋功能並非虛妄之言。

綜上所述，參考劉勰、杜預和孔穎達三家的說法，尋究《左傳》敘事的文體特徵，說明這種文體是便於由始至終地敘述事情的發展脈絡；其發展脈絡的呈現，不僅是陳列事件發生的先後順序，也是暗示影響事件結果的諸多因素。《左傳》憑藉「本其事而原其志」的方法，不但符合孔子「不以空言說經」，又能引導學人循序理解《春秋》的「文、事、義」，因此得以「轉受經旨，以授於後」。

二、《左傳》敘論其本事

《左傳》憑藉敘事具體具體呈現出「原始要終」的「本其事」的成果。黃澤曾說：「夫考事已精而經旨未得尚多有之，未有考事不精而能經旨者也」，趙汸承襲師志，云「得其事、究其文而義有不通者有之，未有不得其事、不究其文而能通義者也」，基於這樣的認識，趙氏因而有了「學《春秋》者，必自左氏始」的觀念。如趙汸這樣的學者，之所以推崇《左氏》是理解《春秋》的根基，並認為「三傳有功於聖經者首推左氏」，大概就是著眼於《左傳》敘事的翔實、有序，提供給學者理解歷史事件發生的閱讀語境。

劉文淇曾依據此觀點，點評三傳之優劣，他說：

> 《春秋》有事、有文、有義，義雖孔子所竊取，然必依文與事言之。左氏親見策書所記，事、文多可依據。若公、穀之作當戰國時，其所述事、文，未能盡確，則其義雖憂，亦恐有郢書燕說之患。
>
> （《春秋左氏傳舊注疏證·注例》）

劉氏此言，強調孔子所寄託的「《春秋》之義」，必須憑藉其「文」與其「事」來獲得，否則「亦恐有郢書燕說之患」，由「依文與事言之」的訓釋標準來看，則「文、事多可依據」，而這正是《左傳》解經的優勢。

更何況《春秋》的褒貶義法，本來就採用「見之於行事」的方式來表達。敘事作為一種歷史解釋的方法，首先就適用於解釋《春秋》之「事」；其次，

如趙汸所說「左氏二百四十二年事變,略具始終,……則其事與文,庶乎有考矣」,明瞭《春秋》之「事」,也就明瞭其「文」所記的內容,這樣說來,敘事有具有解釋「文」的功能。第三,依劉文淇所說「義雖孔子竊取,然必依文與事言之」,陳澧也說「夫《春秋》所重者固在其義,……與其以意窺測而未必得,孰若即其文、其事考據詳博之有功於經乎?」這樣,敘述明白其「文」與其「事」,正是解釋《春秋》之「義」的基礎。那麼《左傳》編纂本事,憑藉敘事的方式來解經,正切合了理解《春秋》的內在需要。

孟子說《春秋》,有「文」「事」「義」,學人學習經典,以「義」為旨歸,必須以經文記事為憑證,其中的「事」便是理解的關鍵。《左傳》運用這一關鍵,以敘事解釋,歷來有學者稱讚其與經如「衣之表裏」、「相須而成」,甚至推崇為解釋《春秋》的首功,並非妄加稱讚。當然有學者持不同觀點,獨重直接以理據解釋《春秋》關鍵字而輕視「本其事」以明褒貶的功能意義,以清代公羊學者孔廣森為例,他說:

> 左傳之事詳,公羊之義長;《春秋》重義不重事,斯《公羊傳》尤不可廢。(《春秋公羊通義》)

孔氏標榜「《春秋》重義不重事」,評定《左傳》與《公羊》的優劣,意欲用此方法振興公羊學,因此,他有這樣的說法,不難理解。假如《春秋》果真「重義不重事」,那麼《左傳》的敘事完備,不僅不能算長處,更難逃責難譏諷。可能貶斥左氏而讚揚公、穀,其主要的論點就是將「義」與「事」分看看待,又或者重「義」而輕「事」。這種將《春秋》之「事」與「義」分離看待的觀念,有進一步商榷的必要。即使如漢代公羊學大家董仲舒,尚且不忘傳述孔子「我欲載之空言,不如見之於行事之深切著名也」的說法,深切瞭解《春秋》固然重「義」,但微言大義仍需憑藉經文所記的行動來傳遞。孔廣森之類的公羊後學,為了崇尚「義」,而說《春秋》不重「事」,將「義」與「事」對立看待,不免有些矯枉過正。至於門戶之間,對《左傳》一味排斥,則更是不足而論。錢穆說:「清代公羊深斥左氏,謂孔子《春秋》主義不主事,《春秋》經世之志,豈反不主於事哉?」〔註35〕而陳澧也針對孔廣森的說法提出辯解,既舉例說明《公羊傳》並非完全不述事件,更極力申述說「欲知其義必知其事,斷斷然也!」

「事」與「義」二元對立,或與後世書目「經」、「史」的分類觀念有關。

〔註35〕《先秦諸子繫年》(北京:商務印書館,2001年版),頁455。

對此，崔述（1740～1816），作為清代乾嘉考據史學的代表人物之一，因不滿當時清代漢學家「竭才於章句之末務」，又斥責宋儒「殫精於心性之空談，而不復考古帝王之事」，更對當時儒學內部的漢、宋之爭不以為然，在其《豐鎬考信錄》中說：

> 今世之士，醇謹者多恪遵宋儒，高明者多推漢儒以與宋儒角，此不過因幼時讀宋儒注日久，故厭常喜新耳。其實宋儒之說多不始於宋儒；宋儒果非，漢儒安得其著書大旨，謂不以傳注雜於經，不以諸子百家雜於傳注。以經為主，傳注之合於經者著之，不合者辨之，異說不經之言，則闢其謬而削之。盡是？理但論是非耳，不必胸中存漢、宋之見也。

這樣的文化心態和治學理數，令他備受清代漢學家的責難，而恪守正統程朱之學的清代理學家亦對他橫加指責，如劉鴻翱謂：「甚矣，《考信錄》之誕且妄也！」謝庭蘭更說崔述「務別創異解」，「不可為訓也」。

崔述提出「事實者，義理之根柢」的觀念，然而《春秋》義理應該根據行動來求得，不應拘束於漢以後的分類概念而區分左氏、公羊與穀梁，認為三傳又經學或史學的差異。崔氏說：

> 朱子以左氏為史學，公、穀為經學，左氏紀事詳贍而是非多謬，公、穀紀事雖疏而多得聖人之意。余按：左氏不盡合於經義，誠有然矣，謂公、穀之能得經意則未見也。公、穀之說大抵多取月日名字穿鑿附會，以為聖人書法所在。且事實者，義理之根柢，苟事實多疏，安望義理之反當乎！《左傳》雖多不合於經，然二百餘年之事備載簡冊，細心求之，聖人之意自可窺測，《左傳》之遠勝於二家者正不在義理而在事實也。夫經、史者，自漢以後分別之耳；三代以上，所謂經者即當日之史也，《尚書》、史也，《春秋》、史也：經與史恐未可分也。〔註36〕

朱熹（1130～1200）曾說過：「以三傳言之，左氏是史學，公、穀為經學」，承襲這種說法的後學不在少數，所以崔述特別提出「事實者，義理之根柢」的觀念予以辯駁，基於這一觀念，他質疑朱熹所謂的「公、穀紀事雖疏而多得聖人之意」，恐或欠缺理據。依崔氏之意，「苟事實多疏，安望義理之反當乎！左氏之不盡合於經義，誠有然矣，謂公、穀之能得經義則未見也」。粗略地將「事」

〔註36〕《洙泗考信余錄》卷3，頁4。

與「義」二者對立起來，由此區分左氏與公、穀的是非得失，進而分派三傳孰為經學、孰為史學，這樣的說法當然不足取。學者之所以將二者分立看待，可能是偏執敘事是史的敘述形式這一成見，又由於經、史、子、集四部分類觀念太過深入人心，所以造成學者傳習而無反思。當崔氏指陳經、史之分是後起的觀念，謂「經與史恐未可分也」，便是針對謬誤產生根源而有所闡發。

須要補充說明的是，崔氏可能沒有注意到朱熹的議論是在「三傳」範圍內的長短比較，所謂「左氏是史學」，是相對於二傳來指陳《左氏》的特長。朱氏曾明確說過「左氏於《春秋》，既依經以作傳」云云〔註37〕這與趙匡的說法類似，趙氏不但說「公、穀受經，左氏通史」，同時還言明「左氏廣集諸國之史，以釋《春秋》」。後世學者若不明察，很容易誤解趙氏、朱氏的說法，便會想當然援引為《左傳》非解經之傳依據，而實際上，這二人並非持有這樣觀念〔註38〕。趙匡說「左氏通史」，其實是指左氏博通國史、本其事以解釋《春秋》，這有別於公羊、穀梁的專守經文、述事簡略；趙氏同樣是在「三傳」範圍之內指《左傳》解釋《春秋》的特長。

同樣道理，《左傳》以敘事見長，但也不能忽視其他二傳亦有敘事之例，如陳澧所言「公羊亦甚重記事」，「穀梁述事尤少，……實因所知之事少，故從簡略，而專究經文經義爾」。《公羊傳》《穀梁傳》沒有採取「敘事」解經的

〔註37〕 朱熹:《晦庵先生朱文公先生文集‧跋通鑒紀事本末》，上海：商務印書館編印明刊本，頁 17。

〔註38〕 「公、穀守經，左氏通史」的說法，宋代學者頗受其影響。朱熹之前，如王應麟《玉海》曰：「慶曆四年三月問輔臣三傳異同之說，賈昌朝曰：『左氏多記事，公、穀專解經；皆以尊王室、明賞罰。然考之有得失』」。（《經義考》卷 179，頁 2 轉引）朱長文〈春秋通志序〉曰：「左氏盡得諸國之史，故長於敘事；公、穀各守師傳之說，故長於解經。要之，互有得失。」（同上書）以上所言，還只是比較三家傳，故曰「皆以尊王室、明賞罰」，「要之，互有得失」。根據晁說之〈趙瞻春秋經解義例序〉所說：「自啖、趙謂『公、穀守經，左氏通史』之後，學者待左氏如古史記，美文章紛華而玩之，不復與經於斯矣。」可見當時有學者將《左傳》看為舊史，品味文字辭藻之美，而不再尋求經義何為。這一風氣或許是受到啖、趙的影響，但又與二者之意不和。王應麟《困學紀聞》曾綜述諸家對三傳長短的議論，然後說「學者取其長，捨其短，庶乎得聖人之心矣，啖、趙以後，憑私臆決，甚而閣束三傳，是猶入室而不入戶也」。啖、趙之後，《春秋》學風轉變，甚至將三傳束之高閣，專取《左傳》史事與文章而「不復語經於斯矣」。這與當時宋代學者好獨出新意的學術之風有關，三傳之異同、長短，應詳細考察經傳文獻資料，進行個別商討。本文專論《左傳》敘事傳經的相關課題，不涉及三傳之得失考量。

策略，可能是緣於「所知之事少」，並非完全不敘述事件，這一現象，從《春秋》「見之於行事」的特點出發，便不難明白述事於三傳，大概只是所佔傳文比例的不同。三傳雖然說義不同，述事也未必一樣，但成書較早，終歸還是學者參考的主要憑證，自然有其不可磨滅的價值，所以黃澤說：

> 學《春秋》，只當以三傳為主。〔註39〕

學者比較三傳異同，商榷得失，本無必要取此而廢比，重蹈漢儒各守專門的窠臼。而且，從《春秋》之「事」與「義」的關聯而論，《左傳》本其事而明褒貶，是學人理解「明夫子不以空言說經」、由事明義的重要憑據，因此，黃氏又說：

> 於三傳之中，又當據左氏事實，以求聖人意旨之所歸，蓋於其中自脈絡可尋，但人自不肯細心推求而。（同上書）

《左傳》博採國史以作傳，事實可多憑據；敘事脈絡連貫，人物行動條理分明。只要學者有心推究，憑《左傳》的敘事而「原始要終，尋其枝葉」明白事理的始終、本末，自可循階而上，由推「事」而明「義」。因此啖助說「（左氏）博採諸家，敘事尤備，能令百代之下，頗見本末，因以求意，經文可知。」此說言簡意賅，切中《左傳》以敘事解經的深層意義。

崔述說「事實者，義理之根柢」，對於朱熹所說「公、穀紀事雖疏而多得聖人之意」很不以為然，不僅崔述不以為然，依四庫館臣之見，也認為公、穀二傳未必能「多得聖人之意」。《四庫全書總目》說：

> 《春秋》三傳，互有短長，……三家皆源出聖門，何其所見之異哉？左氏親見國史，古人之始末具存，故據事而言，即其識有不逮者，亦不至大有出入。公羊、穀梁則前後經師遞相附益，推尋於字句之間，故憑心而斷，各徇其意見之所偏也。然則，徵實跡者其失小，騁虛論者其失大。後來諸家之是非，均持此斷之可也。〔註40〕

從四庫館臣和崔述敘述表達看，他們認為《左傳》解經釋義雖然未必一一盡合《春秋》之學者疏於考察敘事這種解經方式與《春秋》學的內在聯繫，也沒有察覺到敘事解釋的功能正如《春秋》「見之於行事」一樣，具有「深切著明」的積極成效。關注敘事的解釋功能，才能真正瞭解《左傳》釋經的意義。

〔註39〕《春秋師說》卷下，頁2。
〔註40〕《四庫全書總目》卷29，頁44。

　　左氏「論本事而作傳」，傳文形式雖然和公羊、穀梁二傳不盡相同，卻也不妨礙其解釋《春秋》的性質，這其實是很多學者的共識。趙汸反思唐、宋以後的學風，轉而推尋孟子所述的《春秋》原委，儘管研究路徑與唐之前的不同，但他認為敘事詳備確為《左傳》之長，是《春秋》學的基礎，這一見解和啖助《左傳》敘事「其功最高」的觀念不謀而合。不僅如此，如上述劉知幾、葉適、黃澤、楊維楨、朱彝尊、崔述、陳澧等等，所持見解也都相似。陳澧傳習清代常州公羊學，主張用文、事來考究經義，對於孔廣森「《春秋》重義不重事」的意見，力圖矯正，謂「欲知其義必知其事，斷斷然也！」正如楊維楨所說「欲觀經之所斷，必求傳之所紀、事之本末，而後是非見、褒貶白也」。四庫館臣也認為：

> 左氏褒貶或不確，而所述事件則皆徵國史。不明事件之始末而臆斷其是非，雖聖人不能也。故說《春秋》者，必以是書為根底。〔註41〕

　　「不明事件之始末而臆斷是非，雖聖人不能也」，《春秋》褒貶是這樣，而學者理解《春秋》的情況相類似，所以敘述史事，使學者得以瞭解歷史人物行動的緣由，這是解釋《春秋》首要具備的。《左傳》解釋《春秋》的書法義例，其得失如何，學者見仁見智，其孰是孰非，理當個別研究，這裡不作細論。即事《左氏》闡釋經義中有個別事例有偏差，但不影響全書整體以本事明褒貶的解釋功能，正如四庫館臣所說「左氏褒貶或不確，但著眼於左氏詳述事件始末的解經方式，仍推許說『說《春秋》者，必以是書為根底』。」

〔註41〕永瑢等:《四庫全書簡明目錄》（上海：華東師範大學出版社，2012 年 8 月）。

第五章 《左傳》歷史敘事結構

　　屬辭比事是理解《左傳》敘論其本事的關鍵，也構建《左傳》敘述脈落的框架，屬辭比事，概要而言，是連屬文詞，比類事迹，將相近或相類似事件，比較敘述，從中對歷史興亡得失而所闡發。這種比事思維對後世史學敘事影響深遠。

　　理解「屬辭比事」，須先對孔子之《春秋》有一個基本定位，它是經學著作？歷史解釋著作？還是文學著作？儒家五部經典性著述，《詩》、《書》、《禮》、《易》和《春秋》，被歷代學者視為蘊含孔子深刻思想的載體，稱為「五經」。與其他四部經書不同，《春秋》是非常特殊的一部經書。因為它本身是史文，簡單記載春秋時期二百四十二年的史事，如果沒有《春秋》三傳，孔子的「褒貶大義」很難看出來。但古往今來的儒家經師對《春秋》經義的發揮最多，解讀《春秋》的述作更是數不勝數。《春秋》二百四十二年的史事，一萬六千餘字的史文，承載了厚重的經義。這些著作和被發揮出諸多經義，構成了整個《春秋》學的內容。《春秋》學是中國傳統學術系統——經學中的一個分支。

　　但在現代學術分科中，《春秋》學的研究內容大致都劃歸為歷史學的範疇。隨著現代學科的發展，這一劃分廣受學者的質疑。趙伯雄認為「嚴格來講，《春秋》學從它成立的第一天開始就不是史學，因為《春秋》本來是魯國的編年史，孔子將它作為自己的講義，教授學生。所以孔子之《春秋》不是講歷史，而是他自己對社會的政治理想」〔註1〕。

〔註1〕趙伯雄：《春秋學史》，濟南：山東教育出版社，2014年2月，頁2。

　　最早將《春秋》與孔子發生密切關聯的是孟子。孟子稱《春秋》「其事則齊桓、晉文，其文則史，其義則丘竊取也。」說明孔子是著眼《春秋》之「義」。孔子之後的歷代儒者，凡修《春秋》者，解說《春秋》的前提，都肯定《春秋》有孔子之「義」，並以挖掘其「義」作為最終目的，由此生發出各種各樣研究路徑和研究方法，也有著不同的宗門派別。所以無論是經學還是現代史學，如果將《春秋》及三傳研究，定位為「先秦歷史闡釋」的視域，也許更為貼切。

　　按孟子的提示，《春秋》之「義」蘊含在歷史事件中，只要將《春秋》提到的史事研究透徹，就能明瞭孔子之義，猶如圖窮匕見，水落石出。關於《春秋》史事的研究，包含兩個方面：一是孔子選擇史料的原因，二是編排史料的原則和規律，並由此出現了「春秋書法」、「春秋義例」、「屬辭比事」等提法。

　　孔子根據魯史而述作《春秋》，左氏依據《春秋》而成《春秋左氏傳》，公羊高和穀梁赤分別因經而有《春秋公羊傳》和《春秋穀梁傳》，三傳解釋經義而各有發揮、各有異同。《左傳》以敘述歷史解釋，《公羊傳》和《穀梁傳》以歷史哲學解經。如徐復觀先生所說：《左傳》以史解經，《公》、《穀》以義傳經〔註2〕。三傳解釋《春秋》經文的書法也由此不同。《公羊傳》、《穀梁傳》所指的「書法」是「微言大義」，所謂凡例，在公羊傳》中是：尊王、攘夷、正名、經權、慎始、輕重、褒貶、稱謂等；在《穀梁傳》中是：內外、遠近、異同、詳略、大一統等。張高評認為上述是「書法的思想內容，並非書法的形式技巧」〔註3〕。書法，如同後來所理解的文法、詩法，是技巧法式而言，是將敘述的內容和技巧綜合而論的。《春秋》「書法」一詞是，首見《左傳·宣公二年》，記載孔子稱讚晉國董狐是「古之良史「，直書「趙盾弒君」的歷史事件為「書法不隱」。自此以後，研究《春秋》書法的路徑分為兩路：一是以微言大義為書法，以義說經；二是以文章敘事修辭為書法，如杜預注《左傳》開創「春秋五例」〔註4〕。

　　「屬辭比事」的含義最早由東漢大儒鄭玄提出，作為最早探尋《春秋》大義的方法而使用。現在的學人，也還將「屬辭比事」作為理解中國敘事的方法，或運用它細讀中國早期的敘事文本，或補充發展有關中國古代文學理

〔註2〕徐復觀：《兩漢思想史·左氏『以史傳經』的重大意義及成就》。
〔註3〕張高評：《〈春秋〉書法與〈左傳〉史筆》，臺北：里仁書局，2011年，頁29。
〔註4〕錢鍾書：《管錐篇·左傳正義》。

論〔註 5〕。而作為中國敘事研究方法的源頭的「屬辭比事」，它是如何成為一門研究方法的？當它成為一門方法後，它是否有效地分析並解決問題？又能解決哪些問題？以上種種，在梳理「屬辭比事」含義及其功能的歷史沿革中，均一一作出回應。

屬辭比事考鏡源流的方法：概念史。所謂概念史（conceptual history），作為一種認知轉型期整體歷史的獨特視角方法〔註6〕。它假定，每一個具有轉型特點的歷史時期，都存在凝聚那個時期豐富的歷史信息、反映和塑造那個時代社會歷史特徵的重要的政治和文化概念。儒家對「屬辭比事」的理解與闡發，多憑據其對《左傳》所述史事所用方法，而他們對史事的建構性闡發，又建立在當朝的政治格局現實和文化學術語境的雙重考量之下，這是伽達默爾提出的「前理解」，因此對「屬辭比事」的推究理解就與解釋者身處的歷史環境發生視域融合。這樣的解釋就是對歷史的重構，又是對現實的注解。

第一節　「屬辭比事」的考鏡源流

「屬辭比事」一詞典出東漢鄭玄所注《禮記・經解》，主要指《春秋》學的教育目的使人善於設詞綴事、明斷得失。

〈經解〉曰：

> 孔子曰：「入其國，其教可知也：其為人也，溫柔敦厚，《詩》教也；疏通知遠，《書》教也；廣博易良，《樂》教也；潔靜精微，《易》教也；恭儉莊敬，《禮》教也；屬辭比事，《春秋》教也。故《詩》之失愚，《書》之失誣，《樂》之失奢，《易》之失賊，《禮》之失煩，《春秋》之失亂。其為人也，溫柔敦厚而不愚，則深於《詩》者也；疏通知遠而不誣，則深於《樂》者也；潔靜精微而不賊，則深於《易》

〔註 5〕 臺灣學者張素卿從當代經學的傳承脈絡，從經學角度梳理「屬辭比事」的概念變遷，屬辭比事是閱讀學習《左傳》文本的一個途徑，為發明《左傳》中的「正名『學說而張本。臺灣成功大學的教授張高評先生注重對屬辭比事的研究，跳出經學的系統，將屬辭比事視為文章修辭一種方法，用以理解其他具有敘事特徵的文本，進行文本細讀而出新的發現。大陸學人，如肖鋒、張曉梅，將屬辭比事與當代文學理論發生關聯，激發出文論新的生長點。趙友林在《「春秋學」中的「屬辭比事」》分析春秋的「書法義例」與「屬辭比事」在春秋三傳中的並用、連用情況。

〔註 6〕 黃興濤：〈概念史方法與中國近代史研究〉〔J〕，《史學月刊》，2012 年第 9 期，頁 11～14。

者也；恭儉莊敬而不煩，則深於《禮》者也；屬辭比事而不亂，則
深於《春秋》者也。」〔註7〕

《禮記》作為儒家禮樂文化傳承的載體，主張從人全面發展角度論六藝
之教，強調六藝於教化中的作用和效果，「子曰：制度在禮，文為在禮，行之，
其在人乎。」〔註8〕禮記載於文獻，實踐於生活，孔子注重文獻資料閱讀與踐
行於生活完成對人的塑造，其中期望《春秋》能令人在閱讀舊史中，屬合相
關文辭、比次事件，從中體遺達道，明曉事理。

一、東漢鄭玄關於屬辭比事的詮釋：屬合外交辭令，比褒貶之事

鄭玄（127～200），通《京氏易》、《公羊春秋》、《三統曆》、《九章算術》、
《周官》、《禮記》、《左氏春秋》、《韓詩》、《古文尚書》，其主要學術貢獻是打
破今古文嚴格的家派界限，雜糅古今，兼蓄並包，令「經學至鄭君一變」。
〔註9〕他認為「《春秋》者，國史所記人君動作之事。左史所記為《春秋》，右
史所記為《尚書》。」〔註10〕因此也有論者認為鄭氏的《春秋》學是以《左傳》
為宗主，但也兼採今文家的優長〔註11〕。鄭氏對《春秋》的研究，是以古文
經《左傳》作載史事為基礎，從他對「屬辭比事」的疏解中就可看出：

> 屬，猶合也。《春秋》多記諸侯朝聘會同，有相接之辭、罪辯
> 之事〔註12〕。

鄭玄解釋「屬辭比事」：所謂「事」是體現《春秋》或隱含「褒貶之義」
的事，所謂「辭」，是「會同之辭」，也就是諸侯國之間往來的朝聘會同等外
交辭令。「屬辭比事」意為《春秋》聚合外交辭令、比次蘊涵褒貶的事件。

但尋證《春秋》原文，卻罕見有如鄭氏注解「屬辭比事」中「屬合外交
辭令」的情景。以隱公元年的經文為例，《春秋》曰：

> 元年春王正月。
>
> 三月，公及邾儀父盟於蔑。
>
> 夏五月，鄭伯克段於鄢。

〔註7〕《禮記注疏》卷50，頁1。
〔註8〕《禮記・仲尼燕居》。
〔註9〕皮錫瑞：《經學歷史》，北京：中華書局，1959年，頁149。
〔註10〕《公羊傳序》徐彥疏引《六藝論》。
〔註11〕趙伯雄：《春秋學史》，濟南：山東教育出版社，2014年，頁176。
〔註12〕《禮記注疏》卷50，頁1。

秋七月，天王使宰咺來歸惠公、仲子之賵。

九月，及宋人盟於宿。

冬十有二月，祭伯來。

公子益師卒。〔註13〕

《春秋》的編年體記事，簡約記錄。如，「祭伯來」、「天王使宰咺來歸惠公、仲子之賵」等，一句話記錄一件事，每條的字數不等，少則數字，多為十幾字。甚至還簡約到一字記一事的記錄：如隱公八年和莊公六年，《春秋》記曰：螟；僖公三年六月，記：雨。諸如此類，一字成句。記事文字多的，有如：定公四年，《春秋》曰：「公會劉子、晉侯、宋公、蔡侯、衛侯、陳子、鄭伯、許男、曹伯、莒子、邾子、頓子、鬍子、滕子、薛伯、杞伯、小邾子、齊國夏於召陵、侵楚」，此條記事雖有四十五字，但未體現「會同之辭」。

「會同之辭」按照鄭玄的理解，是各諸侯國之間往來的外交辭令。如定公四年三月諸侯召陵之會，會後有盟，《春秋》記「五月，公及諸侯盟於皋鼬」。《春秋》經文記載與會和定盟兩件事，沒有細節記錄。後人對這兩件事的本末理解，從《左傳》而來。

《左傳》不但詳細敘述事件始末，而且載錄了衛祝佗（即子魚）的辭令。《左傳》曰：「將會，衛子行敬子言於靈公，曰『會同難，嘖有煩言，莫之治也，其使祝從。』」於是衛靈公命祝佗隨從，以備會同應對之需。將盟，聞「將長蔡於衛」，衛侯於是派祝佗言於萇弘，以爭取先蔡。祝佗到後發表了一番外交辭令，終於令「長衛侯於盟」。

祝佗之「辭」就是會同之辭。這篇辭令，自「以先王觀之，則尚德也」，到「吾子欲覆文、武之略」，而不正其德，將如之何」，從武王、成王分封魯公、康叔、唐叔的上古典故，講到晉文公踐土之盟先衛後蔡的記載，廣徵博引，著力強調尚德不尚長的重要意義，共計 500 多字。將經、傳的「會同文辭」兩相參照，外交對應之「辭」顯然與《春秋》所記之「事」有所區別。鄭玄以「外交辭令」詮釋「屬辭」，與《左傳》敘事所記述辭令的情景相符，卻離《春秋》經文的記述特點卻有所差距。鄭氏對「屬辭比事」的解說，大概是參照《左傳》而言。鄭玄注解「屬辭比事」的意義是研究會盟外交辭令的異同，從而挖掘「春秋大義」。

〔註13〕《左傳注疏》卷2，頁5。

二、西晉杜預注「屬辭比事」的含義是比其義類，以明將來之法，其意義在於「開匯聚事例，其義自現」的理解經文的先河

杜預（222年～258年），字元凱，晉文帝妹婿。太康元年（280年）正月，他與王濬帥兵伐吳，一舉滅吳，實現了晉世的統一。《晉書》本傳記載其平吳後：「從容無事，乃耽思經籍，為《春秋左氏經傳集解》。又參考眾家譜第，謂之《釋例》。又作《盟會圖》、《春秋長歷》，備成一家之學，比老乃成。」所謂「一家之學」，出自《春秋經傳集解序》：「古今言《左氏春秋》者多矣今其遺聞。」

東漢以降，為《左傳》作注的陸續有賈逵、服虔、王肅等知名儒生，杜預注《左傳》雖然相對後起，但自問世後很快風行起來，尤其對南方修習《左傳》的人，很多尊從杜注。隋唐一統後，孔穎達以杜注為底本定《五經正義》，杜注本遂被確立為正統，而其他諸多古注因此逐漸散佚了。杜注的風行除去他因個人身份而產生的社會政治影響，就《集解》本身而言，與前注相比，又多新的闡發：

其一，經、傳合編，「分經之年，與傳之年相附，比其義類，各隨而解之，名曰『經傳集解』」，釋曰：「杜言「集解」，謂聚集經傳為之作解，何晏《論語集解》乃聚集諸家義理以解《論語》，言同而意異也。」杜氏著將經、傳集合而解。值得注意的是，「比其義類」的含義。《集解序》解釋義類之意：其微顯闡幽，裁成義類者，皆據舊例而發義，指行動以正褒貶。比其義類，是將經傳按敘述歷史行動的顯、隱分類排列，表明褒貶。

其二，明確孔子修經明教之意。

仲尼因魯史策書成文，考其真偽，而志其典禮，上以遵周公之遺制，下以明將來之法。……此明仲尼所因並製作之意。所脩之經，以魯為主，是因魯史策書成定之舊文也。「考」謂校勘，「志」謂記識。考其真偽，真者因之，偽者改之。志其典禮，合典法者褒之，違禮度者貶之。上以遵周公之遺制，使舊典更興；下以明將來之法，令後世有則，以此故脩《春秋》也。……前代後代，事終一揆，所賞所罰，理必相符。仲尼定《春秋》之文，制治國之法，文之所褒，是可賞之徒；文之所貶，是可罰之類。後代人主，誠能觀《春秋》之文，揆當代之事，闢所惡而行所善，順褒貶而施賞罰，則法必明，而國必治，故云「下以明將來之法」也。不教當時而為將來製法者，孔子之時，道不見用，既知被屈，冀範將來。將來之與今時，其法亦何以異，但為時不

見用，故指之將來，其實亦以教當代也。

其教之所存，文之所害，則刊而正之。注：刊，削也。以示勸誡。疏云：
「其教」至「勸誡」。注：此說仲尼改舊史之意。教之所存，謂名教善惡，義
存於此事。若文無褒貶，無以懲勸，則是文之害教。

比如僖公二十八年「天王狩於河陽」，傳云：「晉侯召王，以諸侯見，且
使王狩。仲尼曰：『以臣召君，不可以訓。』故書曰：天王狩於河陽。」杜氏
認為晉文之意本欲尊周，將率諸侯共朝天子，自嫌彊大，不敢至周，喻王出
狩，得盡臣禮。

又昭十九年，「許世子止弒其君買」，傳云：許悼公瘧。五月，戊辰，飲
大子止之藥，卒。書曰：『弒其君。』君子曰：盡心力以事君，捨藥物可也。
許止進藥，不由於醫，其父飲之，因茲而卒。名教善惡須存於此者也。不罪
許止，不沒晉文，無以息篡逆之端，勸事君之禮，故隱其召王之名，顯稱弒
君之惡。如此之例，皆是文之害教，則刊削本策，改而正之，以示後人，使
聞善而知勸，見惡而自戒。諸仲尼所改新意，皆是刊而正之也。

比其義類，經傳按敘述歷史行動的顯、隱分類排列，表明褒貶，以示後
人。這樣正是《春秋》教的意義，因為「義存於事，若文不褒貶，無以懲勸，
則以文害教。」又孔子立教的意義，不在於記錄史事，而在於當代及未來。
希冀後代人主，通過觀《春秋》之文，揆當代之事，闢所惡而行所善，順褒
貶而施賞罰，則法必明，而國必治，故云「下以明將來之法」也。「不教當時
而為將來製法者，孔子之時，道不見用，既知被屈，冀範將來。將來之與今
時，其法亦何以異，但為時不見用，故指之將來，其實亦以教當代也。」

「比義」是實現《春秋》教育目的的途徑。由此所見，杜預開匯聚事例，
其義自現的先河，對南宋修《春秋》經者產生了深遠影響。

三、唐代「以史觀經」

（一）孔穎達對「屬辭比事」的理解：在舊史中屬聚會合之辭，比次褒貶之事

孔氏《禮記正義》說「《春秋》習戰爭之事者，以《春秋》記諸侯相侵伐，
又有鬥爭之辭」的觀點，舉「子產爭承」作為其所謂的「鬥爭之辭」的依據。
「子產爭承」一事記錄於昭公十三年，《春秋》經曰：

> 秋，公會劉子、晉侯、宋公、衛侯、鄭伯、曹伯、莒子、邾子、

滕子、薛伯、杞伯、小邾子於平丘。

八月甲戌，同盟於平丘。公不與盟。

兩則經文接連記載平丘之盟，都只記其「事」，至於「子產爭承」之「辭」，並未涉及，而實際是載於《左傳》，傳文曰：

及盟，子產爭承，曰：「昔天子班貢，輕重以列，列尊貢重，周之制也。卑而貢重者，甸服也。鄭伯，男也，而使從公侯之貢，懼弗給也，敢以為請。諸侯靖兵，好以為事。行理之命，無月不至，貢之無藝，小國有闕，所以得罪也。諸侯修盟，存小國也。貢獻無及，亡可待也。存亡之制，將在今矣。」自日中以爭，至於昏，晉人許之。

《春秋》記載平丘之會和盟，《左傳》詳述此事件的來龍去脈原本始末。當時，子產相鄭伯與會，由於不堪晉國主盟而「貢獻無極」，才有上述一段「爭承之辭」。子產的辭令，援引周制而據理力爭，左氏特意引述「仲尼曰」稱讚子產：「行也，足以為國基矣」，又說「合諸侯，藝貢事，禮也」。由此看來，子產爭承，促使晉國依禮制定貢賦之次。孔穎達認為，「嫌競爭無禮，故以禮明之」。子產為小國之相，卻能夠依據周禮而力「爭」於大國盟主。孔氏應該是根據此意，稱這種外交辭令為「鬥爭之辭」。

孔氏以「子產爭承」為例，是為了說明《春秋》教之所謂「屬辭」，依上文所述，同鄭玄一樣，以《左傳》為論說根據。

回到孔穎達之《禮記正義注疏》中孔子曰：入其國，其教可知也」者，言人君以六經之道，各隨其民教之，民從上教，各從六經之性觀民風俗，則知其教，故云「其教可知也」。孔氏疏：「屬辭比事，《春秋》教也，屬，合也；比，近也。《春秋》聚合、會同之辭，是屬辭，比次褒貶之事，是比事也。凡人君行此等六經之教，以化於下。《春秋》之失亂者，《春秋》習戰爭之事，若不能節制，失在於亂。此皆謂人君用之教下，不能可否相濟、節制合宜，所以致失也。《春秋》習戰爭之事者，以《春秋》記諸侯相侵伐，又有鬥爭之辭。若僖二十八年，晉人執衛侯歸之於京師；昭十三年平丘之會，子產爭丞之類是也。故前注云《春秋》記罪辯之事也。」

就上述內容而言，孔氏理解「屬辭比事」的含義為：聚合、會同之辭，是屬辭，與鄭玄的看法一致；比次褒貶之事，是比事，與杜預發明的「比其義類」，有所承接。但孔氏並沒有停留在這一層面，而是繼續在《春秋》經傳

記事中中深化他對「屬辭比事」的理解。

孔氏疏注杜氏《春秋左氏傳序》中，文曰：

> 其餘則皆即用舊史，史有文質，辭有詳略，不必改也。此說仲尼不改舊史之意，「其餘」，謂新意之外皆即用舊史也。始隱終麟，二百餘載，史官遞代，其數甚多，人心不同，屬辭必異，自然史官有文有質，致使其辭有詳有略，既無所害，故不必改也。「史有文質」，謂居官之人。「辭有詳略」，謂書策之文。史文則辭華，史質則辭直，華則多詳，直則多略，故《春秋》之文詳略不等〔註14〕。

如《春秋》中記載螟螽蜚蜮，皆為害物之蟲，蜚蜮言有，螟螽不言有；諸侯反國，或言自某歸，或言歸自某；晉伐鮮虞，吳入郢，直舉國名，不言將帥；及郊與川郊皆無所發；諸侯出奔，或名，或不名，明是立文乖異，是其史舊有詳略，義例不存於此，故不必皆改也。

《毛詩正義·卷三·三十一》云：

> 共姜自誓也。衛世子共伯蚤死，其妻守義。父母欲奪而嫁之，誓而弗許，故作是詩以絕之。共伯，僖侯之世子。疏注：「《柏舟》二章」，章七句至「以絕之」。正義曰：作《柏舟》詩者，言其共姜自誓也。所以自誓者，衛世子共伯蚤死，其妻共姜守義不嫁，其父母欲奪其意而嫁之，故與父母誓而不許更嫁，故作是《柏舟》，以絕止父母奪己之意。此誓雲己至死無他心，與鄭伯誓母云「不及黃泉，無相見也」，皆豫為來事之約，即盟之類也。言世子，以別於眾子，《曾子》曰「君薨而世子生」之類也。《春秋公羊》之說云：存稱世子，君薨稱子某，既葬稱子。《左氏》之義，既葬稱君，與此不同。

此詩便文說事，非史策屬辭之例也。

參照上述二例，「屬辭」於孔穎達，為舊史書策文的特點。史官記事使用的語言，或者史官個人的書記風格。有的史官偏重文采，有的偏重說理，史事錄記時，篇幅長短、字數多寡自然不同。偏重文采的，辭藻華美，字數更多；偏重說理，文意直白，用字稍簡。孔穎達贊成孔子之《春秋》源於舊史，事、文皆承舊史，其義通過比其義類而昭明，所以屬辭比事於孔氏而言，可理解為：屬聚舊史會合之辭，比次褒貶之事。

〔註14〕《左傳》十三經注疏本。

（二）史事記載之法——「集注」與「史記」的並行

唐人對「屬辭比事」的理解，大致有三類。一為區分三傳異同的標誌，如楊士勳〔註15〕《春秋穀梁傳注疏序》云：

> 《左氏》豔而富，其失也巫嫗，移驗反。巫音無。疏注：左氏」至「已矣」。釋曰：左丘明身為國史，躬覽載籍，屬辭比事，有可依據。楊子以為品藻，范氏以為富豔。「豔」者，文辭可美之稱也。云：「其失也巫」者，謂多敘鬼神之事，預言禍福之期，申生之託狐突，荀偃死不受含，伯有之屬，彭生之妖是也。

第二種將「屬辭比事」作為史書記載的書法。

如李延壽《北史》（卷四十二‧列傳第三十及第五十八）、令狐德棻《周書》、轉述《禮記經解》文字，認為聖賢先王教化百姓用六經，掌握屬辭比事，就瞭解春秋教旨在通過文字記載，明辨是非善惡。

第三種是視「屬辭比事」為「春秋」類史書的標誌。魏徵於《隋書》曰：

> 自秦撥去古文，篇籍遺散。漢初得戰國策，蓋戰國遊士記其策謀，其後陸賈作《楚漢春秋》以述誅鋤秦、項之事，又有越絕相承，以為子貢所作。後漢趙曄又為《吳越春秋》，其屬辭比事皆不與《春秋》《史記》《漢書》相似蓋率爾，而作非史策之正也。靈、獻之世天下大亂，史官失其常守，博達之士，慜其廢絕，各記聞見以備……」。

劉知幾的《史通》，也持相同意見，用「屬辭比事」辨析《春秋》類屬，追溯源流，剖析文理，云：

> 《春秋》家者，其先出於三代。案《汲冢瑣語》太丁時事，且為《夏殷春秋》。孔子曰：「疏記通知遠，《書》教也。」……「屬辭比事，《春秋》之教也。」知《春秋》始作，與《尚書》同時。《瑣語》又有《晉春秋》，記獻公十七年事。《國語》云：晉羊舌肸習於春秋，悼公使傳其太子。《左傳》昭二年，晉韓宣子來聘，見《魯春秋》曰：「周禮盡在魯矣。」斯則春秋之目，事匪一家。至於隱沒無聞者，不可勝載。

〔註15〕唐太宗時，楊士勳輔助孔穎達等撰修《左傳正義》，乃以一人之力為范注作義疏，分肌擘理，刊削繁複，對《穀梁傳》作了第二次系統整理與研究，其價值被認為勝於前人。

又案《竹書紀年》，其所紀事皆與《魯春秋》同。孟子曰：「晉謂之乘，楚謂之檮杌，而魯謂之春秋，春實一也。」然則乘與紀年、杌，其皆春秋之別名者乎！故《墨子》曰：「吾見百國春秋」，蓋皆指此也。逮仲尼之修《春秋》也，乃觀周禮之舊法，遵魯史之遺文；據行動，仍人道；就敗以明罰，因興以立功；假日月而定曆數，藉朝聘而正禮樂；微婉其說，志晦其文；為不刊之言，著將來之法，故能彌歷千載，而其書獨行。

> 再案儒者之說春秋也，以事繫日，以日繫月；言春以包夏，舉秋以兼冬，年有四時，故錯舉以為所記之名也。……至太史公著《史記》，始以天子為本紀，考其宗旨，如法《春秋》。自是為國史者，皆用斯法。然時移世異，體式不同。其所書之事也，皆言罕褒諱，事無黜陟，故馬遷所謂整齊故事耳，安得比於《春秋》哉！

> 《左傳》家者，其先出於左丘明。孔子既著《春秋》，而丘明受經作傳。蓋傳者，轉也，轉受經旨，以授後人。或曰傳者，傳也，所以傳示來世。案孔安國注《尚書》，亦謂之傳，斯則傳者，亦訓釋之義乎。觀《左傳》之釋經也，言見經文而事詳傳內，或傳無而經有，或經闕而傳存。其言簡而要，其事詳而博，信聖人之才羽翮，而述者之冠冕也。

> ……

自是每代國史，皆有斯作，起自後漢，至於高齊。如張璠、孫盛、干寶、徐廣、裴子野、吳均、何之元、王劭等，其所著書，或謂之春秋，或謂之紀，或謂之略，或謂之典，或謂之志。雖名各異，大抵皆依《左傳》以為的準焉。

劉知幾認為，在孔子修《春秋》之前，各國的國史有著不同名字，如《魯春秋》、《晉春秋》、《楚杌檮》。

「屬辭比事」的內涵，從屬合文辭、比次事件擴展為史書、史策的記錄之法，也反映出學者研究《春秋》的立場分化，儒家的經義和經籍不再是典籍研究的唯一的角度。從記史的角度，重新梳理《春秋》，尤其是《左傳》對歷史紀事的影響，是後代史書的書寫樣式。

而這一時期的經學研究者，尤其是中唐以後的《春秋》學者，企圖在三傳之外自標新意，成為一時的學術風尚。啖助、趙匡、陸質師兄弟三人敢於駁斥三傳，自出新意，而盧全更將「《春秋》三傳束之高閣，獨抱遺經究終始」，

《春秋》學風氣轉變，學者思考在三傳之外，新的釋經方法，被稱為「捨傳求經」派，直接影響到宋代學者。

四、宋代「屬辭比事」：從「書法義例」到「以事見義」

有宋代經者延續唐「捨傳求經」之風，在說解《春秋》經義，只重《春秋》文本。如北宋蕭楚《春秋辯疑》〔註16〕兩處論及「屬辭比事」，其一曰：「《春秋》有美惡不嫌同辭者，以其屬辭比事而善惡自辯，正此類也。辭同而事異，事同而辭異，聖人皆有予奪於其間，此正筆削之大法。」其二曰：「春秋之辭簡而法，其旨婉而微。褒貶寓於一事。可謂簡矣；而一事之施，復更有義，考其上下之文，然後見焉，不曰微乎？是故凡書取者，本非己有也；非及所有而克有之，曰取。然有恃其兵力，攻得而有之；有因其微弱、奄其無備，掠得而有之；有以威脅不義，得而有之者；而皆云取者，著其本己有也。非其所有而取之，惡可知矣。若夫屬辭比事，考其所以取之之跡，則又有義也。」

葉夢得〔註17〕（1077～1148）認為「屬辭比事」是屬和文辭，比觀其事，大義自現。他在《春秋考》自序中表明自己的研究思路和研究方法是將《春秋》和三傳共同參照，推求大義：

> 「君子不難於攻人之失，而難於正己之是。必有得也，乃可知其失；必有是也，乃可斥其非。自其《讞》推之，知吾之所正為不妄也，而後可以觀吾《考》；自其《考》推之，知吾之所擇為不誣也，而後可以觀吾《傳》。」其序傳曰：「左氏傳事不傳義，是以詳於史，而事未必實，以其不知《經》也。公、谷傳義不傳事，是以詳於《經》，而義未必當，以其不知史也。乃酌三家，求史與《經》。不得於事，則考於義；不得於義，則考於事，更相發明以作《傳》。」

在《考》中，他解釋「屬辭比事」：

> 劉仲原父論諸侯大夫交政於中國，自為防始於北杏，自為盟始於惡曹，自為同盟始於清丘。《春秋》皆貶而書人。學者疑之，吾獨

〔註16〕蕭楚：《春秋辯疑》卷一、卷二，文淵閣四庫全書本。

〔註17〕《直解書錄解題》記南宋葉夢得自號石林居士，明敏絕人，藏書至多，博鑒強記，故其為書，辨訂考究，無不精詳。著有《春秋傳》十二卷、《考》三十卷、《讞》三十卷。

取焉。《記》曰：「屬辭比事，春秋教也。」凡經所書，雖有凡目，而常法之外特見焉者，固不必待見其事、聞其說而後知之也。其屬辭比事，固有異乎常文者矣。盟防之志，皆惡也……取大略小，故皆不著於經，而惟紀子、帛莒子，盟於密，晉士鞅、宋樂祁犂、衛北宮喜、曹人、邾人、滕人防於扈，各一見者，魯故也。此外以人見者，惟前三焉。大夫交政於中國，則吾固略之矣，而獨錄乎此者，蓋以謹始也。亦嘗以經考之，前乎北杏，未見以人書會者，至北杏而齊始與宋陳蔡邾四國皆以人見……前未有人同盟者，而今皆人，是其為謹始也。由是言之，《春秋》豈不有異文而特見者乎……此三者，屬辭比事，有灼然其可見者。固《春秋》所謂微而顯者也〔註18〕。

葉氏認為，《春秋》文中必有異文，這就是《春秋》書法，屬辭比事是瞭解「異文」的方法。他以會盟之事為例做詳解，在北杏之會、惡曹之盟以前，《春秋》沒有以「人」『書「會」、書「盟」，從此三者盟，看到「『屬辭比事」有灼然可見者。

家鉉翁（1213～1297）之「屬辭比事」：由事見義，而非書法義例。

> 竊妄謂以變例而求《春秋》，不若以常法而求《春秋》。蓋《春秋》屬辭比事之書也。或聯書以著其義，或累書以盡義；有一歲而始終惟書一事者，有一事而歷數歲屢書以見其義者。學者欲求聖人之意，必反覆究觀而後能得。……屬辭比事，《春秋》教也。當歲首月，公朝於齊，夏使大夫聘於京師；此皆比事可考、不待貶絕而惡自見者也。宣公嗣世九年，於周才一往聘，其在齊則再朝矣。經於如齊，每行必至，深罪之也。

家鉉翁強調《春秋》是「屬辭比事」之書。他認為，《春秋》記事按「聯書」或「『累書」的方式，展示事件的發展、聯繫：一年中記同一件事或者一件事連續幾年記載，事件中是非曲直就在事件的聯繫前後中。

需要關注的還有自南宋時期，經者開闢了一種以類聚經文為探求大義的新的解經方法，這個路徑中以「屬辭比事」為綱領。

劉朔（1127～1170）之屬辭比事：編類經文的依據

〔註18〕此文引自葉夢得：《春秋考》卷二，文淵閣四庫全書本，轉引趙友林：《〈春秋〉三傳書法義例研究》〔M〕，北京：人民出版社，2010年，頁283。

根據現存書目記載，南宋時期，出現瞭解《春秋》經的新型專著，它們「依經比類，合為一書而加以論斷」，有學者認為這是一種新的解經方法：它以類聚經文為主——往往依「辭」類或「事」類將經文重新編排，然後予以注疏詮釋，探究經義。依陸心源（1834～1894）的觀察，此類著作當以南宋劉朔（1127～1170）的《春秋比事》成書最早，陸氏說：

> 其書卷一周天王，卷二二霸齊桓晉文，卷三卷四魯十二公，卷五卷六晉，卷七齊，卷八宋，卷九鄭，卷十搜狩築城獻捷田邑，卷十一郊祀宮室正朔即位，卷十二書盟，卷十三書會，卷十四書朝書聘，卷十五書侵，卷十六書伐，卷十七書戰，卷十八書救書平，卷十九書逐書次，卷二十夷狄。《春秋》之教屬辭比事，雖著於禮經，而漢唐來說《春秋》者，無有依經比類合為一書而加以論斷者，有之，自此書始。故水心推為三家之外，自出新意，爾雅獨至也。〔註19〕

《春秋比事》共二十卷，《四庫全書總目》指出：「其書前以諸國類次，後以朝聘征伐會盟事件相近者各比例而為之說。」〔註20〕此書前九卷「以諸國類次」，主要記列國之「事」；後十一卷，分別合「盟」、「會」、「侵」、「伐」等經文為卷，都是依《春秋》書法進行的分類。

這類「依經比類」的專著，都在「三家之外，自出新意」的範圍，元、明、清有學者陸續承此方式成書，往往將其標榜為解釋《春秋》的方法，即認為這就是「屬辭比事」，下文將詳述。

五、元時期的「屬辭比事」：《春秋》大義的闡釋綱領

這一時期主要以吳澄（1249～1333）、程端學（1278～1334）和趙汸（1319～1369）的說法為代表。

吳澄（1249～1333）之屬辭比事：理解《春秋》關鍵

吳澄在《春秋類編傳集序》中提及「屬辭比事」，重在闡明其理解《春秋》的功能。他說：「析輪輿蓋軫而求車，然後有以識完車之體；指棟樑桷棼而求室，然後有以識全室之功。車室非有假於分，而求其所以為完全車室，不若是，其詳不可也。子朱子曰：析之有以極其精而不亂，然後合之有以盡其大

〔註19〕〈春秋比事跋〉，《儀顧堂序跋》卷3，頁3下。
〔註20〕《四庫全書總目》卷27，頁20下。

而無餘。噫!讀《春秋》者可以是求之矣。」〔註21〕

不同於上述宋代經家,吳澄繼承朱子學統緒,《春秋》的文字內容與《春秋》之義是局部與整體的關係。用房子和車子的形象比喻說明只有先瞭解關鍵局部,才有可能得到完車和全室的認識。如何將這個道理用於對《春秋》的理解呢?

> 《春秋》,化工也,化工隨物而賦形;《春秋》,山嶽也,山嶽徒步而異狀。持一概之說,專一曲之見,惡足與論聖人作經之旨哉!《春秋》非有假分合於人也,如是而求之,庶幾有以得其全耳。夫屬辭比事,《春秋》教也。屬辭所以合,比事所以析。不知比事,是捨輪輿蓋軫而言車,離棟樑楣梲而求室也。知比事而不知屬辭,則車與室其亡,翔於化工山嶽乎何有?〔註22〕

吳澄高度肯定了《春秋》內容是隨物賦形的結果,如同自然化育萬物。全面把握《春秋》的關鍵不在「例」而是「『屬辭比事」。「比事」是對辭、事、義的細緻分析;「屬辭」是對上述分析的整合,前後貫通,全面把握。「屬辭比事」的作用在二者有機動態結合,從而認識《春秋》的內涵。因此他依據《左傳》更詳細的史事描述,將《春秋》中所述比類成新著,即十二卷的《春秋纂言》。他在《春秋纂言總例‧序》云:

> 屬辭比事,《春秋》教也。昔唐啖助、趙匡集《春秋》傳,門人陸淳又類聚事、辭,成《纂例》十卷。今澄既採摭諸家之言,各麗於經,乃分所異、合所同,仿《纂例》為《總例》七篇:初一天道,次二人紀,次三次嘉禮,次四賓禮,次五軍禮,次六凶禮,次七吉禮。例之綱七,例之目八十有八。

吳澄說陸氏「纂例」,以「類聚事、辭」之法成書,自言所作《總例》七篇是模仿此法而作。依《序》的上下文意來看,吳氏著書採用「類聚事、辭」之法,就是他所理解的「屬辭比事」。這樣的「類聚事、辭」之法,其時與南宋劉朔的《春秋比事》「依經比類」的做法大同小異,雖然二者類例闡析不同,但就依「事」類或「辭」類聚合經文,重新編次,然後進行詮釋以解經的研究路徑,別無二致。

程端學(1278~1334)之屬辭比事:首尾兼備敘述完整。

〔註21〕吳澄:《吳文正集》卷十八《春秋類編傳集序》,文淵閣四庫全書本。
〔註22〕吳澄:《吳文正集》卷十八《春秋類編傳集序》,文淵閣四庫全書本。

程端學，既反對書法義例說，也不贊成褒貶大義說。認為上述二者有斷章取義的嫌疑，因為《春秋》所記皆為不尋常的歷史事件，需要整體通篇看待。〔註23〕程端學對《春秋》涉及史事的剪裁、排列，有新的理解：

> 自《春秋》之始至中，而總論之，正所謂屬辭比事者也。大凡《春秋》一事為一事者少常少，一事而前後相聯者常多。其事自微而著，自輕而至重，始之不慎，至卒之不可救者，往往皆是。……愚謂《春秋》有一事見一義者，不必兼首尾，其餘有首必有尾，有尾必有首。所謂屬辭比事者也。

對於程氏而言，《春秋》排列史料有兩種方式，一事為一事和一事而前後相聯。前者應用於事著且重，後者記錄之事微而輕，查閱時前後相聯，追尋線索。《春秋》記事以年斷限，客觀上割裂了事件聯繫，因此「屬辭比事」是閱讀《春秋》的特殊方法，將事件的首尾、過程連接起來，尋找其中之義。接著他舉例展示這一方法：

> 弒君之賊，夫人能所知也，然致弒之由則有漸。自某君之失其道而肆意侵伐入滅，民困而財耗也，馴而至於戕其身；自某君之家不齊，妻淫而子奢也，馴而至於滅其家；自某君之失其馭而使大夫專國，君若贅旒也，馴而至於祿去公室；自某君之失其權而使某卿帥師，軍政之在臣也，馴而至於弒其君。《春秋》皆曆書之，以為天下之大戒，使凡為君者防微慎始，兢兢業業而不敢肆。此正所謂屬辭比事之法。〔註24〕

從上述論述看出，程氏運用「屬辭比事」將「弒君」的一系列事件整合，「君失其身」是因，一步步走向被弒的結局，符合當時儒家「修身、治國、平天下」的道德邏輯。他得出的結論是「為君者防微慎始，兢兢業業而不敢肆。」程氏雖反對「例」斷，「弒君」又何嘗不是特殊化的「例」斷呢？

正因為程氏看到了編年斷代記事的侷限，故將「屬辭比事」『細分為「大屬辭比事」和「小屬辭比事」：

> 屬辭比事者，《春秋》之大法。此必孔門傳授之格言而漢儒記

〔註23〕程端學：《春秋本義原序》，文淵閣四庫全書本：《春秋》不書常事，屬辭比事，使人自見其義而已。孟子曰：「其文為史，孔子曰：其義則丘竊取之。」此之謂也。若邵子謂錄實事而善惡形於其中、朱子謂直書其事而善惡自見者，蓋有以識夫筆削之意。

〔註24〕程端學：《春秋本義‧通論》，文淵閣四庫全書本。

之耳，而說《春秋》者終莫之省，甚可惜也。夫《春秋》有大屬辭
比事，有小屬辭比事。其大者合二百四十二年之事而比觀之：《春秋》
之始，諸侯無王未若是之甚也，終則天王不若一列國之君；始也諸
侯之大夫未若是之主張也；終則專國而無諸侯；始也吳楚未若是之
橫也，終則伯中國滅諸侯；始也諸侯之伐國未甚也，終則至於滅同
列之國。其小者合數十年之事而比觀之：始也大夫執一國之權，終
則至於弒其君……〔註25〕

「大屬辭比事」是《春秋》涉及二百四十二年的記錄範圍，比觀實事，
發明歷史總體趨勢；「小屬辭比事」是就某幾年、某十幾年和某幾十年的事情，
整合觀之，發現規律。

趙汸（1319～1369）之屬辭比事：按類編目比較事件

趙汸在其《春秋·序》曰：

昔聖人既作六經以成教於天下，而《春秋》教有其法，獨與五
經不同，所謂「屬辭比事」是也。……《春秋》斷裁魯史，有筆有
削，以寓其撥亂之權，與述而不作者事異。自弟子高弟者如游、夏
尚不能贊一辭，苟非聖人為法以教人，使考其異同之故以求之，不
得與五經同也。……有志是經者，其可捨此而他求乎？〔註26〕

又說：

故曰：《春秋》之義不明，學者知不足以知聖人，而又不由《春
秋》之教也。豈不然哉？閒嘗竊用其法以求人，而得筆削之大凡有
八，……使非是經有孔門遺教，則亦何以得聖人之意於千載之上載！

乃離經辯類，析類為凡，發其隱蔽，辯而釋之〔註27〕。

〔註25〕程端學：《春秋本義·通論》，文源閣四庫全書本。
〔註26〕趙汸：《春秋屬辭·序》，頁1上。
〔註27〕啖助（724～770）已經用「解釋」一詞，描述《春秋》之傳。他說：「《左氏
傳》其大略皆是左氏舊意，故比於傳，其功最高，博彩諸家，敘事尤備，能
令百代之下，頗見本末，因以求意，經文可知。……公羊、穀梁初亦口授，
後人據其大意，散配經文，故多乖謬，失其綱統。然其大指亦是子夏所傳，
故二傳傳經，密於左氏。穀梁意深，公羊辭辨，隨文解釋，往往鉤深。」《春
秋集傳纂例》卷1，頁4～5對於公羊、穀梁二家傳經之體，啖助以「隨文解
釋，往往鉤深」來描述。「隨文解釋」，屬於馬瑞辰所說「第就經文所言而闡
釋之」。啖助用「解釋」一詞，描述二傳的訓釋方式，二傳說經「往往鉤深」，
說明「解釋」意在深入發掘經旨大意，而不僅限於字詞句的語義。
還需要指出的是，唐敦煌寫本《春秋穀梁經傳解釋》，以「解釋」作為書名，

　　趙汸由孔子筆削《春秋》，門人高弟如游、夏尚且「不能贊一辭」，進而推論：孔子以「屬辭比事」之法教人，「使考其異同之故以求之，則筆削之意何由可見乎」。趙氏的「屬辭比事」之法，就是「離經辯類」而考其異同，具體包含兩個層面：一是作為獨特的書寫方法。他通過比較《春秋》經文的辭與事，明其異同，分類編纂，而成「存策書之大體」、「假筆削以行權」等八篇。他自己對這八篇的定位是：「使非是經有孔門遺教，則亦何以得聖人之意於千載之上哉？乃離經辯類析類為凡，發其隱蔽，辯而釋之為八篇，曰《春秋屬辭》。」〔註28〕其前六篇，篇目即是義例；其終二篇，義例自見篇中。」〔註29〕二是在具體的篇目中，事件的前後聯繫、比較，明其文辭之間的異同、詳略，指明書法，比考其事，以明嫌疑是非〔註30〕。

　　趙氏通過「屬辭比事」既明書法，又比推其事。所以趙伯雄先生認為趙汸實際採取了折衷的立場，調和了「漢唐以來儒者不斷探索而終於得到、能為多數人所接受的《春秋》的定位。」〔註31〕

　　綜上所述，宋元春秋學者，重視《春秋》經、傳的內容，視類聚事辭為解經的新方法，而屬辭比事雖合乎《經解》的第一項前提，但仍然沒有回應「其為人也」的教化實踐。

六、清代的「屬辭比事」：依時間連綴史事成文，按事件的條理比合編次

毛奇齡之（1623～1716）「屬辭比事」：經文分類，合併同屬

毛奇齡在其論著《春秋屬辭比事記・卷首》闡釋「屬辭比事」：

> 《經解》曰：「屬辭比事，春秋教也。」夫辭何以屬，謂夫史
> 文之散漶者，宜合屬也；事何以比？謂夫史官所載之事畔亂參錯，
> 而當為之比類也。此本夫子以前之「春秋」，而夫子解之如此，是以
> 夫子之《春秋》，亦仍以四字為之解〔註32〕。

　　書中除了就字詞和經義的訓解之外，還有對事物、制度等的說明。

〔註28〕趙汸：《春秋屬辭序》，文淵閣四庫全書本。
〔註29〕趙汸：《春秋屬辭目錄》，文淵閣四庫全書本。
〔註30〕趙汸：《春秋屬辭》卷十，文淵閣四庫全書本，雖所因革不越乎一二字間，而是非得失之故，可無辯而自明，將使屬辭比事者即其異同詳略以求之。使屬辭比事者即其異同詳略以求之，所以決嫌疑，明是非，而非褒貶之謂也。
〔註31〕趙伯雄：《春秋學史》，山東：山東教育出版社，2004年，頁587。
〔註32〕毛奇齡：《春秋屬辭比事記》卷一，文淵閣四庫全書本。

毛氏認為《春秋》的屬辭比事是整理與理解「畔亂參錯」史事的關鍵。他的《春秋屬辭比事記》將《春秋》涉及事件分為十二類別，進行解說。從這個意義上說，「屬辭比事」又有了經文分類，合併同屬的新含義，當然這樣做的目的依然探尋「大義。」

> 昔者孟子解《春秋》曰其事，則事當比也；曰其文，則其辭當屬合也。而在夫子以前，晉韓起聘魯，見魯史「春秋」，即歎曰「周禮盡在魯矣」，則魯史記事全以周禮為表志，而策書相傳謂之禮經。凡其事其文一準乎禮，而從而比之屬之。雖前後所書偶有同異，而義無不同，並無書人書爵書名書日之瀆亂乎其間。而遍校之十二公二百四十二年之《春秋》，而無往不合，則真《春秋》矣。向非屬辭，亦安知其文之聯屬如是也……以禮為志，而其事其文以次比屬，而其義即行乎禮與事於文之中〔註33〕。

在毛奇齡看來，「屬辭比事」是推求大義的一個手段，而義需要以「禮」為判斷標準。具體邏輯是「以禮為志，而其事、其文以次比屬，而其義即行乎禮與事與文中。」

這樣的方法，實際已脫離三傳的研究軌跡而研究《春秋》經文，類似的方苞的《春秋比事目錄》等。他們往往以「比事」或「屬辭」等命名其書，表示自己的方法靈感來自〈經解〉之《春秋》教。

王夫之（1619～1692）之「屬辭比事，其為人也」：按時間順序編排列國事件，原始要終，謀其得失也。

王夫之（1619～1692）在《禮記章句》中積極回應了「其為人也」的問題。

> 為人，謂學者言行趣尚之別也。……記者引孔子之言而釋之，言自聖人刪定以後，立教之道盡於六經。為君師者以此為教，俾學者馴習而涵泳之，則變化氣質以成其材之效有如此矣〔註34〕。

王夫之在儒家六藝之教的領域內解釋其義，是針對「為人」、「成人」的目的而理解。他說：「謂學者言行趣尚之別也」，六教旨在教育學者的言、行，「溫柔敦厚」、「屬辭比事」等皆指學者涵泳六藝，才能實現「變化氣質以成其材之效」。這樣，〈經解〉分述六教，是陳述六藝的教化作用。

〔註33〕毛奇齡：《春秋屬辭比事記》卷一，文淵閣四庫全書本。
〔註34〕王夫之：《禮記章句》〔M〕，長沙：嶽麓出版社，2011年8月。

六藝具體到「屬辭比事」這一項又該如何解釋呢？

> 屬辭，連屬字句以成文，謂善為辭命也；比事，比合事之初終
> 彼此以謀其得失也〔註35〕。

「屬辭比事」可以治《春秋》之「亂」。「屬」是「連屬」，「比」是「比合」，將事件的首尾連接合併，得到完整敘事，從而判斷事件中人物行為的得失。「屬辭比事」是指善於行文措辭、比合事件始終，以明瞭歷史敘述的懲戒之功。這就意味「屬辭比事」在這裡強調「言」對人的教化作用：學者學習《春秋》中「連屬字句以成文」，「比合事之初終彼此」的寫作之法以「謀其得失」，就是《春秋》教的實踐途徑。

依王夫之的詮釋，「屬辭比事」之教是通過「言」實現的。「言」不僅僅是口述歷史，而是歷史記錄者根據各國史官赴告內容，嫻熟地依照時間順序編輯事件或敘述始末，形成於文字，即編年記事或敘事。孔子就是這樣一位善於裁斷史事、有史識的歷史記錄者。根據孟子對《春秋》的描述，《春秋》有「文」、「事」和「義」，且「義」寓於「文」和「事」，因此，編年記事或敘事更是為了「謀其得失」，借由敘事，評判是非，彰明褒貶之義。那麼「屬辭比事」的教化成效，不僅使學者熟練編年記事或敘事的技巧，更是為了啟迪學者「本其事而明褒貶」，從而探明《春秋》之「義」。這正是「屬辭比事」之《春秋》教的特點。王夫之的詮釋，比毛奇齡比起來，更加合理、明白和通達。

孫希旦（1736～1784）的注解有更具體的發揮，他說：「連屬其辭」的方法，是「以月係日，以日繫月、以事繫日」；「比事」是「比次列國之事而書之。」參考《春秋·桓公十一年》，曰：

> 十有一年春正月，齊人、衛人、鄭人盟於惡曹。夏五月癸未，
> 鄭伯寤生卒。秋七月，葬鄭莊公。九月，宋人執鄭祭仲。突歸於鄭。
> 鄭忽出奔衛。柔會宋公、陳侯、蔡叔盟於折。公會宋於夫鍾。
> 冬十有二月，公會宋公於闞。

桓公十一年中，事件敘述按照時間先後順序記錄，在表明年、時、月、日後，再述歷史事件。如「十有一年……夏五月癸未，鄭伯寤生卒」，這是孫氏理解的「屬辭」。「屬辭」之後記錄列國之事，關於列國之事的記錄有兩種：一種是記與魯國有關的外交事件，如「冬十有二月，公會宋公於闞」記錄魯桓公

〔註35〕王夫之：《禮記章句》〔M〕，長沙：嶽麓出版社，2011年8月。

與宋莊公兩君相會之事,另外一種是記錄其他國國君或諸侯之事——如「春正月,齊人、衛人、鄭人盟於惡曹」,魯君未參與此次盟會,但依然記錄「列國之事」。選定國事之後,再「比事」,即依時間順序先後,一一排比編次諸侯列國的事件。孫希旦理解的「屬辭比事」形成如同《春秋》一樣的編年記事。換言之,孫氏認為《春秋》本身呈現的事件排列方式就是「屬辭比事」。

綜合二人的意見,王夫之認為,「屬辭」可視為「屬文」,是連綴字句的意思,與孫希旦的「連屬其辭」的意思是一樣的,即「以月繫年、以日繫月、以事繫日」,更可理解為「屬辭比事」的成文原則——將「事」繫屬於該年、月、日之下,呈現出「事」按時間序列的敘述原則。王夫之也正強調「比事」是編次事件的「初終彼此」。「屬辭」與「比事」通過「事」形成內在聯繫,所謂「屬辭比事,《春秋》教也」,而《春秋》見之於行事,因此,「事」是「屬辭」的內容。基於這種內在聯繫,王氏與孫氏的說法殊途同歸,分別就「比事」與「屬辭」反映出按時間序列呈現「事」的條理順序的《春秋》教義。

章炳麟(1869~1936)之「屬辭比事」:《左傳》敘事的特徵

章炳麟《檢論·春秋故言》對此語的見解為:

> 孔子作《春秋》,本以和布當世事狀,寄文於魯,其實主道齊桓、晉文五伯之事。五伯之事散在本國乘載,非魯史所能具,為是博征諸書,貫穿其文,以形於傳,謂之「屬辭比事」。[註36] 他又自注說:

「屬辭比事」,謂一事而涉數國者,各國皆記其一端,至《春秋傳》乃排比整齊,猶司馬《通鑒》比輯諸史紀傳表志之事,同為一篇,此為「屬辭比事」,自非良史則端緒紛然,首尾橫決,故《春秋》之失亂矣。(同上)

章炳麟認為《春秋》雖然依據魯十二公編年記事,但如《孟子》所說「其事則齊桓、晉文」,經之記述重點並非在魯君,而是涉及到齊桓、晉文等「五伯之事」。上文引述桓公十一年的經文,包括了魯與宋、齊、鄭、衛、陳、蔡等國。事涉諸國,解釋《春秋》之「文」、「事」、「義」怎能固守一國之國史載述而不博採諸國之寶書?那麼,章炳麟所言「博征諸書,貫穿其文,以形於傳」,就成為《春秋》經及三傳的文體特徵。這一說法與章學誠在《文史通義·書教上》的說法不謀而合:

[註36] 章太炎:《章太炎全集卷三檢論》〔M〕,上海:上海古籍出版社,2014年,頁411。

《春秋》比事以屬辭,而左氏不能不取百司之掌故與夫百國之寶書,以備其事之始末,其勢有然也。(《章學誠遺書》,頁3)

《春秋》編年記事,是「屬辭比事」,《左傳》敘述以經之「事」為中心,博採百國之史以「備其事之始末」,如此敘事解經,正是由於「屬辭比事」發展而來,所以「其勢有然也」。

屬辭比事作為理解《春秋》的關鍵途徑,其含義與功能大體經過如下變化:東漢鄭玄和唐孔穎達將「屬辭比事」解釋為屬和外交辭令、比次寓有褒貶之事件,他們屬辭比事的對象是將經傳綜合參考,指出了瞭解春秋往事的途徑,但沒有回應如何通過瞭解往事就實現「其為人也」的教育目的。宋以後的學者,如陸佃、吳澄、趙汸、毛奇齡等,都將「屬辭比事」理解為解經方式,在三傳之外另闢解經方法,希冀開出《春秋》之新義。到了清代,經學研究的風氣趨於樸實的風氣下,參考王夫之、孫希旦的訓釋,以及章學誠、章炳麟的理解,《禮記‧經解》提到「其為人也……屬辭比事,《春秋》教也」,是指學者學《春秋》,能詳博諸國歷史記載,擅長連屬字句,比次事件而「謀其得失」,即善敘事而明大義。

傳統注疏家關於「屬辭比事」的詮釋,始終圍繞兩個問題進行:一是「屬辭比事」是否能回應《禮記‧經解》中「其為人也」的教化功能,如果能,又是通過什麼樣的形式體現的;二是對「屬辭比事」的理是否能夠在《春秋》及三傳中得到有效的驗證。首先滿足要求是解釋「」的前提;驗證《春秋》及三傳則需要解釋時表明其證據,但清代之前的上述諸家對此並沒有涉及,所以他們所解說的「屬辭比事」不能讓人信服。

相比之下,王夫之、孫希旦、章學誠和章炳麟的說法,值得參考。因此,參考四家說法和《春秋》及三傳有關事例,可以這樣理解「屬辭比事」:所謂「屬辭」是斟酌用語以命辭遣意,並相續綴輯成文;所謂「比事」,是編排比次事件使其貫通為一;「屬辭比事」是《春秋》之教,它教化學者善用連屬字句、比次事件,從而判斷是非、明瞭大義;「屬辭」是成「文」的撰寫原則,「事」為實際內容,編次事件使本末井然有序,則「義」自顯其中。按照「屬辭比事」的成書原則,編次「事」的條理順序,以時間為綱,《春秋》是編年記事體;《左傳》既依經來編年比次,又在編年比次基礎上著重事件發展的本末始終的「敘事」,成為上承《春秋》的編年敘事體。對二者文體特徵的再定位,為學人從歷史闡釋或者歷史解釋的角度解讀《春秋》及三傳,提供了依據。

第二節 「屬辭比事」的敘事功能

　　根據前文所述，〈經解〉所謂「其為人也……屬辭比事，《春秋》教也」，意指學者學《春秋》之教，能詳博諸國載記，擅長連屬字句，比次事件而「謀其得失」，即善敘事而明大義。這樣的闡釋不僅可以在《春秋》經中得到驗證，同樣也適用於傳文：三傳中以敘事解經的解釋思路彼此應和。誠然左氏、公羊與穀梁，三傳解經，在事件敘述、義例闡釋存在分歧，但如果忽略《公羊傳》和《穀梁傳》存在解經之功能的敘事記述，就像葉夢得言「左傳傳事不傳義」或者「公羊、穀梁傳義而不傳事」，結論草率。

　　依上文所述，《左傳》以敘事解經，合乎「屬辭比事」《春秋》之教，《公羊傳》和《穀梁傳》雖然以義解釋經文，但並非沒有敘事，而這兩傳的敘事也具有知詳略、明褒貶、懲善惡的資鑒教化功能。三傳都運用到敘事方法以解經，只是敘事詳略不同、比例分配不同，當然對事件的敘述也有差異。陳澧曾綜合研究三傳，曰「公羊亦甚重記事，但所知之事少而又有不確者耳」，又說「穀梁述事者少」。鍾文丞（1818～1877）就三傳有過詳細考察比較，於《穀梁補注・卷首》，舉例陳述說：

> 　桓公與公子翬弒隱公，（穀梁）傳不如左氏、公羊明言其事，
> 但於前後略見之。傳似此者多矣。以內之大事言之，如文姜、齊襄
> 之殺桓公，哀姜、慶父之賊般，閔、季子之討慶父，宣公、仲遂之
> 殺惡、視，意如之出昭公，陽虎之竊國寶，左氏載其事甚詳，公羊
> 亦明述其事，獨此傳於經各當文下既不一言，其發傳於他處者，亦
> 皆隱約其辭，而無紀錄事件之語。……季子之鴆叔牙，叔彭生之死，
> 歸父之遣，與夫宋宣、繆之讓國，殤、閔之被弒，孔父、仇牧之死
> 難，華元之平楚，陳哀、濤涂之誤齊桓，晉荀息之死難，齊豎习、
> 易牙之爭權，逢丑父之救君，陳乞之迎楊生，衛叔武之被殺，宵殖
> 之命子，鄭弦高之犒秦師，楚莊公之赦鄭，靈王之經死，左氏、公
> 羊皆有明文，傳絕無之。〔註37〕

　　上述引文列舉魯國與其他諸國的重要事件，《左傳》、《公羊傳》雖然彼此詳略不同，但都明確記述其事，只有《穀梁傳》「無記錄事件之語」。由鍾氏之文，可知《公羊傳》有明確的「敘事文字」。那麼《穀梁傳》中「述其事」

〔註37〕〔清〕鍾文承：《十三經清人注釋・穀梁補注》，北京：中華書局，1996 年版，上卷，頁 24。

是如何表現的？鍾氏說：

> 然則，內事如獲莒挐，敗咸，叔肸，至自頰谷；外事如滅夏陽，
> 盟昭陵，盟葵丘，殺里克，滅黃，敗殽，殺陽處父，弒夷皋，殺泄
> 冶，戰鞍，盟爰婁，梁山崩，宋災伯姬卒，殺慶封，宋、衛、陳、
> 鄭災，弒買，唁乾侯，戰伯舉入楚歸胈，會黃池，此二十七傳者，
> 何以述事獨詳？蓋作書時，意有所到，偶然詳之；或以當時習知其
> 事、習聞其意，因備述於傳。（同上書）

《穀梁傳》中亦有敘事，且詳細敘事二十七例，可見《穀梁傳》並非專
論書法義例。

當然，就敘事書例所佔比重而言，《公羊傳》和《穀梁傳》雖然也有詳細
敘事，但不及《左傳》豐富詳細，究其原因，可能如陳澧所說「所知之事少」。
而鍾文丞的「意有所到」，或者「當時習知其事」，「因備述於傳」，無法合理
解釋出《穀梁傳》為何僅有的幾個敘事詳盡的例子。三傳都有以敘事解釋《春
秋》，由於《左傳》往往敘事更加詳贍，向來受到更多的矚目，當然《穀梁》
和《公羊》二傳中也有敘事詳於《左傳》的例子。

襄公三十年《春秋》曰：五月甲午。宋災。宋伯姬卒。《左傳》云：

> 甲午，宋大災。宋伯姬卒，待姆也。君子謂：「宋共姬，女而
> 不婦。女待人，婦義事也。」

伯姬為魯女，在成公九年侍奉宋共公，此時已經六十歲左右，因為「待
姆」死在這場大火中，《左傳》記述此事，如此而已。「君子謂」以下是對伯
姬「女而不歸」的評論。

《穀梁傳》解釋宋災，伯姬卒一事，敘事比《左傳》更詳細，《穀梁傳》
云：

> 五月甲午，宋災。伯姬卒。取卒之日，加之災上者，見以災卒
> 也。其見以災卒奈何？伯姬之捨失火，左右曰：「夫人少闢火乎？」
> 伯姬曰：「婦人之義，傅母不在，宵不下堂。」左右又曰：「夫人少
> 闢火乎？」伯姬曰：「婦人之義，保母不在，宵不下堂。」遂逮乎火
> 而死。婦人以貞為行者也，伯姬之婦道盡矣。詳其事，賢伯姬也。

《穀梁傳》在傳文的首尾直接訓釋經文、解釋經義，中間段從「伯姬之
捨失火」到「遂待乎火而死」是敘事。經文訓解與敘述事件相輔相成，融匯
為一。敘事詳備始末：火起時，左右勸伯姬躲避，但伯姬堅持「傅母不在，

宵不下堂」。不久，左右再勸，伯姬以保母未到，仍堅持不下堂避火，終於「逮乎火而死」。可見，伯姬有生還機會，當基於「婦人之義」，才不幸罹難身亡。《穀梁傳》憑藉敘事，將伯姬臨危仍遵婦行的貞行表現出來，伯姬之「賢」也從而彰顯出來。因此傳文末尾皆此例申言說：「詳其事，賢伯姬也。」說明《春秋》記「伯姬卒」實際是褒其賢。由此看來，《穀梁傳》中敘述事情經過，正是用來為《春秋》經文文字提供具體的語言環境。為「賢」樹立行為模板，而不是鍾文丞所說的「意有所到，偶然詳之」的飛來之筆。褒獎伯姬，若只著一「賢」字，則「空言」而已，詳述事件始末，敘事詳備，彰明「行為」，表明伯姬的「賢」。

　　《穀梁傳》用詳備敘事表彰伯姬的貞行婦道，所謂「婦道」，是必須等待傳母與保母，否則「宵不下堂」。相比之下，《左傳》僅用「待姆」概括而已，又由「待」而評價伯姬「女而不婦」。這就是說，《左傳》認為「女」與「婦」遵行的規範有所差別，「女」應該「待姆」，而「婦」據杜注，則有審時度勢，根據情況行動。可見，《左傳》與《穀梁》敘事有詳略差異，傳文對「婦道」的理解又有不同，因此褒貶也不一。但二傳都將敘事作為明褒貶，辨是非的基礎。

　　《公羊傳》對伯姬「不見傅母不下堂」的行為進行了敘述，文云：

> 秋七月，叔弓如宋，葬宋共姬。外夫人不書葬，此何以書？隱之也。何隱爾？宋災，伯姬卒焉。其稱謚何？賢也。何賢爾？宋災，伯姬存焉，有司復曰：「火至矣，請出。」伯姬曰：「不可。吾聞之也，婦人夜出，不見傅母下堂。傅至矣，母未至也。」逮乎火而死。

　　《公羊傳》敘述伯姬行為與褒貶取義與《穀梁傳》相似。不同的是，公羊轉述是為「秋七月，叔弓如宋，葬宋共姬」的經文而發，先解釋宋共姬為外夫人為何要書葬，然後解釋經書「宋共姬」是讚揚她的賢德。依據《公羊傳》的解釋，經書曰「宋共姬」，書「謚」以褒其「賢」，「賢」體現在何處，《公羊傳》文自「宋災」以下到「逮乎火而死」，敘述其行動過程，指其本可以免於死亡，但伯姬堅持待母至才肯走，因而放棄逃生的選擇。其行為被定義為「賢」。若《公羊傳》解經停止在「其稱謚何？賢也」，則「伯姬」之負載「賢」的空言，通過敘述，將伯姬之所以為「賢」，表達出來，符合「深切著明」的解經要求，正是與《穀梁傳》「詳其事，贊伯姬也」的解釋實踐相契

合。通過敘事以樹立為人行動的典範，這也正是屬辭比事，《春秋》之教的具體表現。

以「伯姬」之事為例，比較三傳敘事異同，旨在說明三傳都有敘事文字，而敘事實際關係到道德取義的指向問題。章炳麟云「博徵諸書，貫穿其文，以形於傳，謂之『屬辭比事』」。三傳就經所載之「事」，取諸國記載，綴輯比次，使之本末始終井然有序，融貫成篇，這就是三傳「屬辭比事」以解釋春秋經義的思路。

「屬辭比事」的涵義確定，應注意兩個問題：一是「屬辭比事」語出〈經解〉篇，那麼各家的闡釋是否應當符合〈經解〉的上下文語境，即「屬辭比事」涵義是否包括「其為人也」的理解；二是「屬辭比事」被理解為孔子的《春秋》教，那麼各家的闡釋是否能夠在《春秋》及三傳中得到有效的驗證。符合〈經解〉文意是解釋的前提；驗證《春秋》及三傳則需要解釋時表明其證據，但上述諸家對此並沒有涉及，所以他們所解說的「屬辭比事」不能讓人信服。

相比之下，王夫之、孫希旦、章學誠和章炳麟的說法，值得參考。因此，本節參考四家說法，參照《春秋》及三傳有關事例，認為可以這樣理解「屬辭比事」：所謂「屬辭」是斟酌用語以命字設辭，並相續綴輯成文；「比事」，是編排比次事件使其貫通為一；「屬辭比事」是《春秋》之教，它教化學者善用連屬字句、比次事件，從而判斷是非、明瞭大義；「屬辭」是成「文」的撰寫原則，「事」為實際內容，編次事件使本末井然有序，則「義」自顯其中。

按照「屬辭比事」的成書原則，編次「事」的條理順序，若以時間為綱，形成的如《春秋》的編年記事；若如《左傳》既依經來編年比次，又在編年比次基礎上著重事件發展的本末始終的「敘事」，成為上承《春秋》的編年敘事。

下一節，將舉例闡述《左傳》的「屬辭比事」繼承《春秋》教的意義。

第三節　《左傳》的「屬辭比事」

古之學者已有不少人注意到《左傳》的「屬辭比事」。鄭玄、孔穎達訓解「屬辭比事」為聚合外交辭令、比次褒貶事件；章學誠和章炳麟從博採諸國史記、貫穿成篇以「備其事之始末」進行闡釋：他們大多以《左傳》來立說。

此外，楊士勛〔註38〕也曾闡發《左傳》的「屬辭比事」，他說：

　　左丘明身為國史，躬覽載籍，屬辭比事有可依據，楊子以為品

藻，范氏以為富豔。豔者，文辭可美之稱也。〔註39〕

　　楊士勛著有《春秋穀梁傳疏》，又與孔穎達等修撰《春秋正義》，兼職左氏與穀梁之學，對《春秋》瞭解通達全面。因此他評價《左傳》博採諸國之史，其「屬辭比事」信實有據，這種觀點在炳麟、章學誠的主張相互參見。

　　范寧（339～401）的〈春秋穀梁傳序〉中「左氏豔而富」，楊氏說「（左氏）屬辭比事有可依據，……范氏以為富豔」，將「屬辭」、「比事」與「富」、「豔」對應起來：「豔」指文辭之美；「富」指敘述內容的豐富詳細。

　　《左傳》文辭優美且敘事詳瞻，還解釋經義，兼具史學與文學的審美價值。范甯以前，楊雄在《法言・重黎》中稱讚為「品藻」〔註40〕。自啖、趙之後，唐、宋學者閱讀《左傳》往往「美文章紛華而玩之，不復語經於斯矣」。《左傳》不但可以解釋經文，闡釋經義，其文辭之美，開闢了本文本身的審美價值。也正因為這樣，啖助推崇左氏「故比余傳，其功最高」；趙氏也說「左氏廣集諸國之史，以釋《春秋》」，認為《左傳》解釋《春秋》的目的十分明確，所謂「左氏通史」，實際將三傳比較長短異同，指陳左氏解經的特長在廣通國史，廣集載記。可惜的是，隨著啖助、趙匡批駁三傳、闡發新意的學風逐漸盛行，三傳也逐漸被束之高閣，偶而翻閱《左傳》者，也就僅限在欣賞把玩其文章紛華而已。《左傳》是文辭與史事兼具的上乘著作，但其對歷史事件意義的闡釋、對歷史規律變化的認識，皆建立在對史事的敘述上。

　　《春秋》重「義」，而「義」在「文」與「事」中。《春秋》之「義」是探究歷史變化規律，依據文與事。因此僅知其「事」與「文」，也只能得到表象認識，不足以談論「春秋學」，更無法發掘孔子《春秋》學的奧義。姜炳璋認識到「《春秋》因魯史以示義」，也就體察到《左傳》的解經旨趣，理解左氏「論本事而作傳」，足以闡明「夫子不以空言說經」。他認為：

　　讀傳者莫不曰：左氏之傳，史家之宗也；馬得其奇，班得其雅，

韓得其富，歐得其婉，有其一體，皆赫然文名於後。而抑知：傳，

〔註38〕《四庫全書總目》稱「（楊）士勛始末不可考」。孔穎達在〈左傳正義序〉中說楊士勛與故四門博士楊士勛參定，則亦貞觀中人。

〔註39〕《穀梁注疏》卷首 10 上。

〔註40〕揚雄《法言・重黎》以「品藻」稱譽《左傳》（《法言義疏》），汪榮寶注曰：「品藻猶云多文采」。

非文也,傳聖人之經也,文極其工,正義發撝經義為工;傳,非史
也,傳聖經之義,事極其備,正以闡明經義為備。貌取而遺其神,
可乎?〔註41〕

　　姜氏肯定了《左傳》作為史學的發源地位,敘述豔而富,是基於史學要
求的,而非文章學意義。《左傳》傳文的目的在於用高超的敘述之功,將《春
秋》史義揭示出來,閱讀《左傳》者,若只留心其辭美,其事備,而不知發
史鑒的感悟,就是「貌取而遺其神」。姜氏繼而又云:

　　（左氏）於作傳時復即事而類推之,使學者考見其得失,而但
於敘事中發明聖人之義也。（同上書）

　　《左傳》重在借由敘事闡發聖人之義,「使學者考見其得失」,但並非只
敘事解經。實際上《左傳》解釋《春秋》史義,不僅憑藉敘事、而是將敘事、
書法、與評論綜合使用,相互輔助。

　　〈經解〉云:「其為人也……屬辭比事,《春秋》教也」。《禮記·經解》
以屬以「屬辭比事」教化學者,左氏、穀梁和公羊莫不皆如此,涵泳其中而
有所得,皆涉及以敘事以疏通文意,由於穀梁與公羊二傳敘事不如左氏詳備,
學者往往稱頌《左傳》「敘事尤備」。《左傳》以敘事重塑歷史,探尋史義,揭
示史鑒之功。下文將就「編年敘述」、「強調始末」和「人物對話推動過程事
件」三個方面理解《左傳》的屬辭比事。

一、編年敘述

　　王夫之、孫希旦訓釋〈經解〉,突出「屬辭比事」按年代順序排列事件的
意義,三傳中,《左傳》敘事最能反映這一點。《左傳》有兩種層次的時間排
列方式,《左傳》的屬辭比事也包含這兩種層次。

　　第一個層次是單一事件的歷史敘事的時間:以《春秋》所記之「事」為
中心,依「事」的始終為成文的大綱,按時間先後撰次成文。如此表現一件
「事」的始終,將事件的發展脈絡編輯成篇,即成敘事之文,這是「屬辭比
事」的第一層次。

　　第二個層次是全書的編年時間:以《春秋》編年（時、月、日）的時間
為全書的綱領,將單一事件的歷史敘事比次成書,這樣,依經之紀年將敘述
成篇的敘事文綴輯成書,就是第二層面的「屬辭比事」。

〔註41〕《讀左補義·綱領下》,頁 1。

　　杜預描述《春秋》編年敘事的方法，曰「以事繫日，以日繫月，以月繫時，以時繫年」〔註42〕，這就是將「事」於該日、月、時、年之下，以時間為綱領統各「事」。依據《春秋》的時間記載，《左傳》敘述全書的時間序列，比較明顯準確。相比之下，單一事件的歷史敘事的時間序列，往往只表現在由初到終的流程中，時間隱含在事件的發展推移中，確切的日、月，甚至年代有時也不太明顯，一件事的經歷的時間長度，不能一望而知。全書的編年時間明顯，單一事件的歷史敘事時間則相對隱微，這兩種交相出現的時間反映出《左傳》在比次事件敘述時，對應《春秋》的紀年、記事為綱領。

　　下將舉述兩個例子加以說明。桓公十六年，《春秋》曰：

　　　　十有六年春正月，公會宋公、蔡侯、衛侯於曹。夏四月，公會宋公、衛侯、陳侯、蔡侯伐鄭。秋七月，公至自伐鄭。冬，城向。十有一月，衛侯朔出奔齊。

　　經中記事五則，傳文一一與之對應，《左傳》按時間順序解釋：

　　　　十六年春正月，會於曹，謀伐鄭也。夏，伐鄭。秋七月，公至自伐鄭，以飲至之禮也。冬，城向，書，時也。

　　「公會宋公、蔡侯、衛侯於曹」，傳文承經文，簡略敘述「會於曹」，不再細書與會諸侯，直接陳述曰「謀伐鄭也」，指出「會於曹」的原因。往下的兩則傳文解經的情形大致相同，也是簡略述《春秋》經文，然後進行闡釋。在「冬，城鄉，書，時也」的傳文之後，《左傳》就針對「十有一月，衛侯朔出奔齊」這則經文，開始詳述始末以闡明原委：

　　　　初，衛宣公烝於夷姜，生急子，屬諸右公子。為之娶於齊，而美，公取之，生壽及朔，屬壽於左公子。夷姜縊。宣姜與公子朔構急子。公使諸齊，使盜待諸莘，將殺之。壽子告之，使行。不可，曰：「棄父之命，惡用子矣！有無父之國則可也。」及行，飲以酒，壽子載其旌以先，盜殺之。急子至，曰：「我之求也。此何罪？請殺我乎！」又殺之。二公子故怨惠公。十一月，左公子洩、右公子職立公子黔牟。惠公奔齊。

　　這則傳文，由「初」字領起，時間隨事件的發展而流動推移。由「初，衛宣公烝於夷姜」到「惠公奔齊」，《左傳》依據初始終末的順序，將事件的發展始末安排成一篇敘事之文，這是單一事件的歷史敘事層次。上引五則傳

〔註42〕杜預：《左傳注疏》卷1，頁2。

文，都一一對應經文的「屬辭」，並以簡要概述、詳述其事的方法進行解釋，依據《春秋》的時間順序將諸國事件編次排列，以成「比事」，《左傳》將此原則作為編輯全書的基準，這就是全書的「屬辭比事」。

單一事件的歷史敘事的「屬辭比事」，以經文記事為中心，敘述其「事」的本末始終。如「初，衛宣公烝於夷姜」到「惠公奔齊」這則傳文，文中特意突出了「十一月」這個時間，以強調敘述整個事件的趨向。衛惠公名朔，是宣公之子，他出奔的時間在魯桓公十六年的十一月，年、月在經、傳中都明顯表現出來。依傳於經，借著追述時間的原委，呈現出脈絡井然有序的敘事：依此年、月集中敘述，而繫於桓公十六年「冬」之後，當年「十一月」之下。傳文敘事與經文記事相互對應，就是說明這則敘事傳文以解釋經文「十有一月，衛侯朔出奔齊」為目的，並說明此事的原委。

那麼，有什麼證據說明傳文敘事是以解釋「衛侯朔出奔齊」為目的？

按「本其事」，即追問「事」的起因，「原始要終」地思考路徑，試構建事件原委與傳文敘事之間的關係：衛侯朔，即惠公，為什麼出奔？——因為左右公子洩與職扶立黔牟，於是惠公出奔。惠公在位，左右二公子又為什麼要扶立黔牟？——因為二公子「怨」惠公。而二公子為什麼要怨惠公？——是因為最初衛宣公分別將急子與壽分別託屬二人，卻惹來宣姜與朔的嫉妒和仇恨，導致宣公用計，派人刺殺在急子出使的途中。壽得知這一計謀，便勸告急子逃走，但急子沒同意。等到餞行時，壽故意頻頻勸酒，急子酒醉，壽載旌先行。結果，盜誤殺了壽。急子到達時，知道壽是無辜代己受死，要求盜一起殺了自己。壽和急子因為宣姜和朔的歹毒而死，二公子由此「怨」衛惠公〔註43〕。

在理解的基礎上，這樣「本其事」地推尋、理解，按照時間流程，由始至終地一一對比排列，即「屬辭比事」，使其「事」的發展脈絡，本末呈現，敘事文也由此敘述而成。

「初」是《左傳》常用的標示倒敘的追述詞語。衛宣公於隱四年即位，桓十二年冬十一月卒，惠公朔繼立，於其四年十一月出奔。而壽與急子先後遭殺害等事件，已經是四、五年前的往事了。至於追述其「初」，宣公烝夷姜、

〔註43〕 馮李驊曰：「此傳衛朔出奔事，以二公子『怨惠公』句為主，而二公子為何怨惠公者耶？因用步步原敘法，推原到急、壽之見拘，左右之分屬」。又說：「後人敘此事，度無不用〈衛風〉者。今前不引〈新臺〉，以此處只重怨朔，不重惡宣；後不引〈乘舟〉，以此處只重惡朔，不重國人思壽、急也」。意謂左氏敘述衛侯出奔事，以「怨」惠公朔為主，而步步推原。

娶宣姜，先後生急子、壽和朔等等事端，更是在二、三十年以前了。敘事由始而終地序列編排，將長達二、三十年的時間流程集中敘述，然而，在強調字詞表明大義的同時，忽視了年月的變化，時段的長短。相比之下，傳文明確點出「十一月」這個時間點「初」者，即相對於此時間而言；追述者，記追述「十一月，衛侯朔出奔齊」的事件原因。劉熙載說：「敘事有主意，如傳之有經也。」由「初，衛宣公烝於夷姜」到「衛惠公奔齊」的這則敘事，就是解釋「十一月，衛侯朔出奔齊」為「主意」。

衛惠公自桓公十六年出奔，八年之後，復於莊六年（前 688）入衛。在此期間，桓十七年《春秋》曰：

> 春正月丙辰，公會齊侯、紀侯盟於黃。

《左傳》曰：

> 春，盟於黃，平齊、紀，且謀衛故也。

經書「公會齊侯、紀侯盟於黃」，傳承經文，只簡略敘述為「盟於黃」；不再贅述同盟者，特此說明黃之盟是「平齊、紀且謀衛故也。」莊公五年《春秋》曰：

> 冬，公會齊人、宋人、陳人、蔡人伐衛。

《左傳》云：

> 冬，伐衛，納惠公也。

經記載魯、齊、宋、陳與蔡等國出兵伐衛，傳對應經文，只是概稱「伐衛」，而強調解釋其何以伐衛，曰「納惠公也」。莊公六年，《春秋》記曰：

> 春王正月，王人子突救衛。夏六月，衛侯朔入於衛。秋，公至自伐衛。

《左傳》敘述：

> 春，王人救衛。夏，衛侯入，放公子黔牟於周，放寧跪於秦，殺左公子泄、右公子職，乃即位。君子以二公子之立黔牟為不度矣。夫能固位者，必度於本末而後立衷焉。不知其本，不謀。知本之不枝，弗強。《詩》云：「本枝百世。」

「秋，公至自伐衛，」左氏無傳。魯莊公自五年冬會諸侯伐衛，六年夏惠公入衛，莊公與當年秋返抵魯國。在此期間，魯於諸侯合力「納惠公」。雖有王人救衛助黔牟，惠公仍得以借諸侯的力量入衛，既入，隨即放逐黔牟等人，並殺了左右二公子。

　　桓公十六年《左傳》的五例傳文,都是依照經文「屬辭比事」的敘述安排而敘述不同的歷史事件。如衛侯朔出奔而後入衛的經歷,按上引經、傳文的記載來看,傳文同樣是對應經文以「屬辭」,要麼簡略數語,要麼敘事成篇,但都依《春秋》紀年一一系屬編次,這就是依經以「比事」。不論是相關的事件,或是比次不同的事件,都依經而「屬辭」、「比事」,這樣的「屬辭比事」,如上文所述,就是《左傳》全書主要的敘述方式。《左傳》中的單一事件的歷史敘事層次就依此比合而成為一部重新解釋《春秋》所涉全部歷史事件的述作。相對於《春秋》的編年記事,《左傳》以《春秋》之事為中心展開敘述,然後編年比次,成編年敘事。

　　後代學者有人學習,有人模擬,而《春秋》的「屬辭比事」的教化功能逐漸生發了新的意義,其編年敘事的敘述成為後世史家慣用的一種體式。《左傳》的敘事本意在解經,史家敘述後世的史事,旨在史鑑,但依據《春秋》經義、模擬《左傳》編年敘事的體式,這種編年形式被定義為「《左傳》家」或「《左氏(傳)》體」〔註44〕。

　　陳傳良(1141～1027)曰:

> 自荀悅、袁宏以兩漢事編年為書,謂之左氏體,蓋不知左氏於是始矣。昔夫子作《春秋》博極天下之史矣,諸不在撥亂世反之正之科則不錄也。左氏獨有見於經,故採史記次第之,某國事若干,某事某事不書,以發明聖人筆削之旨雲而,非直編年為一書也。古者事、言各有史,……自夫子始以編年作經,其筆削嚴矣;左氏亦始合事,言二史與諸書之體,依經以作傳,附著年月下,苟不可以發明筆削之旨,則亦不錄也。蓋其辭足以傳遠,而無與於經義,則別為《國語》。至夫子所見書,左氏有不盡見,又闕不敢為傳,唯謹如此。……〔註45〕

〔註44〕《後漢書·荀悅傳》曰:「(漢獻)帝好典籍,常以班固《漢書》,文繁難省,乃令悅依《左氏傳》體以為《漢紀》」。(《後漢書集解》卷62,頁10)荀悅撰《漢紀》,自述其書體例曰:「通比其事,例繫年月」《漢紀·序》,頁4,又曰「列其年月,比其時事。」強調繫年年月而比其事。繫年比事的體例,劉知幾稱之為「編年」,歸入「《左傳》家」。《史通·六家》曰:「《左傳》家者,其先出於左丘明。孔子既著《春秋》,而左丘明授經作傳;蓋傳者轉也,轉授經旨以授後人……至孝獻帝始命荀悅撮其書為編年,依《左傳》著《漢紀》三是篇」。

〔註45〕周楨江點校:《陳傳良先生文集》,杭州:浙江大學出版社,1999年12月1日。

　　荀悅（148〜209）、袁宏（328〜376），敘述史書採用編年體，後世稱之為「左氏體」，陳氏以為「不知左氏於是始矣」。實際上左氏博採諸國史記，敘述而成，但並非「直編年為一書」，而是「依經以作傳，附著年月下」，來解釋編年記事的《春秋》中各類歷史事件的前後相繼的緣由。也正因為左氏博才眾國史記，一來解釋事件原因，二來通過多重敘述視角展示各國不同的政治倫理觀念。

　　《左傳》按經文順序編年以「屬辭比事」，如無傳文敘事，經文的簡略敘述，如桓公十六年「春正月，會於曹，謀伐鄭。夏，伐鄭。秋七月，公至自伐鄭，以飲至之禮也。冬，城向，書，時也。」就無法得知信息並思考：會曹者有誰，伐鄭者又是哪國？

　　如果專記魯史，那麼「城向之後」為什麼馬上詳細敘述衛國之事；如果只依靠「分國敘述」記錄，那麼就莊公五年到莊公六年所記衛國事來看，傳曰「冬，伐衛，納惠公也」、「（六年）春，王人救衛。夏，衛侯入，放公子黔牟於周」，又云「伐衛，納惠公也」、「王人救衛」；既云「王人救衛」，此「衛」乃以黔牟為首、「衛侯入，放公子黔牟於周」：敘述的角度有時在惠公朔，有時主黔牟。朔與黔牟爭國，如果是衛史記本國之事，應該只有一個敘述視角，或主惠公朔，或主黔牟，是此而非彼，怎麼會既視惠公朔為君，又以黔牟為主呢？可見，左氏應該是將多國對此事記錄輯錄在一起而敘述。

　　再次，由措辭行文看，上舉幾則傳文並非專門論述衛事、協調統一的成篇文字，這與桓公十六年的敘事「初，衛宣公烝於夷姜」到「惠公至齊」，按初始終末的時間，將事件發生的脈絡集中的敘述成篇，顯然不同：後者屬於「敘事有主意」者。二者的差異原因，不難推測，因為《左傳》不是單純按國別記史事，而是對應經文加以闡釋，《春秋》記列國諸事，《左傳》於是也記魯事、記衛事、乃至諸國之事，行文屬辭因事不同而繁簡有別、事義兼備。

　　既然左氏依經敘述，那麼對應不同經文的各則傳文，也有所不同，未必貫穿一致。更何況，傳以解經，尋求夫子之意，這一根本的述事宗旨不同於史官記錄本國史事。因此，面對奪位政權的政治鬥爭，左氏只有依據經文，敘述事件全貌為第一要旨，方能採取中立姿態，以全知視角俯看全局，明晰事件發展脈落走向。而且，若干傳文述事簡略，甚至只說「盟於黃」或者「伐衛」，未能明確同盟者或者伐衛的諸侯，只有將經、傳文字聯合起來，才

知道「盟於黃」者有魯侯、齊侯、紀侯，參加「伐衛」的是魯、齊、宋、陳與蔡諸國。《左傳》敘述依經比義，甚至如莊公六年經曰「秋，公至自伐衛」而《左傳》無記載這樣的「有經無傳」的情景，或因為無關大義，或是由於他傳中已有解釋，或是由於陳氏所說「左傳有不盡見，又闕不敢為傳」，多聞而未能解其疑者不述，更體現出左氏敘述的謹慎態度。如此可知，陳傅良說「左氏本依經為傳，縱橫上下，旁行溢出，皆所以解駁經義，非自為書」這就點出《左傳》首重敘述事件全貌，展示事件的關係脈落，先行鋪陳。

陳傅良從《左傳》「依經以作傳，附著年月下」，明指《左氏》「非自為書」，而是釋經之傳。葉適表達了類似的看法，他說：

> 漢儒以左氏不傳《春秋》，劉歆緣此移書責讓。以其書考之，以理揆之，史文與《國語》始終者也。今《傳》獨起惠公元妃，以為書之始；自孔子卒後，畢哀公，以為書之終。其始終不以史文而以《春秋》，則此書故為《春秋》而作耳。謂之不傳《春秋》者，漢儒守師說之陋也。〔註46〕

又說：

> 《春秋》乃為孔子所修也，故左氏之始終以之。

葉適「以其書考之，以理揆之」，指出：《春秋》始隱公終哀公共十二魯國君，這是孔子自己的裁斷，而《左傳》「其始終不以史文而以《春秋》」，足以證明「此書固為《春秋》而作」。以書的起止事件來看，左氏「起惠公元妃，以為書之始」，這是為說明隱公元年「不稱即位」的緣故，從書的終了事件來看，孔子卒於哀公在位時期，左氏為了終經之事而繼續述事，乃「畢哀公，以為書之終」。《左傳》依經編年，全書敘事的「屬辭比事」的時間序列也依序隱、桓、閔、僖、文、宣、成、襄、昭、定、哀的世次與紀年，無疑就是「始終以之」。

《春秋》與《左傳》都從隱公起而止於哀公，記述這一段時期內周與諸國公侯之間的交往行動。這種述事規模與其當時的史官記載不同。經、傳的起止時間相互一致，並非偶然巧合。深入研究葉適的說法，先說明孔子筆削魯國史記而成《春秋》記錄魯國十二公，二百四十二年的事件。換言之，孔子借魯國《春秋》而表達他對歷史的看法，從這個意義上看，孔子可能是最

〔註46〕劉公純點校，王孝點教，李哲夫點校：《中國思想史資料叢刊·葉適集》，北京：中華書局，2010 年，中卷，頁 215。

早的歷史研究者或者屬於中國早期社會的歷史研究者。

首先，葉適指出孔子史文之始於《春秋》不同。當然，若就《周史》而言，仔細考察《國語》中記載的「嘉言善語」〔註47〕，上到西周昭王（公元前？～公元前1002年）、穆王（前1001～前947年在位）、厲王（前878年～前828年在位）、宣王（前827年～前782年在位）和幽王（前781年～前771年在位）的歷史記錄，即可知史文的記載肯定不是開始於「魯隱公（前722年～前712）」。

其次，若單指魯史而言，魯國有專門記錄史事的史官，也並非開始於隱公。《左傳》昭公二年云「韓起（宣子）聘魯時，觀「易象與魯春秋」，曾讚歎云「周禮盡在魯矣，吾乃今知周公之德與周之所以為王也」，顧炎武據此推測說「春秋不始於隱公……蓋必起自伯禽之封，以洎於中世，當周之盛，朝覲、會同、征伐之事皆在焉，故曰『周禮盡在魯』，而成之者，古之良史也。」〔註48〕。《左傳》定公四年，衛祝佗追述周初之分封，周分伯禽以「祝、宗、卜、史、備物、典策」。由此來看，顧炎武推論史官所記的「魯春秋」，應當開始在「伯禽之封」，信而有徵。

第三，《晉書・束皙傳》云「（晉太康二年）汲郡人不准盜發魏襄王墓，或言安釐王冢，得竹書數十車。其《紀年》十三篇：記夏以來周幽王為犬戎所滅，以事接之，三家分，仍述魏氏至安釐王墓，「蓋魏國之史書」，其記事起自「夏以來」，止於「安釐王之二十年」，通夏、商、周三代，一直到戰國時代。相比看來，《春秋》起於隱終於哀的記事規模，是不同於國史記事的規模。

第四，從記事斷限來看，《春秋》開始自魯隱公，這是不同於史籍的「特殊敘述」。而且，如果依照魯史所記，為何要停止於哀公之世而止？依照三傳與孟子以來的傳述，《春秋》出自孔子，這樣，其所以止於哀公十四年，就不費解了。

總之，《春秋》記魯國十二公、二百四十二年事，就記事的起、止斷限而言，它與一般的史官記述迥然有別，不能將其等同於「魯春秋」或「不修春秋」，按魯十二公之世次的編年，當然也不是諸侯各國的「古春秋」。

〔註47〕陳桐生譯注：《國語・中華經典藏書》，北京：中華書局，2016年1月。

〔註48〕顧炎武著，陳垣校注：《日知錄校注》，合肥：安徽大學出版社，2018年12月，卷4。

　　斷代分期的記述方式是人為設置的，沒有孔子特筆刪修的《春秋》，就無所謂「春秋」時代。《春秋》一書是劃分「春秋時代」這一歷史時期的根據、前提，也是後來的《左傳》敘述史事的根據和前提。也就是說《左傳》將隱公到哀公的史事編年敘事，世次斷限與經「始終以之」，是人為的有意迎合，絕非自然巧合。除時間斷限的「始終以之」外，《左傳》的屬辭比事的時間序列，同樣按照魯國十二公的世次與紀年。

　　《左傳》並非獨立著書，它與《春秋》之間的關聯，不僅是「經傳」的解釋關係，都包含對「史」的敘述與解釋。《春秋》編年以記事，《左傳》敘事以經之紀事為中心，從而詳述本事原委，描述事件的發生背景；其敘事時間也參照魯國十二公的世次、年月一一系屬比次，《左傳》歷史敘事以《春秋》時代斷限為綱，予以重新闡釋。

二、本其事原其志

（一）書法、凡例：出奔、罪之

　　《左傳》依經編年而敘事，成為一部歷史解釋著作。《左傳》依經以編年的敘述，於各則敘事之間，相互關聯彼此闡發，敘述脈絡隱而聯通。《左傳》對歷史的解釋，在敘事與書法、凡例、評論的交織中，或詳此而略彼，或相互發明，將這四者前後參看，更能明瞭傳意。下文就此詳述。

　　仍以桓公十六年「衛侯朔出奔齊」與莊公六年「衛侯朔入於衛」二則傳文為例，《左傳》闡釋前者，述事較詳，說明後者，敘事較略，伴有「君子曰」的評論。後者傳文，《左傳》並沒有直接顯示書法義例的文字，但《春秋》經曰：衛侯朔入於衛。稱「入」的書法，其義出現在桓公十八年「凡例」，《左傳》曰：「凡去其國，國逆而立之曰入」。至於「出奔」，可參考昭公三年的經、傳文。昭公三年，《春秋》曰：「北燕伯款出奔齊。」《左傳》解釋云：

> 　　燕簡公多嬖寵，欲去諸大夫而立其寵人。冬，燕大夫比以殺公
> 之外嬖，公懼，奔齊。書曰「北燕伯款出奔齊」，罪之也。

　　北燕伯款即燕簡公，左氏認為經書曰「北燕伯款出奔齊」，有「罪之」之義〔註49〕。傳文於是述其出奔的始末，並推究原因：以燕簡公多嬖寵且欲去

〔註49〕安井衡援據《禮記·曲禮下》，以及惠士奇、焦循的說法，綜合其說以闡釋昭
公三年此傳文，認為諸侯「出奔」乃是孔子特筆，乃書「名」以示義。安氏
曰：「〈曲禮〉曰：諸侯不生名，失地，名；滅同姓，名。凡出奔者，皆失地

諸大夫而立寵人為始，然後諸大夫聯合先殺嬖寵，於是簡公害怕而奔齊。
書曰「出奔」，貶責之語，以示徼戒〔註 50〕。《左傳》的敘事與書法相互闡
發，左氏由此揭示《春秋》記錄此事的目的，即「罪之也」。須要提到的是，
「出奔」的書法不僅闡釋「北燕伯款出奔齊」這則經文，書法相同者應該也
可以通釋〔註 51〕。

　　《左傳》以凡例書法稱謂解釋《春秋》義例，凡例固然具有普遍的解釋
功能，書法稱謂當然也不必拘於一事一例，也具有通釋之功。昭公三年傳文
闡釋「北燕伯款出奔齊」的書法，曰「罪之也」。由此觀之，桓公十六年《春
秋》曰「衛侯朔出奔齊」，左氏實際義取「罪之也」〔註 52〕。書法凡例一般用
來通釋經義，而敘事與「君子曰」往往針對具體單一事件進行相互補充說
明。如成公十八年的凡例解釋「入」的書法，而桓公十六年則憑敘事來彰顯
其義。如果經文書例針對「衛侯朔」，那麼敘事、君子曰就偏重說明左、右二
公子，以此深入考察左氏解經的意義旨歸。

（二）直接評論：君子曰

　　「君子曰」左右二公子，認為他們「不度」，就是不懂得審時度勢而強立
黔牟，因此不能「固位」。孔穎達《疏》認為：「君子」之意是說人臣立君，
「必當揆度於本末」、「使得節適時乃立之也。」「度本末」是針對「立人君」
而言，沈欽韓（1775～1831）以為「度其本末者，其人於義當立者也；度其

之君，故經必名之，而傳以『罪之』釋之。然則，改『出其君』，以自出為文
者，以正君臣之義；書名之，罪其君失道，以失先君之地。」又說：「傳通釋
名出奔君之義，不獨釋名北燕伯也。」（〔日〕安井衡著，《左傳輯釋》，台灣：
廣文書局有限公司，1967 年，卷 3，頁 48）

〔註 50〕按董仲舒之說，《春秋》有「貶天子、退諸侯、討大夫」之義（《史記・太史
公自序》轉述）左氏貶公侯以示徼戒之意，《左氏會箋》說「公惑嬖臣，以謀
去世臣舊族，此其一過多矣。人君有此妄，必危國失身。此聖人貶公，深示
王侯之戒也。」

〔註 51〕《左傳會箋》曰：「諸侯稱出奔者凡六，此例通於他五君。夫鄭突、衛朔、衛
剽皆見迫以棄宗社者。」《左傳輯釋》也認為昭公三年傳乃「通釋名出奔君之
義。」

〔註 52〕桓公十六年經書「衛侯朔出奔齊」者，杜預曰：「不言二公子逐，罪之也」。
安井衡依據惠士奇、焦循之說反駁杜預，曰：《春秋》未書，列國史書某逐某
君某，《春秋》既書，皆以其君自奔為文；臣不得逐其君也。諸侯不生名，其
「罪之」雲者，謂名之，不指出奔。（授引〔日〕安井衡：《左傳輯釋》，台灣：
廣文書局有限公司，民國 56 年，卷 2，頁 51）

本末者，其人立後能安固國家者也。」〔註53〕。審時度勢之後，黔牟是否當立呢？由經文稱朔為「衛侯」來看，黔牟似乎並不符合《春秋》之義。傳依經設辭，呼應經義，因此敘事中只稱黔牟為「公子」。雖然在位已八年之久，但傳曰「衛侯入，放公子黔牟於周」，朔仍然是「衛侯」，黔牟依然是「公子」，沒有改稱為「衛侯」或「衛君」〔註54〕。而且，從敘事來看，左右二公子實際挾「怨」而立黔牟，未見二人以「義」力爭於朔即位之前；惠公四年，又改立黔牟，也不合於義，難怪「君子」責備二公子不「度」其「本」也〔註55〕。仔細閱讀傳文敘事，壽與急子的死，緣於朔與宣姜的惡毒，左右二公子因而生「怨」，於是有改立之舉、出奔之事。如上所述，經書「衛侯朔出奔齊」，左氏認為其義「罪之」，推尋傳義，朔之罪源在此。《左傳》述其本末，讓人深察其中緣由，對朔和左右二公子進行公允的判斷。

至於經書「衛侯朔入於衛」，依《左傳》凡例，稱「入」是取義在「國逆以立之」。所謂「國逆」指惠公「入衛」，雖然有諸侯幫助，但其實是外力與內援相互呼應的結果。《左傳會箋》分析說：「母夷姜縊，兄急子殺，則黔牟無寵於宣公必矣……雖逐惠公，其母宣姜配昭伯，挾齊援而熾方出，其傾心惠公必矣。而黔牟之才德不著於傳。惠公以冬奔齊，齊侯以正月與諸侯會而某衛，凡此者皆黔牟之勢不得長存者，是其不枝也。」《會箋》分析黔牟內外無援，其「勢」不長，無法安固國家。宣姜配昭伯，出現在閔公二年《左傳》，曰：「初，惠公之即位也少，齊人使昭伯烝於宣姜，不可，強之。生齊子、戴公、文公、宋桓夫人、許穆夫人。」杜《注》曰：「昭伯，惠公庶兄，宣公子頑也。昭伯不可。」宣姜是惠公的生母，昭伯即公子頑，是惠公的庶兄，依據當時社會的「烝」之婚俗〔註56〕，齊人就強迫昭伯配宣姜，昭伯起初不同

〔註53〕《春秋左氏傳補注》卷2，頁3。

〔註54〕參看《史記》之〈衛康叔世家〉曰：「衛君黔牟立八年」，「衛君黔牟本於周」。〈十二諸侯年表〉更有「衛黔牟元年、二年」的紀念。黔牟於《史記》是「衛君」「衛侯」，於《左傳》是「公子」，比較稱謂差別，更知《左傳》深承《春秋》之旨。

〔註55〕沈欽韓認為「度其本」的「本」指「其人於義當立」，那何謂「立君之義」。《左傳》昭公二十六年曰：「昔先王之命曰：王後無適，則擇立長，年鈞以德，德鈞以卜。王不立愛，公卿無私，古之制也。」《春秋左傳屬事》據此解說，曰「今黔牟雖或可立，而孤弱寡助，終至危亡，故以為二子為不度。本，或以賢，或以分，或以年，本扶之者眾，能有成無敗也。」

〔註56〕顧頡剛在其文章《由「烝」、「報」等婚姻方式看社會制度的變遷》（上）（《中國社會科學院學者文選・顧頡剛文集》，北京：中國社會科學院出版社，2001

意，但迫於壓力，不得不接受這樣的安排，齊人左右他國的威懾力由此可見一斑。黔牟無寵，而惠公朔則有宣姜、昭伯以及齊諸侯等內外支持，二人實力相差懸殊。齊、魯等諸侯「納惠公」，而經、傳都書「入」，映像出這種情況。「君子曰」認為左右二公子不知「本之不枝」，實際就是在職責二人不能權衡立君的意義、「使得節適時乃立之」，反而強立黔牟，其「勢」不長，孤立無援又豈能「固位」繼而「安固國家」。宣姜、昭伯與諸侯的內外呼應，朔得此「勢」，於是入衛。惠公入衛，傳敘其事，曰「衛侯入，放公子黔牟於周……，乃即位」，敘事與「君子曰」評論共同呼應了「國逆」稱「入」的義例。

書法義例與「君子曰」，明確指示人物行動的得失，使閱讀者明確知曉《春秋》經旨；但這種對經旨的闡發，脫離對「本事」的敘述，就是在舍本逐末。敘事依經設辭，詳述始末，能讓人深刻明瞭判斷的緣由。敘本事或依本事設辭，使人先「知其然」，通過凡例、書法與君子曰等評論進而明瞭「其所以然」，將人物行動的脈絡詳備，是非得失的原委呈現出來，就是「深切著名」的具體體現。

（三）顯示事之委曲

《左傳》敘事以經所記之事為中心，而「原始要終」，這是「論本事」。董仲舒說：「《春秋》本其事而原其志」，判斷是非、論定褒貶，只有進入事件中人物身處的具體行動環境，才能中肯。那麼，該如何「原其志」呢？蘇輿說「事之委曲未悉，則志不可得而見，故《春秋》貴志，必先本事」。「本其事」就是推究原事之「委曲」，從中明瞭人物行動，進而瞭解其內在心志。如左右二公子強立黔牟所以未和立君之義，《左傳》憑藉敘事表述「委曲」：左右二公子因急子與壽之死，怨恨惠公，因而挾私怨而改立[註57]；仔細推

年 1 月）中針對「齊人使昭伯烝於宣姜」一事，詳細分析，他認為：公子頑烝於惠公的生母宣姜，這「確實不是出於他自己的意願，而是由於衛宣姜的母家『齊人』所指定。當時的齊君命令衛公子頑烝他的嬸母，他起初不答應，經不起這個大國強有力的逼迫，他才無可奈何地成就了他和宣姜的夫妻關係」，又說「宣姜的母家齊人可以強迫衛國的公子烝寡居的嫡母，衛國的國君也不嫌棄自己的母親為庶兄所烝，而且宣姜和這位後父所生的兒女，兩個男的後來都做了衛國的國君，兩個女的都嫁給了大國作夫人，並不因為他們是烝生的兒女而降低了社會地位。從這三方面來看，可以知道『烝』這一事在春秋時代自有它的一定的社會基礎。」

〔註57〕隱公四年《春秋》曰：「戊申，衛州吁弒其君完」，《左傳》追述其事原委，說衛州吁「有寵而好兵」，莊公「弗禁」，於是石碏以「六順、六逆」進諫，曰

究，二公子「怨惠公」，是「宣姜與公子朔構急子」導致的。經書「衛侯朔出奔齊」以罪之，君子曰批評左、右二公子「不度」也基於此事，而彰顯經旨。孔子身處春秋亂世：天子權威喪失，諸侯私欲膨脹、大夫專橫、陪臣竊命，四夷交侵。弒君三十六，亡國五十二。諸侯奔走不得保其社稷者，不可勝數。於是孔子作《春秋》貶天子、退諸侯、討大夫，欲以「達王事」，而為「天下儀表」（司馬遷）。所謂經旨，就是孔子對歷史的分析，對人物行動的褒貶。

《左傳》敘述中褒貶的顯現，一方面要根據《春秋》經文提示，另一方面要根據原事之委曲，綜合判斷，明辨是非。即從世間常理推斷，也洞悉人物的成長經歷、性格特徵、政治環境、家庭因素等，儘量呈現中肯無失的判斷，因此《左傳》的「屬辭比事」就特別注重敘述其本末以「謀其得失」。

《春秋》有事、文、義三者，《左傳》以「敘事」為中心而詳備始末，展現事的輾轉變化和發展脈絡。《春秋》「其事則齊桓、晉文」，《左傳》敘述無論「齊桓、晉文」還是五霸更迭，諸侯變遷，人物在詳細敘事中得到展現，以「事」為中心，更確切地說是以「人」為中心，為褒貶對象。所以《春秋》褒貶「其志」，貴在能「原其志」。

西方經典敘事學理論關照《左傳》敘事，將「缺少人物內心描述」為其敘事的一大瑕疵。實際上，《左傳》人物的內在心志微而顯，需在言行中尋找，於是才有「事」，「事」是外顯而有跡可循的。左傳之「事」依人物行為而構建，人物行為在時間的流程中開始發展，所以按時間搜尋，成為明白左傳「事」的基本理解方式。將「事」理解為演變中的動態過程，「行動」的取義也就來源於此。人物連續性做行動系列有其發展脈絡，由人物行動選擇組成的敘事也就自然呈現出發展脈絡，通過敘事，通過展開的行動脈絡，人物心志之「微」得以顯現，《春秋》的褒貶緣故才得以清晰，由此學者可以辯察是非判斷、體悟經義之「精微」，這是以敘事理解《春秋》褒貶的關鍵。

當然，解釋《春秋》不只敘事這一種途徑，例如《春秋比事》、《春秋屬辭》之類的經解，通過匯聚同類經文、考究書法而推尋義例。這種解經方法，有優勢，也有其侷限。正因為如此，《春秋》三傳在解經時，雖有義例解說、

「去順效逆，所以速禍也。君人者，將禍是務去，而速之，無乃不可乎」。兩者想比較，左右二公子未像石碏有據義諫君的言行，立黔牟，是基於私怨，這是《左傳》桓公十六年敘事所要表達的，與莊公六年「君子曰」相呼應。

書法分析，但都不排斥敘事解經，承襲了《春秋》屬辭比事之教。

　　縱觀春秋三傳，不僅敘事上大同小異，更都指明了趙盾實際並未親弒其君。經書「弒」實際大有緣由，況且，經書雖「弒」，卻並未深責趙盾，而掩其賢名。這是三傳所共同認可和闡發的經義。值得注意的是，三傳說明此例書法，闡明大義的方式正是敘事。

　　《左傳》解釋「秋九月乙丑，晉趙盾弒其君夷皋」，詳述其事本末原委。

　　　　晉靈公不君：厚斂以雕牆；從臺上彈人，而觀其闢丸也；宰夫胹熊蹯不熟，殺之，置諸畚，使婦人載以過朝。趙盾、士季見其手，問其故，而患之。將諫，士季曰：「諫而不入，則莫之繼也。會請先，不入則子繼之。」三進，及溜，而後視之。曰：「吾知所過矣，將改之。」稽首而對曰：「人誰無過？過而能改，善莫大焉。《詩》曰：『靡不有初，鮮克有終。』夫如是，則能補過者鮮矣。君能有終，則社稷之固也，豈唯群臣賴之。又曰：『袞職有闕，惟仲山甫補之。』能補過也。君能補過，袞不廢矣。」猶不改。宣子驟諫，公患之，使鉏麑賊之。晨往，寢門闢矣，盛服將朝，尚早，坐而假寐。麑退，歎而言曰：「不忘恭敬，民之主也。賊民之主，不忠。棄君之命，不信。有一於此，不如死也。」觸槐而死。秋九月，晉侯飲趙盾酒，伏甲將攻之。其右提彌明知之，趨登曰：「臣侍君宴，過三爵，非禮也。」遂扶以下，公嗾夫獒焉。明搏而殺之。盾曰：「棄人用犬，雖猛何為。」鬥且出，提彌明死之。初，宣子田於首山，舍於翳桑，見靈輒餓，問其病。曰：「不食三日矣。」食之，捨其半。問之，曰：「宦三年矣，未知母之存否，今近焉，請以遺之。」使盡之，而為之簞食與肉，置諸橐以與之。既而與為公介，倒戟以御公徒，而免之。問何故。對曰：「翳桑之餓人也。」問其名居，不告而退，遂自亡也。乙丑，趙穿攻靈公於桃園。宣子未出山而復。大史書曰：「趙盾弒其君。」以示於朝。宣子曰：「不然。」對曰：「子為正卿，亡不越竟，反不討賊，非子而誰？」宣子曰：「烏呼，『我之懷矣，自詒伊慼』，其我之謂矣！」孔子曰：「董狐，古之良史也，書法不隱。趙宣子，古之良大夫也，為法受惡。惜也，越竟乃免。」

　　傳文在句首呈現「晉靈公不君」的判斷，以一系列的事件，印證靈公種種荒唐的行為，為了引出趙盾（宣子）的「驟諫」而「公患之」。然後敘述靈

公如何兩次要殺趙盾未果，卻導致趙盾的出奔逃亡。隨後，趙盾弒靈公，而趙盾「未出山而復」。晉太史董狐以盾為正卿，而「亡不越竟，反不討賊」，故書曰：「趙盾弒其君」。最後傳引「孔子曰」作結論語：董狐為「良史」，趙盾為「良大夫」。《左傳》藉此闡明：「趙盾弒其君」，是良史的直筆，故《春秋》述之；同時也因為趙盾「為法受惡」，不失為「良大夫」，所以詳細敘述其事件始末，闡明此義。左氏並沒有直接描述趙盾如何的賢良，而是皆士季、鉏麑、靈輒等人，側面烘托趙盾為「良大夫」的形象，同時還與晉靈公厚斂、彈人、殺宰夫的荒唐行徑成鮮明對照。而且，敘述說「晉侯飲趙盾酒」，靈公伏甲欲襲殺之，趙盾且鬥且出，隨即出奔。趙盾迫於形勢不得不出逃，緊接著，傳曰「乙丑，趙穿攻靈公於桃園」。與經文相對照，可知，實際上弒君者是趙穿而非趙盾。時間記述上突出「秋九月」與「乙丑」，正與經的時間對應，說明趙穿桃園弒君時，趙盾正在出逃期間。對此，晉太史董狐並不知情，所以他說「亡不越竟」追問趙盾為何沒有越出國境，進而責問，既返，為何「不討賊」？所謂「惜也，越竟乃免」，沈欽韓認為「言倉皇出奔他國，義不再反，乃可逃弒君之名。」〔註58〕指出趙盾的「倉皇出奔」，深得傳意。正因為迫於形勢，被動倉皇出奔，也就無法預料到趙穿弒君的事情，當時如果直接奔赴他國且不復返，甚至可以免除罪責——無弒君之實，也不必蒙受弒君之名〔註59〕。那麼所謂趙盾「為法受惡」，主要是針對「反不討賊」而言，「法」者，當然是指史官記事的書法。趙盾身為正卿，既然返回晉國，恢復其正卿身份，當位掌權，應當討賊。正因為「未討賊」，故董狐秉筆直書「趙盾弒其君」，當孔子作《春秋》也繼承此說而未加改動。

　　《穀梁傳》敘述這一事件的始末比較簡略，但傳文的經義與《左傳》相近相通。《穀梁傳》曰：

〔註58〕沈欽韓、焦循：《春秋左傳補注》，上海：上海古籍出版社，2016年3月版，卷5，頁9。

〔註59〕《禮記·曲禮下》說人臣「三諫不聽則逃去」，鄭玄注云：「君臣有義則合，無義則離」。杜注曰「越竟則君臣之義絕」。莊公四年《公羊傳》謂「（曹羈）三諫不從，遂去，故君子以為得君臣之義也。」「三諫不聽則逃去」謂孟子「異性之卿」的緣故。《孟子·萬章下》記載，齊宣王問「卿」，孟子答曰「有貴戚之卿，有異性之卿」，前者「君有大國則諫，反覆之而不聽，則易位」；後者，「君有過則諫，反覆之而不聽，則去。」趙盾是「異性之卿」，又數次進諫而招禍，雖非主動離去，若出亡越境而不返，於義則未可深責；太史所以直書其名，責其身為正卿，既返而「不討賊」。

秋，九月乙丑，晉趙盾弒其君夷皋。穿弒也，盾不弒，而曰盾
弒何也？以罪盾也。其以罪盾何也？曰靈公朝諸大夫，而暴彈之，
觀其闢丸也。趙盾入諫，不聽，出亡，至於郊。趙穿弒公而後反趙
盾，史狐書賊，曰：「趙盾弒公。」盾曰：「天乎天乎！予無罪。孰
為盾而忍弒其君者乎？」史狐曰：「子為正卿，入諫不聽，出亡不遠，
君弒，反不討賊則志同，志同則書重，非子而誰？故書之。」曰晉
趙盾弒其君夷皋者，過在下也。曰於盾也，見忠臣之至。

　　傳文從「靈公朝諸大夫而暴彈之」到「非子而誰」一段是敘事，敘事主
旨是要說明「罪盾」的因由。《穀梁傳》先明確指出「穿弒也，盾不弒」；再
敘述始末，並引史狐之言，謂趙盾之過在於「出亡不遠」、「反不討賊」；三則
不忘說明「於盾也，見忠臣之至。」經書「趙盾弒其君」以罪責趙盾，而《穀
梁傳》重在申述「於盾也，見忠臣之至」。這與《左傳》「孔子曰」謂「趙宣
子，古之良大夫也」的說法，雖措辭不同，但釋義相通。《穀梁傳》也是以「反
不討賊」來表述經書之意，謂「反不討賊，則志同，志同則書重」，意義更加
明確。因為「志」等同於弒君之賊，趙盾非弒而書弒，既書「趙盾弒其君」，
而又贊其為「忠臣」，詳細的事緯，《穀梁傳》不是解析書法義例，而是將其
昭示在敘事脈絡間。就此而言，《穀梁傳》的敘述與左氏記錄「晉趙盾弒其君
夷皋」之事、之義相近相通。

　　《公羊傳》解釋《春秋》此例，也與二傳相應和。宣公二年公羊無傳，
但宣公六年，經書「晉趙盾、衛孫免侵陳」，公羊氏為了解釋趙盾弒為何又復
見於經，詳細補充敘述了此事。對於「趙盾弒其君夷皋」之事，公羊氏的
傳文與另外二家大致相同，也說趙盾非親弒，只因「不討賊」而書弒。《公羊
傳》曰：

趙盾弒君，此其復見何？親弒君者趙穿也。親弒君者趙穿，則
曷為加之趙盾？不討賊也。何以謂之不討賊？晉史書賊曰「晉趙盾
弒其君夷□」。趙盾曰：「天乎無辜！吾不弒君，誰謂吾弒君者乎？」
史曰：「爾為仁為義，人弒爾君，而復國不討賊，此非弒君如何？」
趙盾之復國奈何？靈公為無道，使諸大夫皆內朝，然後處乎臺上引
彈而彈之，已趨而闢丸，是樂而已矣。趙盾已朝而出，與諸大夫立
於朝，有人荷畚，自閨而出者。趙盾曰：「彼何也，夫畚曷為出乎閨？」
呼之不至，曰：「子大夫也，欲視之則就而視之。」趙盾就而視之，

則赫然死人也。趙盾曰：「是何也？」曰：膳宰也，熊蹯不熟，公怒以鬥摯而殺之，支解將使我棄之。趙盾曰：嘻！趨而入。靈公望見趙盾訴而再拜。趙盾逡巡北面再拜稽首，趨而出，靈公心怍焉，欲殺之。於是使勇士某者往殺之，勇士入其大門，則無人門焉者；入其閨，則無人閨焉者；上其堂，則無人焉。俯而窺其戶，方食魚飧。勇士曰：嘻！子誠仁人也！吾入子之大門，則無人焉；入子之閨，則無人焉；上子之堂，則無人焉；是子之易也。子為晉國重卿而食魚飧，是子之儉也。君將使我殺子，吾不忍殺子也。雖然，吾亦不可復見吾君矣。遂刎頸而死。靈公聞之怒，滋欲殺之甚，眾莫可使往者。於是伏甲於宮中，召趙盾而食之。趙盾之車右祁彌明者，國之力士也，仡然從乎趙盾而入，放乎堂下而立。趙盾已食，靈公謂盾曰：吾聞子之劍，蓋利劍也，子以示我，吾將觀焉。趙盾起將進劍，祁彌明自下呼之曰：盾食飽則出，何故拔劍於君所？趙盾知之，躇階而走。靈公有周狗，謂之獒，呼獒而屬之，獒亦躇階而從之。祁彌明逆而唋之，絕其領。趙盾顧曰：君之獒不若臣之獒也！然而宮中甲鼓而起，有起於甲中者抱趙盾而乘之。趙盾顧曰：吾何以得此於子？曰：子某時所食活我於暴桑下者也。趙盾曰：子名為誰？曰：吾君孰為介？子之乘矣，何問吾名？趙盾驅而出，眾無留之者。趙穿緣民眾不說，起弒靈公，然後迎趙盾而入，與之立於朝，而立成公黑臀。

　　大段傳文，敘事無疑佔了絕大篇幅。公羊指陳「晉趙盾弒其君夷皋」的經文因源出晉國史，三傳皆同。就敘事而言，《公羊傳》與《左傳》相比，更刻意描述具體細節，這些細節反映出趙盾的恭謹清廉，平易近人，聲名卓著。《左傳》則強調「靈公為無道」，《公羊傳》就呼應「趙穿緣民眾不說，起弒靈公」。董仲舒曾申述此意，曰「……有名為弒君而罪不誅者。逆而距之，不若徐而味之。且吾語盾有本，《詩》云：『他人有心，予忖度之。』此言物莫無也。按盾辭號乎天，苟內不誠，安能如是？故訓其終始無弒之志。掛惡謀者，過在不遂去，罪在不討賊而已。」〔註60〕由此觀之，《公羊傳》就此經例敘事詳贍，著力描述趙盾的為人，是「順其終始無弒之志」，來表現事件的始末原委。所謂「案盾事而觀其心」、「察觀其外，可以見其內也」，雖然闡述

〔註60〕董仲舒：《春秋繁露義證》，北京：中華書局，1992年版，頁41。

《公羊傳》，也可用於其他二傳，可見三傳敘事皆現此意。

以事觀心，本事原志，這正是《左傳》敘事的意義所在。《春秋》書「趙盾弒其君夷皋」。三傳敘述其「本事」之本末，將「事」展開，呈現人物行動過程，在人物行為中，明了人物的選擇，正是所謂的「案盾事而觀其心」。董仲舒說「察視其外，可以見其內」，讀者揣測人物的心理活動，如果僅從趙盾呼天的言語「茍內不誠，安能如是」，缺少說服力，還應參考人物行為，若前後始終貫穿，就能說明真偽，可操作起來，難度不小。以趙盾是否弒君為例，想明了人物行為選擇的過程，即使有有跡可循的外顯行為，要想說明其「無辜」，辯證《春秋》之所以書「趙盾弒君」，並非就其實際行動來判斷，而是由於「不討賊」而「為法受惡」的緣故。但是否就真的不能從敘事角度辯駁呢？

孔子說「我欲載之空言，不如見之於行事之深切著名也。」此言作為三傳敘事解經的準則。三傳都以詳備敘事，闡釋「趙盾弒君夷鎬」的經義，正是符合「見之於行事」乃使其「義」深切而著明。

葉適即主張：論說趙盾，首當依準三傳。葉適曰：

> 凡左氏、公、穀敘事本皆同者，皆當時之所謂大事，天下所通知者也。〔註61〕

> 趙盾、趙穿之事，當時天下共知，三傳所在無異。蓋董狐特立此義，與他史法不同，舉世從之，雖孔子不能易也。然而，聖人亦自以為太重，而傷趙盾之慮不詳，被以此名，不得辭也，故曰「惜也，越竟乃免」。蓋人之所嚴者，孔子之所寬也。後世乃以盾為定弒其君者，曰：三傳之妄說也。嗚呼！左氏之書不知有公、穀者，在前故也；公、穀在後，不知有左氏者，僻陋故也。兼不相知，其事同者，天下之通見聞也。今反以為妄而疑之，非以定事為空文乎！〔註62〕

葉適認為：「左氏之書不知有公、穀者，天下之通見聞也。」左氏、公羊與穀梁三家「兼不相知」。偶而敘事、經義相合、呼應之例，都源於此事、此義為「當時之所謂大事，天下所通知者」，故三傳「通見聞」無異議。尤其像「弒君」這樣的大惡，三傳不約而同地闡明趙盾非弒、罪累「不討賊」而受

〔註61〕葉適：《習學記言序目》，北京：中華書局，1977年，上冊，頁15。
〔註62〕葉適：《習學記言序目》，北京：中華書局，1977年，上冊，頁20。

貶責。況且三傳各自有解經系統，如果沒有「述其事」的詳細本末論說，又怎麼會在如此重大是非判斷上保持一致。

綜上所述，春秋三傳雖然都以「例」解《春秋》，但這並不是它們解經的唯一方式。以經所記「事」為中心，「原始要終」地詳述其事始末，從而判斷是非、明褒貶。三傳皆如此。上文以「趙盾弒其君夷皋」為例，指出三傳皆以詳細敘事而解經。三傳的敘事既描述晉靈公的「不君」之行，又側面描述許多相關人物，以烘托出趙盾的恭良易儉，為「良大夫」的光輝形象，如毛奇齡所言，是「備究其事之始末，並當時行動之首從、主輔」，由此證實其「始終無弒之志」。進而表明其褒貶之意。這樣「屬辭比事」以釋義，成為三傳訓釋《春秋》的最終目的。三傳中《左傳》「敘事尤備」尤深於《春秋》之「屬辭比事」。

《春秋》寓「義」於「文」和「事」中，其中心關注還是「人物」，以人物為褒貶對象。人的內心隱微，褒貶其行為的是非，需以究原事而原其志。《左傳》依經以編年敘事，逐次詳細載述其「事」的本末始終。將人物活動的具體脈絡詳細表達出來，使學者能夠通過憑藉傳文的述事而明瞭褒貶蘊含。

三、言事相兼

古史的記錄樣式，主要有記言和記事兩種。陳伯良說：「自古者事，言各有史，……左氏亦始合事、言二史與諸書之體，依經以作傳，附著年月下」，認為《左傳》始合記事與記言之體，並且依經編年來解釋《春秋》。陳氏此說之前，北魏的高祐、李彪、唐代的劉知幾就已經有類似的說法。劉知幾說：

> 古者言為《尚書》，事為《春秋》，左右二史，分屍其職。蓋桓、文作霸，糾合同盟，春秋之時，事之大者也，而《尚書》闕紀；秦師敗績，繆公誡誓，《尚書》之中，言之大者也。而《春秋》靡錄。此則言、事有別，斷可知矣。逮左氏為書，不遵古法，言之與事，同在傳中，然而言、事相兼，煩省合理，故使讀者尋繹不倦，覽諷忘疲。〔註63〕

劉知幾根據《尚書》與《春秋》，舉例說明記言與記事的體式，「言、事有別，斷可知矣」，到了《左傳》開創了言、事相兼之體，異於古史記法。高

〔註63〕劉知幾：《史通通釋》，上海：上海古籍出版社，2009 年，頁 75。

祐和李彪等主張採取紀傳體修國史，二人在奏書中說道：

> 尚書者，記言之體；《春秋》者，錄事之辭。尋覽前志，斯皆言、動之實錄也。夏、殷以前，其文弗具；自周以降，典章具備。史官之體，文質不同；立書之旨，隨時有異。至若左氏，屬辭比事，兩致並書，可謂存史意，而非全史體。〔註64〕

古史體式，或記言或記事，「言、動之實錄也」，「言」指言辭話語，「事」指行為動作。高、李二人追述古史之體，認為《左傳》「屬辭比事，兩致並書，可謂存史意，而非全史體。」「存史意」可理解為其內容根據列國實錄，信實有據。《左傳》博採諸國史，因此「存史意」。《尚書》《春秋》兩部經書，雖然保存記言、記事的體式但學者從未將二書視為史，況且《左傳》「依經以作傳，附著年月下」，是傳體而非史體。李彪〔註65〕曾述：「尼父之別魯籍，丘明之辯孔志，可謂婉而成章，盡而不污者矣」〔註66〕明確說出「丘明之辯孔志」，可以他並不以《左傳》為史，而認為是解經之作。劉師培說：「傳之於經，同出魯史，……與經同出，故與史同，以傳名書，故與史異」，劉氏說出了《左傳》存史意而非史體的意義。需要指出的是，高、李二人稱「左氏」的「屬辭比事」是傳文兼具「言、事」，與本文論述的「屬辭比事」有所差異，即便如此，二人提到的「兩致並書」指出了《左傳》敘事的「言事相兼」的特點。

另外，高、李二氏、劉知幾、陳伯良等諸家都關注到言事相兼的敘述，不是《左傳》獨有的敘述特點，《公羊傳》和《穀梁傳》的敘事也皆如此。三傳敘事源自《春秋》記事，往往以人物的行為動作為中心，穿插言語。這就說明敘事展開人物行動脈絡的同時，可以兼含動作和言語。由《春秋》記事，到三傳敘事時兼具言、事，發展過程相當自然。

《春秋》記事，如「宋伯姬卒」，只有簡略數字載錄事件，而《公羊傳》與《穀梁傳》述其事，將「事」展開為人物的行動脈絡，將失火之時伯姬如何因傅母、保母未至而堅持不下堂避走，終於「逮乎火而死」。二傳都記述了伯姬與左右侍從的對話言辭。伯姬遇火，本可以避走但卻未及時避走，婦人的忠貞儀節，都通過言辭傳達出來。再如「趙盾弒其君夷皋」，三傳敘述

〔註64〕魏收：《魏書》，北京：中華書局，1997年版，卷57，頁1260。

〔註65〕據《魏書‧李彪傳》記載李彪曾「述《春秋》三傳，合成十卷」，可見李氏具有《春秋》三傳之學的背景。

〔註66〕魏收：《魏書》，北京：中華書局，1997年版，卷62，頁1394。

其「事」之始末，也都具有相關人物的行動與言辭。關於趙盾與太史董狐的對話，《公羊傳》載趙盾之語：「天乎！無辜！吾不弒君，誰謂吾弒君者乎？」董仲舒詳解此言，以為「《詩》云：『他人有心，予忖度之』此言物莫無鄰，察視其外，可以見其內也。」因此，董氏由趙盾呼號自辯，從而察視其內心真誠與否，曰「按盾辭號乎天，苟內不誠，安能如是？」號乎天是否能真的表明心中志誠，當然也是見仁見智，然而，這種說法卻成為《春秋》學者對言辭的關注，有著深一層的緣由，這就是：尋言以觀志。

《春秋》「本其事而原其志」，事因人物行動的本末始終而展開，在敘事中推原其志，杜預解釋為「志以法言」、「志以定言」。「言」成為表露「志」的重要方式。杜預注曰「在心為志，發口為言」，孔穎達曰：「志有所之，言乃出口，故志以發言」，又云：「志意充滿，慮之於心，所以定言語也。」《左傳》「仲尼曰」曾引據古書，曰「言以足志，文以足言；不言，誰知其志，言之無問，行而不遠。言辭作為心志的表徵，心有所思，於是發言，所以「言以足志」。這樣，「言」可以視為「志」的象徵，當人物心裏活動有意或無意地顯露，那麼關注表露於外的言辭，就是洞察其內在心志的線索。

當然，也不可以僅憑言語就判定是非。言和行構成人的行為整體。詳細察看一個人物的心志，察其言的同時，觀其行，綜合人物的言語、行為，更能恰切地掌握人物的真實心理。從這個意義上說，言事相兼，正是觀察人物行動最好的方法。以文公十四年《春秋》曰：「晉人納捷菑於邾，弗克納。」為何經書既「納」而後又「弗克納」？其中有何隱情。書曰「弗克納」是褒義還是貶義？需要有具體敘事，進行一一說明。

《左傳》敘述曰：

> 晉趙盾以諸侯之師八百乘納捷菑於邾。邾人辭曰：「齊出貜且
> 長。」宣子曰：「辭順而弗從，不祥。」乃還。

《左傳》敘事「晉人納捷菑與邾」，其中「晉人」，就是由趙盾率領的「諸侯之師八百乘」。「納捷菑而後弗克納」的過程是：起先，趙盾（趙宣子）帥諸侯之師援助捷菑復國，邾人拒說「齊出貜且長」當立，趙盾認為「辭順」，於是諸侯退兵，無功而返。貜是邾文公的元妃齊姜所生，所以說是「齊出」；捷菑為文公的二妃晉姬所生，文公卒，貜因長而立，而捷菑奔晉。晉趙盾率領「諸侯之師八百乘」，浩浩蕩蕩來到邾地，但邾人力陳「貜且長」，理正辭嚴，趙盾因而退兵，可謂以力服義。這樣，其「弗克納」的原因，並非力不

足所致，而是服於禮儀的結果。然而，晉趙盾未能在率「諸侯八百乘」之前仔細度量其義，便貿然挺進，雖然最終力服於義，但終究非純善。如上述的解說，《春秋》曰「晉人納捷菑於邾，弗克納」。稱趙盾為「晉人」，意在貶，而書曰「弗克納」則主要是褒其能從正而服義[註67]。

此例《公羊傳》的敘事比左氏更詳細，《公羊傳》曰：

> 晉人納接菑於邾婁，弗克納。納者何？入辭也。其言弗克納何？大其弗克納也。何大乎其弗克納？晉郤缺帥師革車八百乘以納接菑於邾婁，力沛若有餘而納之。邾婁人言曰：「接菑晉出也，獲且齊出也。子以其指，則接菑也四，獲且也六。子以大國壓之，則未知齊、晉孰有之也。貴則皆貴矣。雖然獲且也長。」郤缺曰：「非吾力不能納也，義實不爾克也。」引師而去之，故君子大其弗克納也。此晉郤缺也，其稱人何？貶。曷為貶？不與大夫與廢置君也。曷為不與？實與而文不與。文曷為不與？大夫之義不得專廢置君也。

《公羊傳》從「晉郤缺帥師」到「引師而去之」，是敘事，其中，說率師者是郤缺而非趙盾，與《左傳》不同；二傳在述說邾人的言辭時也有不同。除此之外，大體而言，對於「晉人納捷菑與邾，弗克納」，二傳敘事相近，義也相通。

《左傳》闡述此例，於敘事之外，並無「書曰」、「君子曰」等評論，又如何能傳達出「從正服義」的評價呢？這是由敘事的「言事相兼」中的「言辭」體現出來的。邾人說「齊出獲且長」，趙盾肯定曰「辭順」，於是從而退兵。杜注曰：「立適以長，故曰辭順」。邾人強調獲且為嫡長子，應當立為國君，合乎禮儀之制，因此，趙盾能夠不依仗諸侯八百乘的軍事力量，轉而服正禮儀，這種行為值得褒獎。諸侯之師的一進一退的內在意義，都通過行動與言辭構成的敘事中體現。

楊士勳曾說左氏「身為國史，躬覽載籍，屬辭比事有可依據」。《左傳》敘事博採諸國國史實錄，敘事載言皆信而有徵。傳文中凡會盟辭令或者大夫諍言諫語，劉知幾在《史通・申左》篇中說：「斯蓋當時發言，形於翰墨，立名不朽，播於他邦，而丘明仍本其語，就加編次」，「諒非經營草創，出自一

[註67] 杜《注》曰「八百乘，六萬人。言力有餘也。」又說：「邾有成君，晉趙盾不度於義而大興諸侯之師，涉邾之竟，見辭而退，雖有服義之善，所與者廣，所害者眾，故貶稱人。」

時，琢磨潤色，獨成一手。斯蓋當時國史已有成文，丘明但編而次之，配經稱傳而行也。」左氏廣採諸侯國史，然後抉擇裁取，加以綴次編撰。一方面，左氏採取當時的實錄，因此稱典故、說明制度，都是信實可徵的；另一方面，編次構成的敘事，將當時的人物言辭放置在「原始要終」的整體脈絡中，那麼《左傳》的敘事就不是對現成的國史記載的轉錄，而是以解釋《春秋》為宗旨，當然其敘述意義也就並不在於載錄史事。

《左傳》敘事中述說的言語，有時是長篇的外交辭令，如衛祝佗爭長盟於蔡與子產爭承，有時也有經過選擇、刪裁、潤色以便呼應上下的，如晉人納捷菑，「邾人辭曰：『齊出貜且長』」，當時邾人面對八百乘的諸侯之師壓境而來，料想當時的情況，應對辭令應不止於此，但左氏「編而次之，」配經稱傳而行，刪繁取要，只留一句話而已。可見言語記錄、刪裁只因當時敘事解經情況而定。

言辭中的人物對話是《左傳》敘事中以推動情節發展的重要因素。例隱公元年《春秋》曰：「夏五月，鄭伯克段於焉」。《左傳》敘事解經，詳細敘述了事件的完整發展過程，其中，鄭莊公與左右諸臣的對話，是情節轉折的推動力。傳文曰：

> 初，鄭武公娶於中，曰武姜，生莊公及共叔段。莊公寤生，驚姜氏，故名曰「寤生」，遂惡之。愛共叔段，欲立之。亟請於武公，公弗許。及莊公即位，為之請製。公曰：「製，岩邑也，虢叔死焉。佗邑唯命。」請京，使居之，謂之京城大叔。祭仲曰：「都，城過百雉，國之害也。先王之制：大都，不過參國之一；中，五之一；小，九之一。今京不度，非制也，君將不堪。」公曰：「姜氏欲之，焉辟害？」對曰：「姜氏何厭之有？不如早為之所，無使滋蔓！蔓，難圖也。蔓草猶不可除，況君之寵弟乎？」公曰：「多行不義，必自斃，子姑待之。」

> 既而大叔命西鄙、北鄙貳於己。公子呂曰：「國不堪貳，君將若之何？欲與大叔，臣請事之；若弗與，則請除之，無生民心。」公曰：「無庸，將自及。」大叔又收貳以為己邑，至於廩延。子封曰：「可矣，厚將得眾。」公曰：「不義不暱，厚將崩。」大叔完聚，繕甲兵，具卒乘，將襲鄭，夫人將啟之。公聞其期，曰：「可矣！」命子封帥車二百乘以伐京。京叛大叔段，段入於鄢，公伐諸鄢。五月

辛丑，大叔出奔共。書曰：「鄭伯克段於鄢。」段不弟，故不言弟；
如二君，故曰克；稱鄭伯，譏失教也：謂之鄭志。不言出奔，難之
也。遂寘姜氏於城潁，而誓之曰：「不及黃泉，無相見也。」既而悔
之。潁考叔為潁谷封人，聞之，有獻於公，公賜之食，食捨肉。公
問之，對曰：「小人有母，皆嘗小人之食矣，未嘗君之羹，請以遺之。」
公曰：「爾有母遺，繄我獨無！」潁考叔曰：「敢問何謂也？」公語
之故，且告之悔。對曰：「君何患焉？若闕地及泉，隧而相見，其誰
曰不然？」公從之。公入而賦：「大隧之中，其樂也融融！」姜出而
賦：「大隧之外，其樂也泄泄！」遂為母子如初。君子曰：「潁考叔，
純孝也，愛其母，施及莊公。《詩》曰『孝子不匱，永錫爾類。』其
是之謂乎！」

　　經曰「夏五月」，傳載明其月日，「五月辛丑」，傳文首先在敘事中點明事
件真正初露端倪的時間。《左傳》以《春秋》編年的時間為中心，針對「鄭伯
克段於鄢」這一事件，通過敘事闡述事件的發展原委，從而揭示經義：傳文
先追述自鄭武公取姜氏，依序鋪陳至武姜與莊公相見於隧，從開始到事件結
束，經歷了三、四十年的時間。針對《春秋》記「事」而追述其「初」，即相
對於「鄭伯克段於鄢」之事的「發其端」。傳曰：「初，鄭武公娶於申曰武姜，
生莊公及共叔段」，武姜因莊公寤生，「遂惡之」而「愛共叔段」，這就簡要表
明了莊公與共叔段之間的關係，並追究出事件產生的因由，即呂祖謙（1137
～1181）所指陳的「愛、惡兩字便是事之因由」〔註68〕。這意謂：莊公與段
之間的爭端，說到底，源於武姜對兩兄弟的「愛」與「惡」。武姜「愛」共叔
段，於是請武公立之，不成；至莊公即位，又為段請製，未過，再請京。叔
段封於京好，勢力一步步擴張，力量大到足以與國君——莊公相抗衡，並準
備「襲鄭」，而「夫人將啟之」。莊公預問其計謀，命子封帥兵伐京，段逃入
鄢，而「公伐諸鄢」，於是「五月辛丑，大叔出奔共」。傳文陳述段與莊公相
抗始末，終不脫武姜的影響。由「姜氏欲之」一語看來，莊公深悉於此。前
則「姜氏欲之」，後則「夫人將啟之」，因此，叔段潰敗出奔後，傳又敘及後
續的發展，謂莊公「遂寘姜氏於城潁，誓之曰：『不及黃泉，無相見也。』」
後來，由於潁考叔教以「闕地及泉」的方法，武姜與莊公乃得以「隧而相見」，
終於『為母子如初』。事件發端與武姜之愛惡，有母子之情導致兄弟相爭，傳

〔註68〕呂祖謙：《春秋左傳續說》影印文淵閣四庫全書本，卷1，頁3下。

最終也以武姜、莊公『母子如初』作結。

敘事之外，《左傳》還解釋了《春秋》的書法，傳曰：「段不弟，故不言弟；如二君，故曰克；稱鄭伯，譏失教也，謂之鄭志；不言出奔，難之也。」

傳以敘事陳述鄭伯與段的兄弟關係，進而闡釋經所以「不言弟」的書法，意在貶責段之「不弟」。經書「克」，則意謂兩人相爭「如二君」，敘事於此呼應，敘說叔段自封與京而築大城，既又「命西鄙、北鄙二於此」，然後「收貳以為己邑，至於廩延。」勢力逐步擴張。敘事說「大叔出奔共」，而經「不言出奔」，傳曰「難之也」，安井衡說「出奔者，勢窮力屈之詞，段勢強大，鄭伯僅能克之，……仲尼書《春秋》，欲見強臣難制，以戒後世，故不言出奔。傳釋其意曰「難之也」，言破之極難，以終上文『如二君』之意。〔註69〕

以上所述主要解釋「克段於鄢」，而「譏失教也，謂之鄭志」，解釋經為「鄭伯」之義，安井衡曰：「鄭伯在前而後釋之者，段不弟，如二君，皆鄭伯失教所致」，故先釋「克段於鄢」，而以失教、鄭志結之。」《左傳》說明書法，既責段不弟，也深討莊公之「失教」，因此敘事對於整個情節脈絡，實際側重莊公，重在表現莊公之「志」，以貶其「失教」。所謂「鄭志」，是鄭伯的心志，姜炳璋說：「鄭伯克段於鄢，或以為故予大邑，陷之於死，未免深文；或以為善全兄弟，聽其出走，未免失出。惟左氏罪其「失教」而得《春秋》之義。非為段寬也，段之叛逆，人所共見；鄭伯之志，隱矣。故「鄭志」二字是主腦。即便如姜炳璋所說「鄭志」是「主腦」，然而其「志」仍然隱微難辯，因此《左傳》一方面在說明說法，同時憑藉敘事委婉表達。

呂祖謙曾仔細揣摩此傳文所述的人物對話，他分析說：

> 及莊公即位，為之請製，公曰：「制，嚴邑也，虢叔死焉。他邑唯命」……莊公當時所以不與他，時亦是莊公初間好意，未必是恐難控制而不與之也。故祭仲當時之諫，但引先王都城之制，未嘗有一言遽傷其兄弟之情。大率骨肉之間，外人苟未知得過何如時，安敢便有離間地言語。看祭仲第二次再說。亦不過「蔓草猶不可除，況君之寵弟乎？」「寵弟」二字，便見莊公之意猶未發露，竟不曾分明說破。惜乎當時殊無調護兄弟情意，便只就厲害上說去。公子呂又曰：「國不堪貳，君將若之何？欲與太叔，臣請事之；若弗與，臣請除之。」此言語展轉激憤。看得莊公初時亦未便有殺弟之意，只

〔註69〕安井衡：《左傳輯釋》，台灣：廣文書局有限公司，民國56年，卷1，頁8。

緣事勢浸浸來了，此所以遂成了「克段」底事。如公曰「姜氏欲之
為闢害」此等語，亦是狠復者之常談，至曰「多行不義必自斃」，與
後來「不義不暱，厚將崩」之語，其意欲不可回矣。學者能細看得
此段，亦盡見得人情物理。〔註70〕

　　按呂氏的分析，起初武姜為共叔段請製，莊公以「制，巖邑也，虢叔死
焉」婉拒，這其實是莊公的一番好意，由此知，莊公最初並未有殺弟之意。
而且祭仲諫言，還是以陳說制度為主，並未「遽傷」兄弟之情，又說叔段是
「君之寵弟」，當時，「莊公之意猶未發露」，而君臣對話的焦點還圍繞在「姜
氏欲之」、「姜氏何厭之有」。等到了公子呂進言，言辭激憤，莊公回答說「無
庸，將自及」、「不義不暱，厚且崩」，言談之際，微微透露出「其意欲不可回
矣。」

　　呂氏根據敘事中的人物對話，仔細揣摩人物言辭語氣，故能「見得人物
情理」，梳理出莊公的心意變化。

　　顧棟高也有此意，他說「母氏請京則聽，收貳至廩延亦不發露」，隱忍至
二十二年之久，蓋猶有畏名義、念母與鞠弟之心，非可謂養成其惡也。莊公
十五歲即位，人物成長，心志也在隨之發生變化，這種心志的微妙變化，反
應在其行為中，於是對叔段的態度也由消極變積極——「姑待之」、「將自及」，
逐漸轉變為積極主動——「公問其期，曰『可矣』」，便隨即「命子封帥二百
乘以伐京」，經過二十二年而後「克段」。呂祖謙說：「前面命西鄙、北鄙貳於
己，與收貳為己邑，莊公都不管，且只是放他去，到後來，罪惡滿盈，乃遽
絕之，略不假借。命子封帥師伐京，段奔鄢，公又親帥師伐鄢。於其未發，
待之甚緩；於其已發，追之甚急。公之於段，始如處女，敵人開戶，後如脫
兔，敵不及拒者也。」莊公的長期隱忍，誠然「待之甚緩」，但一聽到叔段「將
襲鄭」的消息，立即發兵使措手不及，而又追擊甚急，呂氏進一步分析說：「莊
公此等計術，施於敵國則為巧施；施於骨肉，則為忍。大凡人於骨肉兄弟份
上，最不可分彼曲我直，一旦分出彼取我直，便失親親之意。觀莊公開始者
欲害段而有『姜氏欲之為闢害』之語，則是欲曲在姜氏，直在莊公；及其欲
伐而待其惡大，亦欲曲在叔段，直在莊公。」為什麼莊公如此在意「彼曲我
直」，而「欲曲在姜氏、叔段」以顯示直在自己？如顧棟高所說，莊公猶有「畏
名義」之心。正因為還有「謂名義」之心，幾次說共叔段，曰「多行不義必

〔註70〕呂祖謙：《春秋左氏續說》影印本四庫全書，卷1，頁3。

自斃」、「不義不暱，厚將崩」，總在凸顯叔段多行的「不義」。在莊公，自以為得計，殊不知《春秋》誅志，既責「段不弟」，又諷鄭伯「失之教」。

　　如安井衡所說，經「鄭伯」在先，而傳文解說書法，先訓解「克段於鄢」，而以「失教」、「鄭志」作結束，表明「段不弟」、「如二君」乃源於鄭伯「失之教」，深誅其志。姜炳璋說：「『鄭志』二字是主腦，而《春秋》誅鄭伯之志以『譏失教』為關鍵，於是由『譏失教』之義，敘述穎考叔如何藉由食肉而『請以遺之』的言行，開悟莊公；並教以『若掘地及泉，隧而相見，其誰曰不然！』」解除其恐違誓言的憂慮。莊公聽從其言，傳跳過掘地的具體過程，直接描述莊公、武姜出入賦詩的情節，曰「公入而賦『大隧之中，其樂也融融』」，姜出而賦「大隧之外，其樂也洩洩」。通過對話，情節循序展開，以「遂為母子如初」為結束。穎考叔的請獻、食捨肉而請以遺母，陳述「掘地及泉，隧而相見」的方法，都在圍繞「教」為線索。姜氏以為這是「傳特為『教』作一樣子。」他說：

> 或云：上一截是克段，下一截是置母，總以姜氏為始終。不知左氏釋經者也，經但言「克段」而已，母子如初而段不敢歸、母不敢請，兄弟已不能如初也。試思：考叔之於公，公之於姜及段，孰親？而孰能以一言悟主，公乃不能積誠以悟母，婉轉以訓弟？且純孝如考叔。其調停母子曲至，而公不能使為段傅，令其多方開悟，設法補救，以至於其樂融融洩洩？傳也為「教」字作一樣子，而鄭伯失教之罪乃無可辭！〔註71〕

　　敘事先實寫「克段」的歷程，然後闡釋書法，呼應失教、鄭志之旨而續說後事，最後以「母子如初」為結。篇末說「母子如初」，既是呼應篇首的「初」，又含蓄說明「段不敢歸，母不敢請」的意思。畢竟不是完全如「初」，實際是虛寫「克段」之志。敘事寫穎考叔如何開悟鄭公，設法彌補人倫缺憾，「君子曰」的評論予以褒獎，認為考叔「愛其母，施及莊公」，是為「純孝」。姜氏因此認為傳是藉此「為教，作一樣子」，反襯莊公之「失教」。

　　伐京、伐鄢是實寫「克段」之志，置母、隧見則是虛寫「克段」之志。從前者，可以看出莊公總有彼曲我直之分，後一部分，莊公置母於城穎，誓言「不及黃泉，無相見也」，有心反悔，他說：「爾有母遺，繄我獨無」，這或許不是全無念母之情，然而，其心思志意還是有忌憚名教譏義的顧慮。這樣

〔註71〕姜炳璋：《讀左補義》影印本四府全書本，卷1，頁7。

計較名義曲直，而《春秋》特稱「鄭伯」以譏諷。《左傳》兼用敘事以及書法、「君子曰」來解釋經義，三者相互闡發，密切呼應。敘事以經的時間為中而「原始要終」，述其行而載其言，隨著人物對話而展開情節，從而委婉表明「鄭志」，足見莊公之「失教」，闡明經義可謂至深。憑藉敘事，學者能夠在事件脈絡，瞭解本末原委，通過察其言、觀其行，使「譏失教也，謂之鄭志」的經義得到彰顯。

《左傳》「屬辭比事」既能根據實錄，又明瞭於何處可刪經潤色，記言需要從這兩方面考察。劉知幾稱《左傳》敘事：「言、事相兼，煩省合理」，其長篇的外交辭令，如劉氏所言」，「蓋當時發言，形於翰墨」，左氏解經需要加以選擇編次即可，至於簡要而密切情節之「言」，則肯定經過一番潤色、經營。

《左傳》敘事中的人物對話，縱然是基於既有的記載材料，但處後事而追前事，總不免要「遙體人情，懸想事勢，設身局中，潛心腔內，忖之度之，以揣以摩，庶幾入情合理。蓋與小說、院本之臆造人物、虛構境地，不盡同而可以通」〔註72〕。這樣的想像，是據史料，體悟當時情境、揣摩人物心態和語氣，這是在融貫史料的基礎上，基於理解的想像，是對歷史情境的想像。歷史的想像，須有史料根據，能夠與實際的歷史時空符合一致。這是不同於「臆造人物、虛構境地」的虛構想像。自由馳騁想像從而虛構事件、人物及其活動的時空，這樣憑空臆造的想像所形成的敘事是「小說」。就經過一番揣摩想像的活動而言，歷史敘事與小說二者「不盡同」〔註73〕。歷史敘事，書寫過去人物的行動，欲使人之精神生動，語言親切，則「須有風韻，不可擔板」也。這樣，歷史與小說一樣需要憑藉想像的活動。柯林伍德曾辨析歷史家與小說家的不同，認為二者都是憑藉敘述事件從而建構人物與情境相關聯的整體，但除此之外，歷史家的建構與想像，必須服從三項原則，而小說則不用。三項原則是：一是，歷史想像的整體構圖必須能落實在具體的

〔註72〕錢鐘書：《管錐篇》，北京：中華書局，1979年，卷2，頁164～165。

〔註73〕章學誠以為後世文辭源於六藝，而「《春秋》流為史學」，故曰「文辭以敘事為難……敘事實出史學，其源本於《春秋》屬辭比事」（《章學誠遺書》，頁612）中國的敘事傳統源自《春秋》經傳，而後在史學領域中得以發展，蔚為大觀。黃宗羲說：「敘事須有風韻，不可呆板，今人見此，遂以為小說家伎倆。不觀《晉書》、《南、北史》列傳，每寫一二無關繫之事，使齊人之精神生動。史遷、伯夷、孟子、屈賈列傳，懼以風韻勝。」

時空上，第二，想像的歷史必須與自身符合一致；第三，歷史的想像須能訴諸證據而予證成。歷史以「過去」為思考對象，而「過去」現在已經不存在，歷史的想像就是建構「過去」，將使已不存在的歷史──「過去」的人類行為重新呈現出來，這是歷史想像的意義〔註74〕。《左傳》雖然不是史體，卻具有史義，其「遙體人情、懸想事勢」的想像不同於「小說」，唯其如此，其記述的人事制度才可信。然而，《左傳》敘事所以能合情合理，使人「尋繹不絕，攬諷忘疲」，並通過推究人物的意志以深切入微，其借史措辭的「屬辭比事」，須要下一番考量。左氏憑藉實錄而「遙體人情」，有憑有據地建構歷史人物的行為情景原貌，近似歷史的想像，而與「小說」的自由臆造有天壤之別，不可混同。後者可以任心隨意，力求生動出奇，引人入勝，不必要求其符合史料證據。

　　《左傳》敘事表面上是表現人物的行為發展，但實際上更表現出一種對歷史的理解。敘事是一種將理解寓於表現的敘述方式。閱讀敘事，學者需要細心推敲，依據人物行為、事態發展脈絡，始末貫穿而尋思，才知其心意。章學誠說：

> 　　敘事之文所以難於序論、辭命者；序論辭命先有題目，後有文辭，題約而文以詳之，所謂「意翻空而易齊也」；敘事之文，題目即在文辭之內，題散而文以整之，所謂「事徵實而難巧也」。翻空之文，但觀古人所作，可以窺其意匠經營，為其文成而題在故也。徵實之文，徒觀古人所作，一似其事本自如是，夫人為文必當如是敘述，無由窺作者之意匠經營，為其題在文辭之內，文成而題已隱也；自非離析其事，無以得其所以為文。故學敘事之文，未有不宗《左》、《史》，而世之讀《左》、《史》者，徒求之形貌，而不知分析貫串之推求，無怪讀文者多而能文者少也。〔註75〕

　　敘事之文，學者多宗法《左傳》、《史記》，《史記》篇題雖隱，還能有人物為中心而貫穿；《左傳》依經編年敘事，線索在經不在傳，學者需對應《春秋》方能深入理解，否則便流於章氏所謂的「徒求之形貌」。學者綜合經、傳，離析事義，融匯貫通，能憑藉敘述的文辭，進而理解作者的苦心經營，領會

〔註74〕〔英〕柯林伍德：《歷史的觀念》（增補版），北京：北京大學出版社，2010
　　　　年1月，頁27。
〔註75〕章學誠：《章學誠遺書》，北京：文物出版社，1985年版，頁606。

《左傳》的敘述意義。章學誠所說的「離析其事」、「分析貫穿之推求」等等，不僅是寫文的方法，更是閱讀分析的方法。

杜預曾形容《左傳》敘事之文，曰「其文緩，其旨遠」，又云：「將令學者原始要終，尋其枝葉，究其所窮。優而柔之，使自求之，饜而飫之，使自趨之，若江海之浸，膏澤之潤，煥然冰釋，怡然理順，然後為得也」。這也在強調，學者閱讀《左傳》需要依傳而「原始要終，尋其枝葉，究其所窮」，唯有如此，才能深造自得，通恰經義。而且，所謂「使自求之」、「使自趨之」，學者之所以需如此閱讀傳文，是敘事解經「其文緩，其旨遠」的特色決定的。杜預與章學誠的見解不謀而合，可見這都是讀《左傳》有深切體會之言。

四、張本繼末而脈絡貫通

劉師培指出《春秋》記事「遠略近詳」，因此僖公、文公以上各篇記晉時，多「有傳無經」。莊公二十六年《左傳》的「無經之傳」，就是如此。傳載述晉事而與當年經文並不相關，也屬「敘經外別事」。杜預於此注曰：「為傳明年晉將伐虢張本」，認為傳曰「虢人侵晉」，「虢人又侵晉」，是呼應莊公二十七年「晉侯將伐虢」之傳，而為其「張本」。

其實，豈止「虢人侵晉」之事應與其他傳文關聯來看，傳與此年在士蒍事，也具有承傳前後經文的意義。誠如孔穎達所言：「傳與比年以來說士蒍為獻公設計，晉國以安」。此年敘述士蒍「為大司空」、「城絳」、「以深其宮」，這記載一方面上承莊公二十三年以來各傳——晉獻公患桓、莊之族，士蒍為之謀劃，先後去富子、殺游氏之二子，既又盡殺游氏之族、以及群公子；另一方面，此傳又下二十七年傳——獻公將伐虢，士蒍諫以為「不可」云云。比年連記「士蒍為獻公設計」的種種事件，正用以敘寫其人如何受倚重，獻公如何賴以安固權位。即便如此，當獻公自以為權固國安之時，也為後來的許多禍亂埋下禍根。「城絳，以深其宮」者，絳即晉國都城（參考杜注說），馮李驊謂此「一筆寫出他高枕無優勝算來，應前『君必無患』作結束也」〔註76〕。他又縱觀前後，評論其事曰：「天下事能除已然而不能防未然，蓋群公子去而六卿來矣！做法於涼，何以示後？蓋士蒍為用，而二五效尤矣。」（同上書卷，頁31上）獻公用士蒍之謀，盡除桓、莊之族與群公子，不久，莊公

〔註76〕莊公二十四年《左傳》曰：「晉士蒍又與群公子謀，使殺游氏之二子。士蒍告晉侯曰：『可矣。不過二年，君必無患。』」因此，馮李驊說二十六年傳乃呼應前傳，為之作結。

八年傳即述曰：「二五卒與驪姬譖群公子而立奚齊」，於是遂「使大子居曲沃，重耳居蒲城，夷吾居屈，群公子皆鄙，唯二姬之子在絳」。士蔿城絳，既而又奉命「為二公子築蒲與屈」，雖猶諫獻公：「君其修德而固宗子，何城如之？」但於事無補而亂生禍端。所謂「士蔿為用，而二五效尤矣」，獻公倚用士蔿以除患，孰不知又自此更啟禍患。這樣，上下貫穿，莊公二十六年傳文實際關聯著晉國數世內亂的大事件。

《左傳》將晉國數世內亂這件大事娓娓道來，張本繼末。「張本」說來源杜預。杜預所謂「張本」[註77]，是指某傳為後傳所所述之事開啟端緒，如莊公二十六年傳述晉事，正為次年晉伐虢預示前因，見其端倪。孔《疏》曰：「（杜氏）或言『張本』，或言『起本』，或言『起』，檢其上下，事同文異，疑杜隨便而言也。」杜注有「張本」說——所謂「張本」、「起本」、「起」，用語不一，意指相同，都是同來提示前後傳之間的關聯。

服虔已有類似的說法，稱為「起本」。襄公十年，《左傳》曰：

　　　三月辛丑，齊高厚相大子光以先會諸侯於鍾離，不敬。士莊子
　　曰：「高子相大子以會諸侯，將社稷是衛，而皆不敬，棄社稷也，其
　　將不免乎！」

這則傳文並非對應襄公十年的經文而發，《左傳》就此簡述高厚相太子會諸侯事，因出士莊子「其將不免乎」的預言。這則預言，遂為後事埋下伏筆。對此，服虔訓釋說：

　　　免，脫也。言將不脫罪禍，不以壽終也。傳舉此者，為十九年
　　「齊殺其大夫高厚」、二十五年「崔杼弒其君光」起本也。[註78]

《春秋》襄公十九年書「齊殺其大夫高厚」，襄公二十五年書：「齊崔杼弒其君光」，《左傳》均詳述始末進行解釋。服虔將襄公十年視為襄公十九年與二十五年之傳的「起本」，杜預也說：「為十九年齊殺高厚、二十五年弒其君光傳」。這都是提示前後傳之間的本末關係。

《左傳》中前傳為後傳「張本」，彼此互發，脈絡貫通，這是因經文所述

〔註77〕杜預《注》或云「張本」或云「起本」，或云「起」。言「起」之例，如僖公二十二年「三月，鄭伯如楚。夏，宋公伐鄭。子魚曰：『所謂禍，在此矣。』」杜注曰：「怒鄭至楚，故伐之。為下泓戰起。」言「起本」之例，如襄公二十六年《左傳》曰：「會於夷儀之歲，齊人城郟。其五月，秦、晉為成。晉韓起如秦蒞盟，秦伯車如晉蒞盟，成而不結。」杜注曰：「傳為後年修成起本」。

〔註78〕《春秋左傳賈服虔注輯述》引，卷11，頁11下。

事件彼此相互關聯而來。程端學曰：「大凡《春秋》一事為一事者常少，一事而前後相連者常多」。家鉉翁（？～1294）更舉例說：

> 《春秋》，非史也，謂《春秋》為史者，後儒淺見，不明乎《春秋》者也。……如僖公二十八年，晉文始霸，是歲所書者皆晉事；莊九年，齊桓公入，是幾所書者皆齊事；隱四年衛州吁弒君，是歲所書者皆衛事；昭八年，楚滅陳，是歲所書者皆陳事。……〔註79〕

家鉉翁舉述隱公四年經多記衛事、莊公九年經多記齊事、僖公二十八年經多記晉事，以及昭公八年經多記陳事等現象〔註80〕，從而判斷《春秋》「非史也」，並說：「謂《春秋》為史者，後儒淺見，不明乎《春秋》者也。」《春秋》依魯國十二公編年記事，但並非魯史；非但不是魯史，甚至可以斷言不是任一諸侯之國史。倘若是某國國史，為何特意於上述各年集中記載晉事、齊事、衛事或者陳事？家鉉翁和程端學都注意到《春秋》經文的前後聯繫，二人之說可以相互驗證。

下文以隱公年為例，綜合經、傳，略加闡述。隱公四年《春秋》曰：

> 春王二月，莒人伐杞，取牟婁。戊申，衛州吁弒其君完。夏，公及宋公遇於清。宋公、陳侯、蔡人、衛人伐鄭。秋，翬帥師會宋公、陳侯、蔡人、衛人伐鄭。九月，衛人殺州吁於濮。冬十有二月，衛人立晉。（《左傳注疏》卷3，頁13）

經文自追溯州吁弒桓公之事端而起，歷述其原委脈絡，結束於衛人殺州吁而立宣公晉。傳曰：

> 衛莊公娶於齊東宮得臣之妹，曰莊姜，美而無子，衛人所為賦《碩人》也。又娶於陳，曰厲媯，生孝伯，早死。其娣戴媯生桓公，莊姜以為己子。公子州吁，嬖人之子也，有寵而好兵，公弗禁，莊姜惡之。石碏諫曰：「臣聞愛子，教之以義方，弗納於邪。驕、奢、淫、泆，所自邪也。四者之來，寵祿過也。將立州吁，乃

〔註79〕《春秋集傳詳說·讀春秋序》，頁1。

〔註80〕家鉉翁指《春秋》記事前後相關的現象，值得注意，但其舉例說諸年「皆書晉事」、「皆書齊事」、「皆書陳事」，未免言過其實。「皆」改為「多」措辭更貼切。如隱公四年，多敘述衛事，但「春王二月，莒人伐杞，取牟、婁」，與衛無關。昭公八年多記陳事，但「叔弓如晉」、「秋，蒐於紅」等也非記述陳事。僖公二十八年，其事多涉及晉文公霸業，但「陳侯款卒。秋杞伯姬來。公子遂入齊」等，三傳都無文對應。莊公九年多記齊事，但「冬，浚洙」，左氏無傳，《公羊傳》以為魯浚洙水，「畏齊也，」則與齊有關。

定之矣,若猶未也,階之為禍。夫寵而不驕,驕而能降,降而不憾,憾而能眕者鮮矣。且夫賤妨貴,少陵長,遠間親,新間舊,小加大,淫破義,所謂六逆也。君義,臣行,父慈,子孝,兄愛,弟敬,所謂六順也。去順效逆,所以速禍也。君人者將禍是務去,而速之,無乃不可乎?」弗聽,其子厚與州吁遊,禁之,不可。桓公立,乃老。

春,衛州吁弒桓公而立。公與宋公為會,將尋宿之盟。未及期,衛人來告亂。

夏,公及宋公遇於清。宋殤公之即位也,公子馮出奔鄭,鄭人欲納之。及衛州吁立,將修先君之怨於鄭,而求寵於諸侯以和其民,使告於宋曰:「君若伐鄭以除君害,君為主,敝邑以賦與陳、蔡從,則衛國之願也。」宋人許之。於是,陳、蔡方睦於衛,故宋公、陳侯、蔡人、衛人伐鄭,圍其東門,五日而還。公問於眾仲曰:「衛州吁其成乎?」對曰:「臣聞以德和民,不聞以亂。以亂,猶治絲而棼之也。夫州吁,阻兵而安忍。阻兵無眾,安忍無親,眾叛親離,難以濟矣。夫兵猶火也,弗戢,將自焚也。夫州吁弒其君而虐用其民,於是乎不務令德,而欲以亂成,必不免矣。」

秋,諸侯復伐鄭。宋公使來乞師,公辭之。羽父請以師會之,公弗許,固請而行。故書曰「翬帥師」,疾之也。諸侯之師敗鄭徒兵,取其禾而還。州吁未能和其民,厚問定君於石子。石子曰:「王覲為可。」曰:「何以得覲?」曰:「陳桓公方有寵於王,陳、衛方睦,若朝陳使請,必可得也。」厚從州吁如陳。石碏使告於陳曰:「衛國褊小,老夫耄矣,無能為也。此二人者,實弒寡君,敢即圖之。」陳人執之而請涖於衛。九月,衛人使右宰醜涖殺州吁於濮,石碏使其宰獳羊肩涖殺石厚於陳。君子曰:「石碏,純臣也,惡州吁而厚與焉。『大義滅親』,其是之謂乎!」衛人逆公子晉於邢。

冬十二月,宣公即位。書曰「衛人立晉」眾也。

《左傳》敘述衛禍的本末始終,融貫成篇,條理井然有序,而且呼應較多。首先,追述前事,錄石碏諫言,交代石厚與州吁交往情況,遙映後傳:石碏殺州吁、并「大義滅親」以靖衛難。其次,傳文於前總說州吁「有寵而好兵」,石碏諫言則首先說明其「寵祿過也」,點明「速禍」之由;眾仲論之,

則側重其「阻兵」而「虐用其民」。第三，傳雲州吁聯合諸侯「以和其民」，但因阻兵安忍，終究「未能和其民」，題旨前後相呼應；至於眾仲分析其成敗，概括曰「以德和民，不聞以亂」。第四，尤其值得注意的是，傳文兼有衛事與魯事，而魯隱公與眾仲之言，屬於魯國君臣之間的對話，但置入衛州吁亂衛的始末情景之中，與前後文辭、脈絡，融合為一。這應當是分別選擇魯、衛兩國史料，經過一番消化、揣摩、經營，依據體例「屬辭比事」，連貫成篇。這樣重新審視傳文，可知《左傳》並非國別記述之歷史文章。第五，傳曰「春，衛州吁弒桓公而立」，曰「夏，公及宋公遇於清」，「宋公、陳侯、蔡人、衛人伐鄭」，曰「秋，諸侯復伐鄭，……羽父請以師會之」，曰「九月，衛人使右宰醜涖殺州吁於濮」，曰「冬十二月，宣公即位」等。這些敘述，都特意表明各個段落的中心以經文主述歷史事件為主。

綜合以上五點，隱公四年《左傳》之載言述事，整篇敘事文辭貫穿，而年月事序條理井然地跟經文相應，若合符節，其苦心經營，其敘事旨趣，非常明顯指向「依經而作傳」。

劉熙載云：「《春秋》文見於此，起義在彼。左氏窺此秘，故其文虛實互藏，兩在不測。」〔註81〕其實，窺得《春秋》「文見於此，起義在彼」，並非僅有左氏，《穀梁》亦然。

參看《穀梁傳》，莊公九年《春秋》所記者多齊事，曰：

　　　春，齊人殺無知。公及齊大夫盟於暨。夏，公伐齊納糾。齊小
　　白入於齊。秋七月丁酉，葬齊襄公。八月庚申，即齊師戰於乾時，
　　我師敗績。九月，齊人取子糾，殺之。〔註82〕

《穀梁傳》解釋「公及齊大夫盟於暨」的經文，曰「盟納子糾也」；解釋「公伐齊納糾」，曰「當可納而不納，齊變而後伐，故乾時之戰不諱」（同上）。這兩則傳文，都是前傳預測後經將發生的事情。至於「齊小白入於齊」，《穀梁傳》解釋說：「齊公孫無知弒襄公，公子糾、公子小白不能存，出亡。」齊人殺無知而迎公子糾於魯國。公子小白不讓公子糾，先入，又將他殺死在魯國。莊公八年《春秋》曰：「冬十有一月癸未，齊無知殺弒其君諸兒」是也。

此經文之下，穀梁專解書法，並未述其事。這是用後傳補充前經之事。又，「齊小白入於齊」，在夏季，而「齊人取公子糾，殺之」在秋九月，而上

〔註81〕《藝概・文概》卷1，頁1。
〔註82〕據《穀梁注疏》引錄，卷5，頁13～14。

引傳文兼綜合前後經文，集中敘述此事，用來闡釋「惡之」的意思。如上所述，《穀梁傳》或前傳預前說出後經之事，或用後傳補充前經之事，或綜合前後經而集中敘述事件，靈活地解釋《春秋》。

再看《公羊傳》，如桓公二年《春秋》書「宋督弒其君與夷」。而《公羊傳》早在隱公三年就預述「莊公馮弒與夷」之傳，承上啟下，用以詔示「宋之禍，宣公為之也」。又如隱公四年經書「秋，翬帥師會宋公、陳侯、蔡人、衛人伐鄭」，《公羊傳》解釋經貶翬而不稱「公子」的原因是其「弒公」，便詳細敘述公子翬如何勸隱公殺桓公，既而又慫恿桓公發難而「弒隱公」，這其實是為隱公十一年預先敘述「弒隱公」的本末始終，閱讀時，二傳前後參照。前傳預先敘述後經之事，就更加證明《春秋》經文並非各自獨立、各記其事，實際是相互關聯、彼此闡發。

正是由於《春秋》記事具備相互關聯，彼此闡發的特點，《左傳》一方面依經編年記事，另一方面又憑藉前後傳文使敘述脈絡貫通，共同發揮解釋的功能。左氏擅長敘事解經，張本作為作為述事的開始，繼末用來結束敘述。因此那些沒有與經文直接對應的「無經之傳」的傳文比其他二傳多，當然也就比其他兩傳更善於闡明經義。

《左傳》敘述的脈絡貫通，杜《注》反映為強調傳文之間的關係，經常提示某傳為某傳「張本」。例如隱公五年《左傳》曰：「曲沃莊伯以鄭人、刑人伐翼，王使尹氏、武氏助人，翼侯奔隨。」又曰：「曲沃叛王，秋，王命虢公伐曲沃，而立哀侯于翼。」這是屬於「無經之傳」。杜預解釋其傳旨，曰「傳具其事，為後晉事張本。曲沃及翼本末，見桓公二年」。竹添光鴻針對杜《注》進一步解釋說：「注『張本』字始出。《晉書·荀松》云：丘明退撰所聞為之傳，張本繼末，以發明經義。」杜預認為隱公五年的傳文詳細敘述晉國的事情，為此後《左傳》記述許多晉國事件埋下伏筆。竹添光鴻繼而引述荀松的說法，明確將之稱為「張本繼末」。

荀松曾上疏談及晉代入學發展與博士官的興廢問題，其中，對於《左傳》，有如下描述。荀松說：

> 孔子既沒，微言將絕，於是丘明退撰所聞，而為之傳。其書善禮，多膏腴美辭，張本繼末，以發明經義。信多奇偉，學者好之。
> 〔註83〕

〔註83〕《晉書》卷75。

　　左氏敘述所聞，為了闡釋微言大義。荀松認為《左傳》特色有二：一為「其書善禮」，二為「張本繼末，以發明經義。」「其書善禮」的特點，將在下章文中討論，此節關注「張本繼末」。《左傳》確如荀松所言，「張本繼末」的用以「發明經義」，切合左氏敘事以解經的特點。

　　「張本繼末」的意思是先經之傳文埋下伏筆，後經傳文闡明本末，有時在一則傳文兼而有之。如隱公五年敘述曲沃伐翼、莊公六年敘述虢人侵晉等事，杜《注》都注明為後傳「張本」。而僖公二十二年《左傳》敘述晉太子為人質時逃回晉國，杜曰「傳終史蘇之占」，指出這是呼應僖公十五年史蘇之占，曰「六年其逋，討其家」，僖公二十二年載子圉之事就在繼續前傳而終了其事。僖公二十二年富辰曰：「請召大叔」，於是周襄王應允並召見王子帶，此處杜《注》曰：「傳終仲孫湫之言也，為二十四年天王出居鄭起。」指出此傳文承上啟下：上承僖十三年傳以「終仲孫湫之言」即仲孫湫曰：「其十年乎？不十年，王弗召也」；周王召子帶，又下啟僖公二十四年傳，為「天王出居於鄭啟」——《春秋》書「天王出居於鄭」，左氏詳述其原委，曰「秋，頹叔、桃子奉大叔以狄師伐周，……王出適鄭」，又曰：「冬，王使來告難，曰『不穀不德，得罪於母弟之寵子帶』」。從以上例子看出，傳為後事張其本，或為前事終其末，或如僖公二十二年傳，二者兼而有之，既終了前文，又開啟後傳。

　　隱公五年《左傳》十分詳細記述曲沃伐翼等事件「為後晉事張本」，這屬於「有傳無經」。劉師培說：「經文之例，遠略近詳，晉邦之亂，僖、文以上，有傳無經。」

　　《春秋》記晉事，開始於僖公二年，曰「虞師、晉師滅下陽」。杜《注》曰：「下陽，虢邑」。這是記述晉與虢、虞之間的戰事。僖公五年《春秋》經曰：冬，晉人執虞公。是年，虢、虞二國都被晉國所滅。具體過程，《左傳》有詳細載述。同一年，經又書曰：「春，晉侯殺其世子申生。」

　　自隱公至僖公的各篇中，《左傳》敘述晉事大致配合上書三則經文，分為兩條主線：一是晉滅虢、虞，二是晉國的多年內亂。前者，對應「虞師、晉師滅下陽」和「晉人執愚公」兩則經文，詳述其始末，暗示晉國強大稱霸的時代背景。後者，由曲沃與翼爭端開始，到晉獻公恐王族強大威脅自己，而殺盡群公子；世子申生被殺，直接導致夷吾、重耳出奔而又復國等事。晉國內亂多年，久久未能停歇，都是以「晉侯殺其世子申生」為中心。如此看來，所謂「有傳無經」只是沒有一一對應經文，但並非缺乏對應的史事重構。

　　《左傳》講述晉國滅虢、虞兩國的始末，分散在桓公十年到僖公十五年之間。桓公十年記載虢公出奔虞，以及虞公因貪得無厭、虞叔伐之而出奔之事。莊公二十六年，虢人侵晉，因此，莊公二十七年晉侯想伐虢，經士蒍勸諫而暫停。莊公三十二年，神將於莘，而「虢公使祝應、宗區、史嚚享焉」，傳文記載周內史過與史嚚之言，指陳虢公「聽於神」而虐民、多涼德，於是二人不約而同地預言「虢將其亡乎」。閔公二年，虢敗戎犬，大夫舟之僑認為「無德而祿，殃也」，既預感禍殃將至，於是奔晉。到了僖公二年，晉「假道於虞以伐虢」，虞公貪其寶物而同意，於是「虞師、晉師滅下陽」；同年，虢敗戎，晉卜偃又一次預言：「虢必必亡矣！亡下陽不懼，而又有功，是天奪之鑒」，虞公自恃「晉吾宗也，豈害我哉？」「吾享祝祀豐潔，神必據我？」同意晉國的要求。晉滅虢後，還師途中襲虞，遂滅之。馬驌綜合上述各則傳文，綜論說：

> 　　晉獻公之巧謀人國也，一舉而兩國滅，何其易也。前此，晉曾伐驪戎，伐皋落矣，又嘗滅狄、霍及魏矣，經皆不書，而獨書滅下陽。晉實始見經，蓋重滅下陽也。下陽滅而虢滅矣。……虞、虢不舉，晉無以圖南之諸侯也。虢復構怨，一歲再侵，晉、虢間隙又生，而獻公私喜矣。猶且深謀詳視，按兵不舉。數年之間，虢日以驕，於是丹朱降莘，蓐收入夢，妖祥見而童謠作，天時人事，昭然可見。晉始寢而不寐，不覺技癢之無從也。虞公求寶劍於其弟，貪人無厭，晉所素知；苟息揮入，一謀而兩國已在掌中。〔註84〕

　　晉伐驪戎、伐皋落、滅耿、霍及魏，諸事經皆不書，至僖公二年始書「虞師、晉師滅下陽」，根據馬氏的解讀，這是「重滅下陽」，晉取下陽，不久又滅虢、虞。為什麼要如此重視晉滅虢、虞的事情？馬氏認為「虞、虢不舉，晉無以圖南之諸侯」，這是晉國圖謀稱霸的關鍵性起點。因此，《春秋》書晉事開始於「滅下陽」。這樣《左傳》論及晉伐驪戎、皋落，滅狄、霍和魏等事件，就正如劉師培所說：「傳有經無，所以明刊削而昭簡擇」，由不書凸顯《春秋》之所書。劉氏又說：「傳詳經簡，所以抒行動而闡譏褒」，詳述其事件始末，表明虞、虢的滅亡，並非咎由自取。仔細審視《春秋》書法，經曰「虞師、晉師滅下陽」，《左傳》闡釋說：「先書虞，賄故也」；又，虢、虞相繼被滅，經曰：「晉人執虞公」，傳敘述為「書曰『晉人執虞』，罪虞公也，

〔註84〕《左傳事緯》，頁66。

且言易也。」書法重責虞公之貪賄，經文敘事就與之相呼應，詳細描述虞公先貪圖其弟之劍，後又看上晉獻的寶物，僖公二年還與晉一道伐虢取下陽，僖公五年就與虢一樣被晉所滅。這些，在前傳中都有描述，正是為後傳「張本」。從表面看，《左傳》僖公篇章以前敘述晉國事件多涉及經略而不記的事情，於是就出現「有傳無經」的現象。傳文經過深入探索，認為事出有因，事義有歸，所以記述的旨趣仍在解釋《春秋》，為呼應後事而「張本」。換言之，左氏消化了大量的史料，潤色剪裁，根據經文而編年述事，使事情原委脈絡分明，本末自現，這其中以「張本繼末」為主要手段，使得各種線索彼此照應而又融貫始終。

第六章　《左傳》歷史敘事中的政治表達

　　承接前文所述，孔子倡導述作不以空言說經，在《論語》中，他曾就衛侯父子爭國事件，提出了自己的看法，明確表示「必為政，必先正名乎」，「正名說」或「正名論」成為孔子政治學說的主要主張。如何理解孔子「正名」思想，還是應返回至具體的歷史語境中解讀。孔子提出「正名」，在《論語》中通過他與子路的對談表明，「正名」行為的施行方為一國的尊者或上位著。只有上位者的行動有名有實，名副其實，跟隨者仿效而行為端正，維持社會人們的秩序，最終實現治亂世、顯王道。而在依《春秋》的敘事闡釋中，尤其結合衛侯父子爭國事件，討論更多的是應該為誰正名，從哪個角度正名。

　　司馬談〈論六家要旨〉以「序君臣、父子之禮，列夫婦、長幼之別」為儒家的特長〔註1〕。《韓詩外傳》也說：

> 　　千舉萬變，其道不窮，六經是也。若夫君臣之義、父子之親、
> 夫婦之別、朋友之序，此儒者之所謹守，日夜切磋而不捨也。

　　儒者傳習六藝用來明道，並遵行「君臣之義、父子之親、夫婦之別、朋友之序」的人倫道德規範〔註2〕，這正是「正人倫」的主要內容。習經、明

〔註1〕 司馬談《論六家要旨》評論陰陽、儒、墨、名、法諸家的思想，既舉其長，又論其短（論道家只強調其兼善之長），對於儒家，他說：「儒者博而寡要，勞而少功，是以其事難盡從。然其序君臣、父子之禮，列夫婦長幼之序，不可易也。」（《史記會注考證》卷130，頁8）後者可以說是司馬氏，甚至是漢初學者所瞭解的儒家特長，具有一定的代表性。

〔註2〕 《孟子・滕文公上》，曰：「當堯之時，聖人有憂之，使契為司徒，教以人倫：父子有親，君臣有義，夫婦有別，長幼有序，朋友有信。」儒家以父子、君臣、夫婦、長幼、朋友五種人際關係概論人倫，是為五倫。

道，於自己可以立身行動，於社會可以經世濟民。身為六藝之一的《春秋》，其「義」自然不能例外。孟子曾描述孔子作《春秋》的背景，曰「世道衰微，邪說暴行有作。君弒其君者有之，子弒其父者有之。」《春秋》緣於君弒臣、子弒父的時代亂象而作，此種亂象是「世道衰微」的表現。孔子作《春秋》正是針砭時弊，用以「明天道、正人倫、致至治」，還可以「舉往以明來」〔註3〕其積極意義在於寄希望於將來，期望後學能振其「義」，實現其理想。

司馬遷曾引述董仲舒的說法，稱《春秋》為「王道之大者也」，並說：

> 《春秋》辯是非，故長於治人。……《春秋》以道義。撥亂世反之正，莫近於《春秋》。……夫不通禮儀之旨，至於君不君、臣不臣、父不父、子不子。夫君不君則犯，臣不臣則誅，父不父則無道，子不子則不孝。此四行者，天下之大過也。以天下之大國予之，則受而弗敢辭。故《春秋》者，禮儀之大宗也。（卷30，頁22～25）

當時社會君不君、臣不臣、父不父、子不子等亂象的出現，出於「不同禮儀之旨」，或者孔子認為「世道衰微」的原因的是禮儀不明。這樣《春秋》依禮儀以辯是非，「撥亂世反之正」〔註4〕。

杜預曾認為《春秋》、《左傳》在「義」的認同上有著天然的一致性，表現為：「王道之正、人倫之紀，備矣。」所以《左傳》以《春秋》的旨歸為旨歸，傳文敘述的最終目的是闡明「王道之正、人倫之紀」。矯正人們的「名實」問題可以視為闡明禮儀的實踐，所以有「其書善禮」。《左傳》也是通過歷史敘事強化「禮」的功能。

朱彝尊曰：「《春秋》之義，莫大乎正名」。孔子之時，「臣弒其君者有之」，《春秋》針對種種亂象進行針砭、明褒貶、定是非，這其實是孔子「正名」思想的具體體現，這一思想的體現與書寫實踐，也需通過《左傳》對《春秋》的闡釋中，依托原始要終地敘述來實現。

〔註3〕董仲舒曰：《春秋》之道，舉往而明來。《春秋繁露·精華》也說：「《春秋》之為學，道往而明來者。」

〔註4〕引文中「撥亂世反之正」，董仲舒據哀公十四年《公羊傳》而言。《公羊傳》曾謂「君子曷為為《春秋》？撥亂世反諸正，莫近諸《春秋》。」（《公羊注疏》卷28，頁13～14上）

第一節 「正名」的含義

《論語・子路》（12.11）曾記錄了一則孔子與子路的對話，這是孔子提出「正名」思想的來源。此則對話如下：

> 子路曰：「衛君待子而為政，子將奚先？」子曰：「必也正名乎！」子路曰：「有是哉，子之迂也！奚其正？」子曰：「野哉，由也！君子於其所不知，蓋闕如也。名不正則言不順，言不順則事不成，事不成則禮樂不興，禮樂不興則刑罰不中，刑罰不中則民無所錯手足。故君子之名必可言也，言之必可行。君子於其言，無所苟而已矣。」（《論語注疏》卷 13）

這則對話討論孔子的「正名」，是為政的首要條件。也是後世認為孔子「證明書說」的出處。對這段話的理解，一般結合《史記・孔子世家》，它為這則對話提供了一個歷史背景，〈孔子世家〉說：「是時，衛君輒父不得立，在外，諸侯數以為讓。而孔子弟子多仕於衛，衛君欲得孔子為政。」[註5]當時的衛侯出公輒與其父蒯聵爭國，父子爭國，相比臣弒其君、子弒其父，難雖未至，卻也違背倫常。針對這一事件，子路問孔子：「衛君待子而為政，子將奚先？」孔子認為，當時為政首先要解決的是「名分」的必要性，即「正名」。因為若名不正，則言不順而事不成，禮樂、刑罰將形同虛設，這將導致民眾手足無措。按此理解，孔子所謂的「正名」，實際是就政治而言。從名正而言順，便可到達「所名之事，必可得而明言也；所言之事，必可得明言也；所言之事，必可得而遵行。」這樣，治國、政行、禮樂、刑罰各得其宜，社會便不至於出現「民無所錯手足」。孔子「為政」之道最終的關懷對象是民眾[註6]。

上述關於孔子關於正名的闡述，包含兩層含義。一是關於他對衛國父子

[註5] 《史記會注考證》卷 47，頁 64。

[註6] 據《論語・述而》記載，關於蒯聵與輒父子爭國的事件，冉有、子貢也曾詢問過孔子。冉有懷疑「夫子為衛國乎」當時，子貢迂迴地問孔子：「伯夷、叔齊何人也？」子曰：「古之賢人」，且贊許他們「求仁而得仁」。由此，子貢便明白「夫子不為也」。（轉述《論語注疏》）鄭玄注曰：「為，猶助也。……孔子以伯夷、叔齊為賢且仁，故知不助衛君明矣。」孔子的主張是「正名」，其立場是「不助衛君。」那是否同情蒯聵？歷來學者就此問題眾說紛紜，莫衷一是，孔子提出的「正名」說，最終指向於「民」，所以「正名」說也非支持蒯聵。當然，如果能名正言順行事，禮樂、刑罰各有尺度，成為一個擁民、愛民的君主，也自然會受到稱讚。

爭國事件的立場,二是他對整個社會出現政治亂象的解決辦法,這種主張是孔子一貫的政治主張〔註7〕。「為政」以「正名」為先,進而匡正禮樂、刑罰,用以保民,安民和愛民的「正名」,它屬於政治理論範疇。

《論語》中的另一則對談:

> 齊景公問政於孔子。孔子曰:「君君、臣臣、父父、子子。」
> 公曰:「善哉!信如君不君、臣不臣、父不父、子不子,雖有粟,吾得而食諸?」

齊景公問政於孔子,孔子回答說:「君君、臣臣、父父、子子」。「君」、「臣」、「父」、「子」都為疊詞,上一個字指名號,所謂「名以召實、實以應名」(皇侃),下一個字是符合名號的合理行為,名與實相疊,就是「君君、臣臣、父父、子子」,否則二者不相符,便是「君不君、臣不臣、父不父、子不子」。「政者,正也」,從君到子,各行其道,不失其本分,尊卑有序,上下相宜,國家自然會走向正途。「正人倫」以實現治世,這就是孔子論「政」的基本思路。

「正」是上下尊卑,長幼有序,各如其分,這就要求「實以應名」。相反,名不副實,人倫失序,便是「亂世」。回到齊景公那裡,比起人倫失序,他更關心的是「雖有粟,吾得而食諸」,君主的個人安危。然而孔子在意的是「民無所錯手足」〔註8〕,貞定人倫,使上下相安,這二人的政治胸襟明顯不同。但孔子也並不反對齊景公關注他自己的生存安危,能夠從自身推及到本國乃至天下百姓。所以「正名」的道德實踐要求一國的尊者、一國的上位者當修己正身以表率。〈子路〉篇曾載述說:

> 子曰:「其身正,不令不行;其身不正,雖令不從。」
> 子曰:「苟正其身矣,歟從政乎何有?不能正其身,如正人何?」

所謂「其身正,不令而行」就是針對當權者而言,指在位者應當「正其

〔註7〕 參考〈孔子世家〉,孔子與齊景公論證,力主「君君、臣臣、父父、子子」,時年四十左右;蒯聵與輒爭國,事在哀公二年以後,孔子大概六十歲;季康子問政,孔子答曰「政者,正也」,發生在哀公十一年孔子去衛返魯以後,這樣看來,孔子的「正名」主張,應該是一貫如此。

〔註8〕 蕭公權(1897~1981)曰:「子路問為政之先,孔子答以『必也正名』,而齊景公問政,又告以『君君、臣臣、父父、子子』。推孔子之意,殆以為君臣父子苟能顧名思義,各依其名在社會中之名位而盡其所應之事,用其所當用之物,則秩序井然,而後百費可舉,萬民相安。」(《中國政治思想史》)

身」，身正則可以「不令而行」，可以「正人」。刑昺《疏》曰：「政者，正也」。欲正他人，先正己身。

〈顏淵〉篇也有這樣的記載：

> 季康子問政於孔子，孔子對曰：「政者，正者。子帥以正，孰敢不正？」（12.17）

> 季康子患盜，問於孔子，孔子對曰：「苟子之不欲，雖賞之不竊」。（同上書）

> 季康子問政於孔子，曰「如殺無道，以就有道，何如？」孔子對曰：「子為政，焉用殺？子欲善，而民善矣。君子之德風，小人之德草，草上之風，必偃。」（12.19）

季康子為魯國的執政大夫，他與孔子的幾次對答，不論涉及到為政的一般原則，還是對待患盜這樣的特殊事務，孔子的回答都一律強調：正人，須以正己為先務。他比喻說：如此為政，上帥而下效，猶如風行草上，曰：「曹上之風，必偃」。可見，孔子的「正名」思想與所謂的「政者，正也」的涵義是相互融通的。

倫常失序，王道不顯，「亂」從上起。正因為如此，孔子「正名」思想首要訴求對象是當權在位者。如孔子對季康子說：「苟子之不欲，雖賞之不竊」。如果季康子能夠聽從孔子之言，從善入流，克己少欲，是否就能減少盜患呢？孔子曰：「子欲善，而民善矣。」季氏若能聽從，此善舉是否近賢否？又或者孔子對齊景公說「君君、父父、子子」，其中蘊含著「其身正，不令而行」的道理，景公是否又真能瞭解？孔子說：「不能正其身，如正人何？」當時未修己正身而欲正人治國者，太多了。亂自上起，這才是「世道衰微」的主要原因。

孔子作《春秋》重視褒貶的做法，同《論語》中表達孔子十分重視「正名」是一致的，目的即在「正名」，維護「君君、臣臣、父父、子子」的等級名分。孔子的「正名說」提倡維護等級名分，所以格外受到傳統學者的格外尊崇。

第一個對孔子的《春秋》筆法作出充分闡釋是孟子。按他的總結，孔子修《春秋》，其功可與「禹抑洪水而天下平，周公兼夷狄，驅猛獸而百姓寧」相併列。他還論說《春秋》寄託著孔子的政治理想：

> 世道衰微，邪說暴行有作，臣弒其君者有之，子弒其父者有之，孔子懼，作《春秋》，《春秋》者，天子之事也。是故孔子曰「知我者其惟《春秋》乎！罪我者其惟《春秋》乎！」（《孟子·滕文公下》）

王者之跡熄而《詩》亡，《詩》亡然後《春秋》作。晉之《乘》，
楚之《杌檮》，魯之《春秋》，一也。其事則齊桓、晉文，其文則史。
孔子曰：其義則丘竊取之矣。（《孟子‧離婁下》）

孟子認為，孔子因目睹王室衰微，原有的禮樂制度、等級名分陷於崩壞
紊亂，恐懼日後情形愈發不可收拾、他要挽狂瀾之既倒，於是採取修《春秋》
的方式，以褒貶為手段，明是非、別善惡，要使社會恢復「天下有道」的局
面。孔子這樣做，是針砭世事以垂法後人，雖無天子之位，而行「天子之事」。
並認為《春秋》經文的褒貶手法有極大的政治影響，因故曰「孔子成《春秋》
而亂臣賊子懼」。

孟子的論述，指出《春秋》不是普通的史書，人們應該特別重視其中所
曲折表達的孔子的政治觀點和政治思想，體會其中的「微言大義」。孟子的論
述，大大提高了《春秋》在儒學體系中的地位，闡釋了《春秋》所包含孔子
的政治觀點具有治理國家、綱紀社會倫理秩序的非凡作用，也說明精深的義
理是史書的靈魂所在。

世道衰微，是故孔子作《春秋》以明王道。孟子之後，司馬遷和董仲舒
在述說《春秋》的敘述背景時，也都強調了這一點。《史記‧孔子世家》云：

子曰：「弗乎！弗乎！君子病沒世而名不稱焉。吾道不行矣，
吾何以自見於後世哉？乃因史記作《春秋》」。〔註9〕

孔子周遊列國，本來期望明道濟世，但當政者不聽不用，政治理念無法
推行，所以感慨「吾道不行矣」，於是致力作《春秋》，用以「自見於後世」
〔註10〕。孔子作《春秋》自然是針砭時弊，唯當世不能行其道，故傳而發為
著述，以「自見於後世」寄希望於將來，二說可以相輔相成。游說當世君主，
或者寄託志向於《春秋》，希望後王、後學能見志〔註11〕，取徑雖然不一樣，

〔註9〕 《史記會注考證》卷47，頁82。

〔註10〕 按〈孔子世家〉，孔子感慨「君子病沒世而名不稱焉」（語見《論語‧衛靈公》）
病作「疾」，因而作《春秋》以「自見於後世」。黃侃疏解「稱」之意，謂「不
稱揚為人所知」，取義與〈孔子世家〉類似。

〔註11〕 昭公三十一年《左傳》「君子曰：《春秋》之稱，微而顯，婉而辨，上之人能
便昭明，善人勸焉，淫人懼焉，是以君子貴之」劉師培認為「上之人」即後
王也。同時哀公十四年《公羊傳》曰：「制《春秋》之義以俟後聖」。孔子將
自己之志寄託在《春秋》以待後王（或後聖）之昭明發揚，此為《春秋》古
義，為司馬遷所推崇。但仔細推想「自見於後世」的說法，實際後來凡是傳
習《春秋》的學者，都可以尋經辨義，人人勤勉發奮，為名王道、正人倫盡

但明王道、正人倫的理念一以貫之。此後的封建社會中人們長期認為《春秋》經文的褒貶對於政治榮辱、人生價值具有至高無上的意義。「一字之褒榮於華袞，一字之貶嚴於斧鉞」。

這樣，《春秋》的褒貶義例成為孔子表現其「正名」思想的具體表現，所以說「《春秋》以道名分」（《莊子・天下》篇）。崔述也指陳說：「《春秋》所觀者，天下之治亂；所正者，天下之名分」，貞定天下人倫名分以至於「貶天子、退諸侯、討大夫」〔註12〕，這就是說孔子褒貶的主要對象是一些從政在位之人——包括天子、諸侯、大夫。這樣，《春秋》猶如對主政者，如齊景公、季氏的等上位者，不斷陳述著「君君、臣臣、父父、子子」的理念。這樣，隨著經典的流傳，隨著後人研究經義的思路傳承，「道」於是能綿延不絕。學者能實踐之、實行之，發揚其達王道、正人倫的大義，孔子的「正名」思想便也隨之得以延續。

孔子明確提出「正名」的主張，既是回應子路「衛君待子而為政」這一問題而來，並參照經、傳，詳細討論蒯聵與輒父子爭國的事件始末，論述《春秋》書法如何體現「正名」主張，以及《左傳》敘事如何應對書法稱辭以闡釋其「義」。

第二節　衛侯父子爭國事件

衛國蒯聵與輒父子爭國，禍端起源於衛靈公。蒯聵原本已立為大子，靈公三十九年，也就是魯定公十四年，蒯聵「得罪於君父、君母」，於是出奔。是年，《春秋》書曰：「衛世子蒯聵出奔宋」。《左傳》詳述事件始末，曰：

> 衛侯為夫人南子召宋朝，會於洮。大子蒯聵獻盂於齊，過宋野。野人歌之曰：「既定爾婁豬，盍歸吾艾豭。」大子羞之，謂戲陽速曰：「從我而朝少君，少君見我，我顧，乃殺之。」速曰：「諾。」乃朝夫人。夫人見大子，大子三顧，速不進。夫人見其色，啼而走，曰：「蒯聵將余。」公執其手以登臺。大子奔宋，盡逐其黨。故公孟彄出奔鄭，自鄭奔齊。大子告人曰：「戲陽速禍余。」戲陽速告人曰：「大子則禍余。大子無道，使余殺其母。余不許，將戕於余；若殺

〔註12〕 一己之力。又怎麼能之限於後王或後聖。
《漢書・司馬遷傳》錄此，作「貶諸侯、討大夫」，王先謙曰「天子退，三字蓋班氏所刪」。

夫人，將以余說。余是故許而弗為，以紓余死。諺曰：『民保於信。』
吾以信義也。」

衛靈公寵愛夫人南子，蒯瞶圖謀殺之，失敗，只能出奔到宋國。太子蒯
瞶既然出奔，靈公卒時，衛立蒯瞶的兒子輒為君。對於立輒的始末，《左傳》
有詳細的記載：

哀公二年，《春秋》書：「夏四月丙子，衛侯元卒。……晉趙鞅帥師納衛
世子蒯瞶於戚」。《左傳》敘述說：

初，衛侯遊於郊，子南僕。公曰：「余無子，將立女。」不對。
他日，又謂之。對曰：「郢不足以辱社稷，君其改圖。君夫人在堂，
三揖在下。君命只辱。」

夏，衛靈公卒。夫人曰：「命公子郢為大子，君命也。」對曰：
「郢異於他子。且君沒於吾手，若有之，郢必聞之。且亡人之子輒
在。」乃立輒。

六月乙酉，晉趙鞅納衛大子於戚。宵迷，陽虎曰：「右河而南，
必至焉。」使大子絻，八人衰絰，偽自衛逆者。告於門，哭而入，
遂居之。

按杜《注》，所謂「余無子」，指「蒯瞶奔，無大子」。當時，靈公想要立
公子郢，夫人南子也有意遵從夫命而立之。然而，公子郢再三辭讓，並直陳
「亡人之子輒在」，於是立蒯瞶之子輒。靈公卒，晉趙鞅隨即於六月帥師，納
蒯瞶於戚，遂形成父子爭國的局面。馬驌綜合相關撰文，總論曰：

出公立十三年，而莊公蒯瞶入；莊公立二年，而出公輒又入。
蒯瞶之入也，晉趙鞅助之；其再出也，趙鞅伐之。輒之入也，齊人
助之；其再出也，群臣逐之矣。蒯瞶之殺於己氏，輒之卒於越也，
父子相驅，不獲考死，孰非靈公之貽謀不臧乎！……其君廢置莫
定，其臣奔走弗遑，衛國之亂越三世而不靖，二十餘年而未有寧
也。孔子之急欲正名，豈無謂與！〔註13〕

父子爭國，不僅兩個人都不得安享國位，令「其臣奔走弗遑，衛國之亂
越三世而不靖，二十餘年而未有寧也。」大臣奔走，人民不靖，衛國亂紛擾
不定，無論歸罪於靈公、蒯瞶或是輒，都是「亂自上位起」。孔子為衛政謀籌

〔註13〕〔清〕馬驌著，徐遠誠校點：《左傳事緯》，山東：齊魯出版社，1992 年版，
頁 526。

謀，主張「必也正名乎」，而期待衛國亂象盡快平息，換民人以平靜。

《春秋》書「衛世子蒯聵出奔宋」，又書「納衛世子蒯聵」，明白為蒯聵先正其名，曰「世子」是也。全祖望對此有段解釋，他說：

> 孔子以「世子」稱蒯聵，則其曾為靈公所立，無疑矣；觀《左傳》累稱為太子，固有明文矣。不特此也，其出亡之後，靈公雖怒，而未嘗廢之也，又無疑矣；觀《左傳》欲立公子郢而郢辭，則靈公有廢之意而不果，又有明文矣。……惟蒯聵曾為靈公所立，未曾為靈公所廢，特以得罪而出亡，則聞喪而奔赴，衛人所不可據也。蒯聵之歸有名，而衛人之拒無名也。……故孔子之正名，但正其「世子」之名而已。既為世子，則衛人所不可拒也。且使蒯聵不得為世子，則衛人何所見而立輒？其立輒也，固以其為世子所出而立之也。天下有世子而不應嗣位者乎？〔註14〕

全祖望強調，孔子的正名，是正蒯聵的世子之名，但他又認為：「既為世子，則衛人所不可拒也」，即「衛人之拒無名也」，考慮欠妥當。

毛奇齡就衛國是否應該拒絕蒯聵歸國，訴諸於《春秋》與《左傳》的歷史敘述。首先，毛氏認為衛國拒絕蒯聵歸國是來自本國內政和外交的雙重考量，而非來自「無名」：

> 據《左傳》，則靈公、齊景、魯定同盟伐晉，而晉乘衛靈公初死，用陽貨計，挾蒯聵以伐衛喪，則伐喪當拒；借納君以報宿怨，其意叵測，又當拒；且晉所原者，靈也，靈甫在殯而抱怨者已在境，雖非蒯聵，亦定無拱手而聽之者，是不可不拒！況晉為齊、魯、衛三國所共仇，衛難欲平，齊、魯安得而平之？則又不得不拒。〔註15〕

繼而毛奇齡對審查「正名」之義，認為其旨在辨正「受命之名」與「拒父之名」兩項。就辯正其是否「拒父」而言，毛氏認為：衛之所以當拒，不可不拒、不得不拒者，乃是「為其拒晉，不為其拒父也」。

> 何以見其為據晉？觀夫子《春秋》書：「晉趙鞅帥師納衛世子蒯聵於戚」，又書：「齊國夏、衛石曼姑師圍戚」，以為晉伐衛而齊、衛拒之，並不及衛君，此為其拒晉也。何以知其不為拒父？夷、齊

〔註14〕全祖望：《鮚埼亭集外編·孔子正名論》，清嘉慶十六年刻本，卷三十六。
〔註15〕毛奇齡：《四書賸言清經解卷》。

> 兄弟尚求仁，而謂父可與抗乎！此不為拒父也。然則為公輒者，可
> 以知其所自處矣。

第三點是根據《左傳》的記錄考辨《公羊傳》所說的「受命之名」。

> 據《公羊傳》，衛輒之立，受命靈公。古立國典禮，不以父命
> 廢王命，輒之拒蒯，遵王父命也。……若公羊之說，則輒並不受祖
> 命；靈命子郢，未曾命公輒。〔註16〕

又云：

> 蓋輒固未曾受命於靈公者也。據《春秋》，靈公之歲，曾謂子
> 郢曰：「將立汝」。……是當時立郢之說尚是私命，更無他命命輒可
> 知。……故郢值得以不聞命辭之，既不命郢，則更無他命又可知。
> 於是郢以己意讓蒯子，曰「且亡人之子輒在」，然後立輒。則所謂
> 輒之立受之王父者。毋亦有未然者耶？則所謂輒受王父命不當受父
> 命者，毋亦未有確者耶？……〔註17〕

《公羊傳》傳文出公輒乃「受命於靈公」，故「不以父命辭王父命」，《穀梁傳》的意思也如此。二傳之說與左氏不同，到底該如何判斷是非對錯？更主要是，《左傳》的闡釋是否符合《春秋》本意。

靈公原本立蒯聵為太子，蒯聵得罪君母（南子），不見容於君父，不得不出奔。此後，靈公想改立公子郢，到靈公卒，夫人南子也遵奉夫命，曰「命公子郢為大子」。公子郢先以「君夫人在堂，三輒在下」辭靈公之命；後來，又以「君沒於吾手，若有之，郢必聞之」辭南子。衛之所以立輒，緣於公子郢堅決請辭，並指出「亡人之子輒在」，讓位於輒。衛因而立輒，成為衛出公。因此毛奇齡說當時立郢之說來自私命，並未昭告，也沒有其他立輒的證據，所謂「更無他命命輒可知」。這就是說，衛國尚未改立，因此蒯聵「世子」的名分還在。即使衛靈公去世，但沒有對蒯奎有國君之命的委任，那麼蒯奎依然是世子。而在蒯奎看來，他作為「世子」，在父親死後，理應按照世襲制繼承衛國王位，是符合西周以降的嫡長子繼承制的政治傳流，無須任命。這就造成了衛國與蒯奎之間關於繼承國君之位的「名實」之爭。以《左傳》所述的其他國對此事的態度為「諸侯數以為讓」，諸侯國紛紛指責衛國當政者令蒯聵流亡在外，而不得為君的做法。孔子就是在此背景下提出以「正名」為首

〔註16〕毛奇齡：《四書言清經解卷》。
〔註17〕毛奇齡：《論語稽求篇》清乾隆龍藏秘書本，卷五。

要大事，或可理解為正人君父子的大義名份。所以《春秋》以及《左傳》對此事的敘述，就是要為蒯聵定名分。這樣看來，《左傳》敘事的目標在於明確《春秋》書「世子」的含義，或者為蒯奎的世子之名「正名」。

依據哀公十二年經，《春秋》書曰：「公會衛侯、宋皇瑗於鄖」。此處的衛侯就是指出公輒。依此而言，《春秋》已然正定公輒的名分為「衛侯」了。

再參考孔門弟子對此事的理解。據《論語》記載，孔門弟子如子路、冉有、子貢等，他們討論此事，都稱輒為「衛君」，與《春秋》稱之為「衛侯」相合。在此背景下，《左傳》敘事並及「子貢使吳，子路結纓」諸事。弟子為衛君者奔走、死難，而孔子並未指責，這也可以證明《春秋》稱輒為「衛侯」的合理性，符合「正名」的立場。

關於「子貢使吳」，見哀公十二年《左傳》，傳曰：

> 吳徵會於衛。初，衛人殺吳行人且姚而懼，謀於行人子羽。子羽曰：「吳方無道，無乃辱吾君，不如止也。」子木曰：「吳方無道，國無道，必棄疾於人。吳雖無道，猶足以患衛。往也。長木之斃，無不摽也。國狗之瘈，無不噬也。而況大國乎？」

> 秋，衛侯會吳於鄖。公及衛侯、宋皇瑗盟，而卒辭吳盟。吳人藩衛侯之捨。子服景伯謂子貢曰：「夫諸侯之會，事既畢矣，侯伯致禮，地主歸饋，以相辭也。今吳不行禮於衛，而藩其君捨以難之，子盍見大宰？」乃請束錦以行。語及衛故，大宰嚭曰：「寡君願事衛君，衛君之來也緩，寡君懼，故將止之。」子貢曰：「衛君之來，必謀於其眾。其眾或欲或否，是以緩來。其欲來者，子之黨也。其不欲來者，子之仇也。若執衛君，是墮黨而崇仇也。夫墮子者得其志矣！且合諸侯而執衛君，誰敢不懼？墮黨崇仇，而懼諸侯，或者難以霸乎！」大宰嚭說，乃捨衛侯。

《春秋》稱「輒」為「衛侯」，傳於是依經屬辭，也稱「衛侯」，蒯聵奔，衛國必須有國君執掌國事，這就是蒯聵的兒子輒，因此稱輒為「衛侯」是合理的，如「衛侯會吳於鄖」、「公及衛侯、宋皇瑗盟」。鄖之會，是「吳徵會於衛」，吳勝圖霸，又不遵侯伯致禮，會中更藩其捨以拘執衛侯。當時，子貢為使者，對吳大宰嚭懇切陳詞，分析衛在赴會之前，大臣中必有不同的主張，或贊成，或否定。現在吳國執衛君，這無疑是「墮黨而崇讎，懼諸侯」，不利吳國爭盟稱霸。經過一番游說，終於為衛君輒緩解圍困。毫無疑問地就上述

的外交辭令、立場而言，子貢顯然視輒為衛國之君。

關於「子路結纓」，這是由於子路仕於衛，為孔悝家臣。哀公十五年，蒯聵入衛，「迫孔於廁，強盟之，遂劫以登臺」，而出公輒則避難出奔。此時，子路救孔而抗蒯聵，遂死於難。《左傳》敘事，對子路奮不顧身，結纓而死的神態有生動的摹寫。傳云：

> ……季子將入，遇子羔將出，曰：「門已閉矣。」季子曰：「吾姑至焉。」子羔曰：「弗及，不踐其難。」季子曰：「食焉，不闢其難。」子羔遂出。子路入，及門，公孫敢門焉，曰：「無入為也。」季子曰：「是公孫，求利焉而逃其難。由不然，利其祿，必救其患。」有使者出，乃入。曰：「大子焉用孔悝？雖殺之，必或繼之。」且曰：「大子無勇，若燔臺，半，必捨孔叔。」大子聞之，懼，下石乞、盂黶敵子路。以戈擊之，斷纓。子路曰：「君子死，冠不免。」結纓而死。孔子聞衛亂，曰：「柴也其來，由也死矣。」

子路堅持「利其祿，必救其患」，可以避難卻一直往前。孔悝，自然是他奔赴救援的主要對象。他說：「大子焉用孔悝，雖殺之，必或繼之。」所謂「必或繼之」，杜注：「言己必繼孔悝為難，攻大子」。子路自身奉行「食焉，不闢其難」的原則，他大概認為孔悝也會為出公輒嚴據蒯聵，所以表明自己「必繼孔悝為難」。最後，子路「結纓而死」，至死不渝的君子之義。

上述歷史事件的發生場景，詳細說明了蒯聵之為「世子」，輒之為「衛侯」。不僅如此，傳在敘事中，更由人物行為表現出「正人倫」的積極傾向。馬驌總括《左傳》的敘事本末，縱覽蒯聵與輒父子爭國的整個事件，感慨地說：「其君廢置莫定，其臣奔走弗遑，衛國之亂越三世而不靖，二十餘年而未有寧也。」君不定、臣不安，二十年間，國難始終不平，可想而知，衛國百姓在此政治環境下，過著怎樣的生活，生活是否安寧？百姓又該如何措其手足？再看子羔（柴）和子路（由），都是孔門弟子，一個避而出，一個入而死。孔子聞其難，推斷「柴也來，由也死矣」，並沒有襃此貶彼的意思。姜炳璋分析說：「子曰『柴也其來』──子羔為輒陪臣，曰『來』者，知其不反顏事蒯聵，得潔身去亂之清也。又曰『由也死矣』──子路為悝宰，必為悝死，知其不偷生害義，以身殉所事也。」〔註18〕二人進退行為不同，但都在踐行君子之義。孔門弟子各依其分，踐行其義，在人倫混淆、綱紀衰微的時局中，正立「君子」風範。

〔註18〕姜炳璋：《讀左補義》卷49，頁16上。

在早期的儒家思想中，如童書業在《春秋左傳研究·春秋左傳考證》所述「忠」、「節」的觀念，至少是存在「忠臣不事二主」、「婦女守節」這樣的說法[註19]。春秋時期「忠」的起源，他論述：

> 忠之道德起源之義是為盡力為公家之事。「以私害公」、就是「非忠」。(隱公六年傳)。「賤民之主」謂之「不忠」、棄君之命為「不信」(宣公二年傳)。無私是「忠」、尊君為「敬」(成公九年傳)。至春秋後期，「忠」之意逐漸窄化。孔子所謂「與人忠」、「忠信」、「忠恕」之「忠」，仍可以理解為「積極待人」之意。在原始的宗法社會中，後世所謂的忠君之「忠」，甚至包括「孝」在內的理解，……到春秋時，君與臣未必屬於同一族或同一家。異國、異族之君臣關係逐漸代替同國、同族之間的君臣關係，於是所謂「忠『不得不與』孝」分離。蓋首先在異國、異族之君臣關係上產生接近後世所謂「忠臣」之「忠」(僖公二十三年、宣公十二年、成公二年、十七年、襄公五年、襄公十四年、襄公二十五年傳文)，孔子為宋公族後代而仕於魯。故也規定「君事臣以禮，臣事君以忠。(《論語·八佾》之對待性道德。然在春秋、戰國間，君臣關係就與朋友關係相近，故孔子曰：事君數，斯辱矣；朋友數，斯疏矣(《論語·里仁》)；答子貢問友云：忠告而善道之，不可則止，毋自辱焉(《論語·顏淵》)。對君也大致如此：所謂大臣者，以道事君，不可則止。(《論語·先進》)。在孔子心中，似唯宗法貴戚大臣如王子比干「諫而死」始為合理。故孔子事魯定公即季桓子，君、卿不聽其言，即離魯而游說列國，「干七十二君」。彼時蓋無「忠臣不事二主」之觀念，豫讓謂范、中行動「眾人遇我，我故遇眾人報之」；范、中行氏之敵派智伯「國士遇我，我故國士報之《史記·豫讓傳》。」後世忠君觀念蓋萌芽於墨家〈經〉上、《尚賢》、《魯問》等篇，而大成於《韓非子·忠孝》等篇。此尚非春秋、戰國之間之人所及知也。

忠義而非忠君是為君子，反映就是這一觀念。當《左傳·隱公四年》石碏計誅弒君的州吁與石厚時，君子曰的評論稱讚不從「忠」的角度而以「義」為準繩，以為石碏能夠「大義滅親」。

[註19] 童書業：《春秋左傳研究》，上海：上海人民出版社，1980年，頁132。

孔子在《論語》中對君子理解在此也一併闡述，從而有助於理解《左傳》「君子曰」的評論問題。《論語》中對「君子」一詞的理解從「為政以德」、「君子之道」、「君子之人」的論述展開。

首先理解「為政以德」：「為政以德，譬如北辰，居其所而眾星共之」顯然是指在位者，或者上位者。他們的德，直接影響其治理民的效果。孔子對在位君子的批評，折射出他對春秋亂世德行缺失的焦慮和失望。子曰：「君子懷德，小人懷土；君子懷刑，小人懷惠。」（《論語・里仁》）君子篤於親，則民興於仁；故舊不遺，則民不偷。（《論語・泰伯》）子為政，焉用殺？子欲善而民善矣。君子之德風，小人之德草，草上之風必偃。（《論語・顏淵》）君子易事而難說也，說之不以道不說也，及其使人也器之；小人難事而易說也，說之雖不以道說也，及其使人也求備焉。」（《論語・子路》）上述引文都說明孔子遵循歷史的發展，重拾德行遺風，並與現世之上位者進行比較，君子詞義在之稱「位」時有著強烈的「德」因素。

如何實現」君子之道」。《論語》認為學習是可以得到君子之位的，「學也，祿在其中矣。」（《論語・衛靈公》）學習可以實現為邦治國。孔子將對現世君子的批評與未來君子的培養聯繫在一起，互為表裏。所以君子之義有重位又重德的模糊性：如子謂子產：「有君子之道四焉：其行己也恭，其事上也敬，其養民也惠，其使民也義。」（《論語・公冶長》）當子路問「君子，孔子答「修己以敬」、「修己以安人」、「修己以安百姓」，足見其為學為政的理念。

在孔子時代，有哪些人可以被稱為「君子」呢？《論語》中有魯國孟僖子之子南宮适、彈琴而單父治的子賤，衛國大夫蘧伯玉，衛國執政大夫子產。他們都是享有尊位又有賢德之人。

由上不難看出，孔子對「君子『含義的有四個內容：有天下歸仁的社會理想；有齊之以禮的道德追求，修身克己的自我培養，有智且勇的入世態度。

第三節　《左傳》正名敘事：以懲不義

「正名」如何對《左傳》敘述史事發揮作用，下文展開分析。

昭公三十一年《春秋》書：「冬，黑肱以濫來奔」。《左傳》曰「賤而書名，重地故也。」按杜《注》：黑肱為邾大夫，「非卿命，故曰賤」。由「賤而書名」，「君子曰」進一步演述說：

名之不可不慎也如是。夫有所名，而不如其已。以地叛，雖賤，必書地，以名其人。終為不義，弗可滅已。是故君子動則思禮，行則思義，不為利回，不為義疚。或求名而不得，或欲蓋而名章，懲不義也。齊豹為衛司寇，守嗣大夫，作而不義，其書為「盜」。邾庶其、莒牟夷、邾黑肱以土地出，求食而已，不求其名，賤而必書。此二物者，所以懲肆而去貪也。若艱難其身，以險危大人，而有名章徹，攻難之士將奔走之。若竊邑叛君，以徼大利而無名，貪冒之民將置力焉。是以《春秋》書齊豹曰「盜」，三叛人名，以懲不義，數惡無禮，其善志也。故曰：《春秋》之稱微而顯，婉而辨。上之人能使昭明，善人勸焉，淫人懼焉，是以君子貴之。

「君子曰」敘述經稱齊豹為「盜」而不書名，以及邾庶其、莒牟夷與邾黑肱三叛人「賤而必書」，用直書其名來彰顯三人的惡行。「君子曰」實際闡述慎「名」之義，並總括說「《春秋》之稱，微而顯，婉而辯，上之人能使昭明，善人勸焉，淫人懼焉，是以君子貴之」。參看《左傳》，成公十四年「君子曰」曾經綜述《春秋》稱辭的精義，曰：「微而顯，志而晦，婉而成章，盡而不污，懲惡而勸善，非聖人，孰能脩之？」至昭公三十一年，又再次申明此義，其重要性不言而喻。不僅關係到邾黑肱、或邾庶其、莒牟夷與齊豹等個別的人物，實際更涉及到《春秋》勸善懲惡的史鑒目的。下文將就齊豹、以及邾庶其、莒牟夷等人的事件稍加討論，並加以說明其義。

齊豹的事件敘述在昭公二十年的經、傳中。《春秋》曰：「盜殺衛侯之兄縶」。《左傳》依經作傳，詳細敘述了齊豹與公孟縶結怨、作亂的原委、始終。由於縶之驂乘宗魯是齊豹所舉薦，宗魯已經聽說此說，卻說：「子行動乎，吾將死之，以周事子，而歸死與公孟，其可也。」於是縶與宗魯俱死與難。敘事結束，有這樣一段尾聲：

　　……琴張聞宗魯死，將往弔之。仲尼曰：「齊豹之盜，而孟縶之賊，女何弔焉？君子不食奸，不受亂，不為利疚於回，不以回待人，不蓋不義，不犯非禮。」

當時，琴張〔註20〕聽說宗魯遇難，將往弔之，孔子不以為然，反問他：「子

〔註20〕琴張：賈逵、杜預等人認為琴張是孔子弟子琴牢，但服虔根據《史記·仲尼弟子列傳》，指出：子張少孔子四十歲，則昭公二十年子張尚未出生。楊伯峻根據服虔之說，分析孔子與琴張的對談性質，曰：「孔丘止張之弔宗魯，或友

何弔焉？」並陳述「君子」的行止，謂「君子不食奸、不受亂。不為利疚於回，不以回待人，不蓋不義，不犯非禮。」言下之意，宗魯的行文已經違反了君子之義〔註21〕。《左傳》一方面指責宗魯「食奸」、「受亂」、「利疚於回」、「以回待人」，「蓋不義」〔註22〕而「犯非禮」；另一方面，這番話其實也間接評議了齊豹的行為——「亂」與「不義」，即「齊豹之盜」。故《春秋》稱之為「盜」而不書名，表示懲戒惡行。

　　粗略一看，似乎孔子與琴張的對話和齊豹殺繄這件事，沒有什麼直接的聯繫，甚至是屬於閒來之筆。但《左傳》敘事正是有意敘述孔子的言語，以此作為評斷根據。

　　昭公五年《春秋》曰：「莒牟夷以牟婁及防、茲來奔」。《左傳》敘述了事件經過隨後解釋：「牟夷非卿而書，尊地也。」襄公二十一年經書：「邾庶其以漆、閭丘來奔」。傳文為了說明其書法，曰：「庶其，非卿也，以地來，雖賤，必書，重地也。」以上兩則傳文對應牟夷、庶其以地奔魯的事件本身，其實並無太多描述，但一再申明「尊地」、「重地」的。這是為什麼呢？

　　襄公二十一年傳：「邾庶其以漆、閭丘之地奔魯，季武子待之甚厚，不僅『以公姑姊妻之』」並「皆有賜於其從者」。傳敘述邾庶其奔魯之事，相當簡要，只略載始末。但卻有深意地載述季武子與臧武仲之間的一番對話，強化敘事的目的，實際傳遞褒貶的傾向。《左傳》曰：

　　　於是魯多盜。季孫謂臧武仲曰：「子盍詰盜？」武仲曰：「不可詰也，紇又不能。」季孫曰：「我有四封，而詰其盜，何故不可？子為司寇，將盜是務去，若之何不能？」武仲曰：「子召外盜而大禮焉，何以止吾盜？子為正卿，而來外盜；使紇去之，將何以能？庶其竊邑於邾以來，子以姬氏妻之，而與之邑，其從者皆有賜焉。若大盜禮焉以君之姑姊與其大邑，其次皁牧輿馬，其小者衣裳劍帶，是賞盜也。賞而去之，其或難焉。紇也聞之，在上位者，灑濯其心，壹以待人，軌度其信，可明徵也，而後可以治人。夫上之所為，民之

歸也。上所不為而民或為之，是以加刑罰焉，而莫敢不懲。若上之
所為而民亦為之，乃其所也，又可禁乎？《夏書》曰：『念茲在茲，
釋茲在茲，名言茲在茲，允出茲在茲，惟帝念功。』將謂由己壹也。
信由己壹，而後功可念也。」

　　通過賢臣論政，表明主旨，以其評議作為傳文的評議，這是《左傳》敘
事慣用的手法。傳文不惜花費篇幅，載述季武子與武仲的對話，而尤詳於臧
氏的言語，這無異是借武仲之口，評議庶其和季武子。臧武仲以諷刺勸諫，
強調「上之所為，民之歸也」。認為主政者誠能「由己一也」，則「功可念也」。
傳之所以詳細載錄武仲之語，不僅是要表明事件的關聯性，更藉此表陳：庶
其私邑，是為「大盜」，而季氏受邑，則無異於「賞盜」；而且，患盜而思欲
懲治，若想成功，應當「由己壹也」——謂季武子身為正卿，理當先正其行。
由此來看，傳文敘事的意義指向其實是呼應《春秋》稱「庶其」之名「懲不
義」的目的。

　　值得注意的是，上述臧武仲的見解，與孔子「政者，正也」的觀念相通
〔註23〕。更有意思的是，季康子患盜，孔子也是以「苟子之不欲，雖賞之不
私」進行說明。姜炳璋曾表彰左氏解經的優勢，其中一項就是「表裏《論語》」，
謂「聖人之心法，具見於《論語》，而左氏無不與之表裏」〔註24〕。這可看成

〔註23〕哀公六年「仲尼曰」引出「夏書」之「惟彼陶唐，帥彼天常」，「允出茲在茲」，
　　　　申其意「由己率常，可矣」（《左傳注疏》卷58，頁4），《左氏會箋》曰：「人
　　　　君率其典常，乃所以敬天、事鬼神也。」
〔註24〕姜炳璋舉例說：「微獨桓之正、文之譎、景之無稱、武子之愚、武仲要君之類，
　　　　班班可考也。而有禮則安、無禮則危，三致意焉，然後知『禮讓之可與為國』。
　　　　備揭小人之情狀，然後可與知言。變緩之來，以天為斷，不屑屑與小人爭得
　　　　失，然後可與知命。治人必先立本，同民必先教民，而書戰敗則不盡其情。
　　　　本之節愛、敬信、時使以論政治，本之德行、言語、政事、文學以品論人物。
　　　　孔子志在東周，世莫之宗，春秋所由作也。凡低回於周之德，三代之治，如
　　　　季札、韓起，即如祝佗猶必備錄其文，蓋無一不以聖人之心為心也。（《讀左
　　　　補義》）」姜氏也指出了《左傳》與《論語》的差異，他說：「或謂左氏熟悉史
　　　　事以求合於《論語》，則又不然。於弗狃之叛，無召孔子之文；於齊景公無君
　　　　君、臣臣之對；不載太宰之問，後世因不知其為吳、為宋；不載南子請見，
　　　　後人因誤為南蒯；於陳無絕糧事；於宋無向欲殺事；於齊無婦女樂事；其他
　　　　遺漏，不可勝計。七十子之附見者落落如晨星。誠以《春秋》者，天子之事，
　　　　《論語》者，一家之書。例不同，而文亦別也。」當然《左傳》旨在解釋《春
　　　　秋》，其所以「表裏《論語》」實際以「聖人之心法」為主；當然《左傳》與
　　　　《論語》同宗孔子，其義當然往往互為「表裏」。（《讀左補義‧綱領下》）

是理解《左傳》敘事目的的關鍵成為《左傳》歷史敘述的前提。

如前文所述，孔子主張「正名」，其所謂「名」，主要是指「君君、臣臣、父父、子子」等人倫名分。而《左傳》「君子曰」所謂「三叛人名」、「名之不可不慎也」，具體而言，指述《春秋》書「庶其」、「牟夷」與「黑肱」之「名」，此所謂「名」，是名字之「名」：這是「名」的取義之一〔註25〕。其次，《春秋》書「衛世子蒯聵」，稱輒為「衛侯」，所謂「世子」、「衛侯」等，是名位爵號之「名」：這是「名」的取義之二〔註26〕。其次，如齊豹書「盜」等，這是依據按照人物行動予以判斷而後施加的稱謂名號。這是「名」的取義之三〔註27〕。案《儀禮・喪服禮》曰：「名者，人治之大者也，可無慎乎！」鄭玄注曰：「治，猶理也。父母、兄弟、夫婦，以及君臣、朋友等五倫」，是「名」之大者，如上所述這些側重點各有不同的「名」，其實可以統括為人倫名分。姓名字號是人與人之間互相稱謂的基本符號，是「人」的基本表徵；而如「世子」、「衛侯」之「名」，至於「盜」這樣的「名」，則是就個別人物在人倫網絡中的表現所賦予的具有倫理判斷意義的稱謂。

其實，以「君君、臣臣、父父、子子」等人倫名分來概括「正名」之「名」。不僅父子、君臣之倫可以引申出如「世子」、「衛侯」等名目，參考黃侃《論語集解義疏》，「名」也蘊含著指定稱謂的作用。黃侃解釋「必也正名乎」之義時曾說：

> ……為政必以正名為先也。所以下卷云「邦君之妻君稱之曰夫人」之屬，是正名之類也。《韓詩外傳》云：「孔子待坐季孫，季孫之宰通曰：『君使人假馬，其與之不乎』孔子曰：『君取臣謂之取，不謂之假。』季孫悟，告宰通曰：『今日以來雲君有取謂之取，無曰假也。』故孔子正假馬之名，而君臣之義定業。」〔註28〕

稱「夫人」之屬，固然是正「名」，此外，黃侃更徵引《韓氏外傳》，注解「正名」之義。所謂「孔子正假馬之名，而君臣之義定也」，意謂由稱「取」

〔註25〕《史記・孔子世家》引述「君子病沒世而名不稱焉」，謂孔子在言不用、道不行的情況下，遂致力於撰作《春秋》以「自見與後世」。此所謂「名不稱」的「名」當於人的稱號有關，可狹義理解為姓名的「名」。

〔註26〕成公二年「仲尼曰」：「唯器與名，不可以假人」。「名」即指名位。

〔註27〕如《論語・里仁》曰：「君子去仁，惡乎成名」孔安國注曰：「惡乎成名者，不得成名為『君子』也」。「君子之『名』，以及智、愚、賢、不肖等等，平常所謂的「善名」「惡名」之「名」可歸屬此類。

〔註28〕皇侃：《論語集解義疏》，請知不足齋叢書本，卷7。

或稱「假」，一字一詞之差，其所表現出來君臣有別，藉由正其「名」，則其「義」也定。辯證「假」馬或「取」馬之稱，從而理清魯侯與季孫氏的「君臣之義」，這也屬「正名」的範疇，故黃侃援引作為孔子「正名」的依據。

這一說法，可以在《論語》中得到進一步驗證。《論語‧子路》篇，有這樣一則記載：

> 冉子退朝。子曰：「何晏也？」對曰：「有政」。子曰：「其『事』也」。如有『政』，雖不吾以，吾其與聞之。

此則記載表明「政」、「事」之別也。朱熹注云：「政，國政；事，家事。以，用也。禮：大夫雖不治事，猶得與聞國政。是時季氏專魯，其於國政，蓋有不與同列議於公朝，而獨與家臣謀於私室者。……其所以正名分、抑季氏而教冉有之意，深矣。」〔註29〕再參看《正名》章，孔子曰：「名之必可言也，言之必可行。君子於其言，無所苟而矣。」對此，冉有言「有『政』」，孔子正之曰「其『事』」，這可以說是「名之必可言也」、「君子於其言，無所苟而已矣」的現成注釋。而且，這與「正『假』馬之名」的例子類似，孔子之所以正其名、定其稱，意向所指，乃藉此釐定國政、家事之別，從而言明君、臣之分，使上下尊卑井然有序，那麼也就可以「言之必可行」也。

除了書名或者不書名，以及斟酌情況來正定「名」，包括名位與稱號等。相應上述的「正名」涵義，《春秋》凡例屬辭如「弒」、「不殺」等表明政治理論分界。如隱公四年經曰：「衛州吁弒其君完」，同年九月又云：「衛人殺州吁於濮」，稱「衛州吁」或「衛人」，這是以書名或不書名來見「義」；至於或書「弒」，或書「殺」，此則既有「事」之曲直判斷，又有「義」的倫理懲誡。

僖公二十八年溫之會，晉文公大會諸侯，本欲朝天子以尊王室，卻又「召王以諸侯見，且使王狩」，孔子以為「以臣召臣，不可以訓」，故《春秋》書「天王狩於河陽」。書「天王狩於河陽」，所以微諷「以臣召臣」的踰分，意指更加深遠。又如隱公元年《春秋》書：「鄭伯克段於鄢」，《左傳》說明諸稱之義，曰：「段不弟，故不言弟；如二君，故曰克；稱鄭伯，譏失教也，謂之鄭志；不言出奔，難之也。」不言「弟」或書曰「克」等等，都是用稱辭定名分，而鄭莊公其母弟共叔段之間的是非得失也從中得以瞭解。莊公與叔段是親兄弟，這層血緣關係，從他們出生時就不曾更改，是天倫；然而《春秋》褒貶不是從其天生的兄弟關係表現義法，而以「不言『弟』」釋義，表現其違

〔註29〕朱熹：《四書章句集注》，北京：中華書局，1983年，頁132。

背人倫。這意謂:「言」弟或「不言」弟,其義之所重在人倫實踐的層面,並非不可變的天倫關係。兄弟之倫如此,其他人倫名分之褒貶,同樣可以此類推。

　　君臣之義、父子之親、長幼之序等倫常,被天自然賦予,但實踐在人。人倫義理是常道,而人是否能夠踐行,實際卻又各不相同。《春秋》根據倫常,褒貶的對象,都是依據人物行為來判斷其是否履行其名分,踐行其身份內涵。因為針對倫常的考察只有在歷史人物行動交往、具體歷史情景中才能得到體現,這也正是《左傳》詳於敘事的主要原因,而在客觀上,以「正名」核心而敘述,鋪陳整個春秋歷史面貌,而非因果關聯,是《左傳》不同於其他西方歷史敘述的特別之處。

參考文獻

1. 孔穎達：《春秋左傳正義》〔M〕，十三經注疏本，北京：中華書局，1980年。

2. 高本漢：《左傳真偽考即其他》〔M〕，陸侃如譯，上海：上海商務印書館，1936年。

3. 班固撰，顏師古注：《漢書》〔M〕，北京：中華書局，1962年。

4. 陳國慶：《漢書藝文志注釋彙編》〔M〕，北京：中華書局，1983年。

5. 陳澧：《東瀛讀書記》，王先謙編：《清經解續編》第四冊〔M〕，上海：上海書店，1988年。

6. 陳壽撰，裴松之注：《三國志》〔M〕，北京：中華書局，1959年。

7. 程端學：《春秋三傳辯疑》〔M〕，臺灣：影印文淵閣四庫全書本，1983年。

8. 崔適：《春秋復始》〔M〕，北京：北京大學鉛印本，1918年。

9. 崔述著，顧頡剛編訂：《崔東壁遺書》〔M〕，上海：上海古籍出版社，1983年。

10. 洪亮吉：《春秋左傳詁》〔M〕，北京：中華書局，1998年。

11. 徐彥：《春秋公羊傳注疏》〔M〕，北京：中華書局，1980年。

12. 楊士勳：《春秋穀梁注疏》〔M〕，北京：中華書局，1980年。

13. 顧棟高：《春秋大事年表》〔M〕，北京：中華書局，1993年。

14. 顧頡剛：《古史辯》第五冊〔M〕，上海：上海古籍出版社，1982年。

15. 顧頡剛講授，劉起釪筆記：《春秋三傳及國語之綜合研究》〔M〕，成都：巴蜀出版社，1988年。

16. 顧炎武著，黃汝成集釋：《日知錄集釋》〔M〕，上海：上海古籍出版社，1985年。

17. 何休注，徐彥疏：《春秋公羊傳注疏》〔M〕，上海：上海古籍出版社，1990年。

18. 洪亮吉：《春秋左傳詁》〔M〕，北京：中華書局，1991年。

19. 胡安國：《春秋胡氏傳》〔M〕，四部叢刊續編本。

20. 惠棟：《後漢書補注》〔M〕，叢書集成初編本。

21. 姜廣輝主編：《中國經學思想史》（1、2 卷）〔M〕，北京：中國社會科學出版社，2003年。

22. 蔣伯潛：《十三經概論》〔M〕，上海：海古籍出版社，1983年。

23. 李延壽：《北史》〔M〕，北京：中華書局，1974年。

24. 李耀仙主編：《廖平學術論著選集》（一）〔M〕，成都：巴蜀出版社，1989年。

25. 劉敞：《春秋權衡》，〔M〕，臺北：臺灣商務印書館影印文淵閣四庫全書本。

26. 劉師培：《劉申書遺書》〔M〕，南京：江蘇古籍出版社，1997年。

27. 劉文淇：《春秋左氏傳舊注疏證》〔M〕，北京：科學出版社，1959年。

28. 劉勰撰，黃叔琳注：《文心雕龍》〔M〕，上海：商務印書館，1939年。

29. 劉正浩：《周秦諸子述左傳考》〔M〕，臺灣：臺灣商務印書館，1980年。

30. 陸淳：《春秋啖趙集傳纂例》〔M〕，叢書集成初編本，北京：中華書局，2010年。

31. 呂思勉：《呂思勉讀史劄記》〔M〕，上海書店，1982年。

32. 馬驌：《左傳事緯》〔M〕，齊魯書社，1992年。

33. 馬宗霍：《中國經學史》〔M〕，上海書店，1984年。

34. 孫詒讓：《周禮正義》〔M〕，北京：中華書局，2000年。

35. 胡培翬：《儀禮正義》〔M〕，北京：中華書局，1998年。

36. 孫希旦：《禮記集解》〔M〕，北京：中華書局，1995年。

37. 王聘珍：《大戴禮記解詁》〔M〕，北京：中華書局，1998年。

38. 浦起龍：《史通通釋》〔M〕，上海：上海古籍出版社，1978年。

39. 馬瑞辰：《毛詩傳箋通釋》〔M〕，北京：中華書局，1989年。

40. 劉寶楠：《論語正義》〔M〕，北京：中華書局，1998年。

41. 焦循：《孟子正義》〔M〕，北京：中華書局，1996年。

42. 徐元誥：《國語集解》〔M〕，北京：中華書局，2002年。

43. 司馬遷：《史記》〔M〕，北京：中華書局，1982年。

44. 班固：《漢書》〔M〕，北京：中華書局，1997年。

45. 黃懷信：《逸周書校補注譯》〔M〕，西安：三秦出版社，2006 年。

46. 荀悅：《兩漢紀》〔M〕，北京：中華書局，2002 年。

47. 閻振益：《新書校注》〔M〕，北京：中華書局，2000 年。

48. 蘇輿：《春秋繁露集義證》〔M〕，北京：中華書局，1996 年。

49. 汪榮寶：《法言義疏》〔M〕，北京：中華書局，1997 年。

50. 陳立：《白虎通疏證》〔M〕，北京：中華書局，1997 年。

51. 范文瀾：《文心雕龍注》〔M〕，北京：人民文學出版社，1958 年。

52. 浦起龍：《史通通釋》〔M〕，上海：上海古籍出版社，1978 年。

53. 趙呂甫：《史通新校注》〔M〕，重慶：重慶出版社：1990 年。

54. 章學誠：《文史通義》〔M〕，北京：中華書局，1985 年。

55. 朱彝尊：《經義考》〔M〕，北京：中華書局，1998 年。

56. 王引之：《經義述聞》〔M〕，北京：中華書局，1998 年。

57. 皮錫瑞：《經學通論》〔M〕，北京：中華書局，1954 年。

58. 皮錫瑞：《經學歷史》〔M〕，北京：中華書局，2004 年。

59. 楊公驥：《中國文學》〔M〕，長春：吉林人民出版社，1980 年。

60. 程千帆、程章燦：《程氏漢語文學通史》〔M〕，瀋陽：遼海出版社，1999
年。

61. 錢鍾書：《管錐編》〔M〕，北京：中華書局，1986 年。

62. 馮友蘭：《中國哲學史》〔M〕，上海：華東師範大學出版社，2000 年。

63. 童書業：《春秋史》〔M〕，上海：上海古籍出版社，2003 年。

64. 童書業：《春秋左傳研究》〔M〕，北京：中華書局，2006 年。

65. 徐仁甫：《左傳疏證》〔M〕，成都：四川人民出版社，1981 年。

66. 李澤厚：《中國古代思想史論》〔M〕，北京：人民出版社，1985 年。

67. 王葆玹：《今古文經學新論》〔M〕，北京：中國社會科學出版社，2004
年。

68. 蔣凡、顧易生：《先秦兩漢文學批評史》〔M〕，上海：上海古籍出版社，
1990 年。

69. 李炳海：《周代文藝思想概觀》〔M〕，長春：東北師範大學出版社，1993
年。

70. 許志剛：《詩經藝術論》〔M〕，瀋陽：遼海出版社，2006 年。

71. 趙敏俐：《先秦君子風範》〔M〕，北京：東方出版社，1999 年。

72. 楊樹增：《中國歷史文學（先秦兩漢）》〔M〕，北京：遠方出版社，2003
年。

73. 傅修延：《先秦敘事研究》〔M〕，北京：東方出版社，1999 年。

74. 張伯偉：《中國古代文學批評方法研究》〔M〕，北京：中華書局，2002 年。

75. 趙生群：《春秋經傳研究》〔M〕，上海：上海古籍出版社，2000 年。

76. 陳來：《古代思想文化的世界》〔M〕，北京：三聯書店，2002 年。

77. 沈玉成、劉寧：《春秋左傳學史稿》〔M〕，南京：江蘇古籍出版社，1992 年。

78. 何新文：《《左傳》人物論稿》〔M〕，北京：中國社會科學出版社，2004 年。

79. 方朝暉：《《春秋左傳》人物譜》〔M〕，濟南：齊魯書社，2001 年。

80. 趙伯雄：《《春秋》學史》〔M〕，濟南：山東教育出版社，2004 年。

81. 胡念貽：《先秦文學論集》〔M〕，北京：中國社會科學出版社，1981 年。

82. 孫綠怡：《《左傳》與中國古典小說》〔M〕，北京：北京大學出版社，1992 年。

83. 汪榮祖：《史傳通說——中西史學之比較》〔M〕，北京：中華書局，2003 年。

84. 祖國頌：《敘事的詩學》〔M〕，合肥：安徽大學出版社，2003 年。

85. 周建漳：《歷史及其理解和解釋》〔M〕，北京：社會科學文獻出版社，2005 年。

86. 陳新：《當代西方歷史哲學讀本》〔C〕，上海：復旦大學出版社，2006 年。

87. 童慶炳等著：《文學藝術與社會心理》〔M〕，北京：高教出版社，1997 年。

88. 金元浦：《文學解釋學》〔M〕，長春：東北師範大學出版社，1998 年。

89. 朱立元：《接受美學導論》〔M〕，安徽：安徽教育出版社，2004 年。

90. 錢谷融、盧樞元：《文學心理學》〔M〕，上海：華東師範大學出版社，2003 年。

91. 徐中舒：《徐中舒歷史論文選集》〔M〕（上、下），北京：中華書局，1998 年。

92. 何兆武：《歷史理論與史學理論——近現代西方史學著作選》〔M〕，北京：商務印書館，1999 年。

93. 陳蘭村：《中國記傳文學發展史》〔M〕，北京：語文出版社，1999 年。

94. 陳其泰：《史學與中國文化傳統》〔M〕，北京：學苑出版社，1999 年。

95. 陳其泰：《史學與民族精神》〔M〕，北京：學苑出版社，1999 年。

96. 杜維運：《史學史方法論》〔M〕，北京：北京大學出版社，2006 年。

97. 〔美〕海登・懷特著，陳詠國、張萬娟譯：《後現代歷史敘述學》〔M〕，北京：中國社會科學出版社，2003 年。

98. 徐復觀：《兩漢兩漢思想史》〔M〕，上海：華東大學出版社，2001 年。

99. 韓震、孟鳴歧：《歷史、理解、意義──歷史闡釋學》〔M〕，上海：上海譯文出版社，2002 年。

100. 周光慶：《中國古典解釋學導論》〔M〕，北京：中華書局，2002 年。

101. 彭剛：《敘事的轉向──當代西方史學理論的考察〔M〕》，北京：北京大學出版社，2009 年。

102. 〔古希臘〕修昔底德：《伯羅奔尼撒戰爭史》〔M〕，北京：商務印書館，1960 年。

103. 〔古希臘〕希羅多德：《希羅多德歷史》〔M〕，北京：商務印書館，1959 年。

104. 〔古希臘〕柏拉圖：《理想國》〔M〕，北京：商務印書館，1986 年。

105. 〔德〕黑格爾：《歷史哲學》〔M〕，上海：上海書店出版社，2006 年。

106. 〔英〕休謨：《人性論》〔M〕，北京：商務印書館，1980 年。

107. 〔英〕柯林武德：《歷史的觀念》〔M〕，北京：商務印書館，1980 年。

108. 〔意〕克羅齊：《歷史學的理論和實際》〔M〕，北京：商務印書館，1982 年。

109. 〔英〕E・H・卡爾：《歷史是什麼》〔M〕，北京：商務印書館，2007 年。

110. 〔英〕卡西爾：《人論》〔M〕，北京：西苑出版社，2003 年。

111. 〔法〕利科：《歷史與真理》〔M〕，上海：上海譯文出版社，2004 年。

112. 〔美〕懷特：《元史學：十九世紀歐洲的歷史想像》〔M〕，南京：譯林出版社，2004 年。

113. 〔美〕懷特：《形式的內容：敘事話語與歷史再現》〔M〕，北京：文津出版社，2005 年。

114. 〔英〕加登納：《歷史解釋的性質》〔M〕，北京：文津出版社，2005 年。

115. 〔荷〕米克・巴爾：《敘述學──敘事理論導論》〔M〕，北京：中國社會科學出版社。

116. 〔美〕華萊士・馬丁：《當代敘事學》〔M〕，北京：北京大學出版社，2005 年。

117. 楊義：《中國敘事學》〔M〕，北京：人民出版社，1997 年。

118. 歐陽謙：《20 世紀西方人學思想導論》〔M〕，北京：中國人民大學出版社，2002 年。

119. 郭丹：《《左傳》《國策》研究》〔M〕，北京：人民文學出版社，2004 年。

120. 傅隸樸：《《春秋》三傳比義》〔M〕，北京：中國友誼出版公司，1984 年。

121. 張高評：《《春秋》書法與《左傳》學史》〔M〕，上海：上海古籍出版社，2005 年。

122. 劉師培：《劉申叔遺書》〔M〕，南京：江蘇古籍出版社，1997 年。

123. 顧易生、蔣凡：《先秦兩漢文學批評史》〔M〕，上海：上海古籍出版社，1990 年。

124. 楊義：〈中國敘事學的文化闡釋〉〔J〕，《廣東技術師範學院學報》，2003 年第 3 期，頁 27～35。

125. 童慶炳：〈中國敘事文學的起點與開篇——《左傳》敘事藝術論略〉〔J〕，《北京師範大學學報》，2006 年第 5 期，頁 43～48。

126. 許志剛：〈戴震經學研究的人文關懷〉〔J〕，《紹興文理學院學報》，2004 年第 2 期，頁 16～20。

127. 許志剛：〈《史記》中本紀、世家的體例〉〔J〕，《文學遺產》，1986 年第 5 期，頁 28～34。

128. 許志剛：〈《詩大序》歷史地位再評價〉〔J〕，《文學評論》，2002 年第 1 期，頁 44～50。

129. 郭英德：〈論先秦儒家的敘事觀念〉〔J〕，《文學評論》，1998 年第 2 期，頁 50～60。

130. 過常寶：〈《左傳》虛飾與史官敘事的理性自覺〉〔J〕，《北京師範大學學報》，2006 年第 4 期。

131. 傅希亮：《道德史觀與《左傳》文學研究》〔D〕，博士學位論文，首都師範大學，2004 年。

132. 黃鳴：《春秋時代的文學與文學活動——《左傳》研究箚記》〔D〕，博士學位論文，復旦大學，2006 年。

後　記

　　這本具有研究初探性質的小書，幾易其稿，終於要付梓出版了。從我博士畢業以後，伴隨著工作、生活的變化，自己對相關材料的閱讀、思考也跟學生時代有了不一樣的理解，於是對《左傳》敘事研究的定位始終在調整著。從早期敘事文的源頭到解釋《春秋》精微大義，再到其敘述表達的客觀效果，含蓄又真實著反映春秋時期「禮崩樂壞」的緩慢而又驚心動魄的歷史過程，歷史人物的選擇既有出於維護周禮的「大義」考量，又有面對複雜動盪的國內外局勢，渴求生存發展的權變操作，這些基於禮儀、權利、人性的選擇，影響並指向唯有王霸之勢與實，才能將紛爭平息趨向一統。小書的寫作、修改實際是對上述思考進行驗證的過程，中間不免有各種遺漏和未盡如人意之處，懇請讀者諸君多批評指教。

　　在此特別感謝花木蘭文化事業有限公司願意給後學一個研究起步的平臺，並助力後續研究，感謝楊嘉樂主任和兩位編輯老師許郁翎、張雅淋，對稿件的悉心處理。

張懿奕

2020 年 5 月 20 日凌晨北京家中